高速铁路岗位培训教材

高速铁路
接触网作业车司机岗位

铁道部劳动和卫生司
铁 道 部 运 输 局

中国铁道出版社有限公司
CHINA RAILWAY PUBLISHING HOUSE CO., LTD.

内 容 简 介

本书为铁道部规划的高速铁路岗位培训教材之一，是根据《高速铁路接触网作业车司机岗位培训规范》编写的。全书共七章，内容包括理论知识和实作技能两大类。理论知识主要内容为：安全知识、专业知识、相关知识；实作技能主要内容为：基本技能和专业技能，包括：高速铁路接触网作业车检查、试验与驾驶；高速铁路接触网作业车维护保养与应急故障处理；高速铁路接触网作业车非正常情况下的行车办法及起复救援等专业技能知识。

本书适用于对高速铁路接触网作业车司机岗前资格性培训和岗位适应性培训，可作为高速铁路职工岗位培训教材，也可供高速铁路接触网作业车驾驶人员、运用管理人员学习，对各类职业院校相关师生学习也有重要的参考价值。

本书内容如有不符最新规章标准之处，以最新规章标准为准。

图书在版编目(CIP)数据

高速铁路接触网作业车司机岗位/铁道部劳动和卫生司，铁道部运输局编．—北京：中国铁道出版社，2012.7(2021.7 重印)
高速铁路岗位培训教材
ISBN 978-7-113-15005-1

Ⅰ.①高… Ⅱ.①铁… ②铁… Ⅲ.①高速铁路-接触网-岗位培训-教材 Ⅳ.①U238 ②225

中国版本图书馆 CIP 数据核字(2012)第 148175 号

书　　名：**高速铁路接触网作业车司机岗位**
作　　者：铁道部劳动和卫生司　铁道部运输局

策划编辑：武亚雯
责任编辑：孙　楠　　**电话**：(010)51892546　　**电子信箱**：tdpress@126.com
封面设计：崔丽芳
责任校对：孙　玫
责任印制：高春晓

出版发行：中国铁道出版社有限公司(100054，北京市西城区右安门西街 8 号)
网　　址：http://www.tdpress.com
印　　刷：国铁印务有限公司
版　　次：2012 年 7 月第 1 版　2021 年 7 月第 8 次印刷
开　　本：787 mm×1092 mm　1/16　**印张**：12　**插页**：1　**字数**：301 千
书　　号：ISBN 978-7-113-15005-1
定　　价：48.00 元

前言

在科学发展观的指导下，我国高速铁路建设取得重要成果。目前，中国已成为世界上高速铁路营业里程最多、运营速度最高、在建高速铁路规模最大的国家。培养和造就一支适应高速铁路发展的高素质人才队伍，是强化安全风险管理基础、确保高速铁路运营安全的战略任务。

为严格落实高速铁路主要行车工种岗位准入制度，满足相关人员岗位培训需要，铁道部决定按照高速铁路主要行车工种岗位标准和培训规范，结合铁路现代化发展的实际，组织开发高速铁路岗位培训教材。教材建设是职业教育培训工作的重要组成部分，是提高教育培训质量的关键。加快高速铁路岗位培训教材建设，已成为加强和改进高速铁路职工教育培训工作的当务之急。

本套教材由铁道部劳动和卫生司、运输局共同组织，集中相关铁路局、部分铁路高职院校和职工培训基地的专家、工程技术人员、任课教师编写及审定，多方合作，共同完成，涵盖了高速铁路基础设施维护(工务、供电、通信、信号)13个岗位。教材充分体现了近几年来高速铁路新技术、新设备的大量运用及其发展趋势，侧重体现了与既有线相关技术的区别，填补了高速铁路基础设施维护岗位培训教材的空白。教材按照高速铁路岗位培训规范编写，涵盖了培训规范的各个能力项，适用于高速铁路主要行车工种岗前资格性培训和岗位适应性培训，便于现场模块化教学及职工自学。

Preface

本书为《高速铁路接触网作业车司机岗位》培训教材。全书共分七章，内容包括理论知识和实作技能。理论知识主要内容为：安全知识、专业知识、相关知识；实作技能主要内容为：基本技能和专业技能，包括：高速铁路接触网作业车检查、试验与驾驶；高速铁路接触网作业车维护保养与应急故障处理；高速铁路接触网作业车非正常情况下的行车办法及起复救援等专业技能知识。为便于教学和使用，书中各章节都配有思考题和复习题，书末并附有高速铁路接触网作业车司机岗位技能实训设备配置标准建议表、高速铁路接触网作业车跟车实习内容及要求两个附录。

本书由叶贤东主编并统稿，参编人员有张运兴、许清芳、方金海、刘国庆、梁会青、李先轩、文小燕。其中，叶贤东参与编写第一章、第二章、第三章、第四章；张运兴参与编写第一章、第三章、第五章、第七章；许清芳参与编写第二章、第三章、第四章；方金海参与编写第六章、第七章；刘国庆参与编写第一章、第四章、第七章；梁会青参与编写第二章、第六章；李先轩参与编写第二章、第五章、第六章；文小燕参与编写第三章。

本书由铁道部劳动和卫生司、运输局统一组织审定。主要审定人员有：李志锋、郭建华、李俊奇、任天德、杨春燕、武亚雯。本书在编写、审定过程中，还得到刘旭、夏福坤、周毅、黄宁等许多同仁的大力支持和帮助，研究生涂浩、修志杰、邓峰、王凯文也参加了部分文字及图样的编辑工作，在此一并表示感谢。

编　者

2012 年 6 月

目录

理论知识

实作技能

Contents

理论知识

LiLun ZhiShi

第一章　安全知识

为保证高速铁路接触网作业车在高速铁路运行和施工作业的安全，司机应结合高铁技术管理规章，掌握作业车在高速铁路行车和施工作业时的技术规定。对于高速铁路接触网作业车的运行安全和行车安全装备管理规定及接触网安全工作规程，司机也应熟练掌握，并遵守相关安全规定，按规程作业，以确保人身和设备安全。

第一节　高速铁路技术管理规章

一、铁路技术管理规程

（一）概　　述

铁路是国家重要的基础设施、国民经济的大动脉、交通运输体系的骨干。铁路运输具有高度集中的特点，各工作环节须紧密联系、协同配合。为确保铁路安全正点、方便快捷、高速高效，必须加强铁路技术管理，制定统一、科学的《铁路技术管理规程》（简称《技规》）。《技规》依据《中华人民共和国铁路法》、《铁路运输安全保护条例》等有关法律法规制定，是铁路技术管理的基本规章。铁路其他规章和规范性文件以及各部门、各单位制定的技术管理文件等，都必须符合《技规》的规定。

在《技规》中规定了铁路的基本建设、产品制造、验收交接、使用管理及保养维修方面的基本要求和标准；规定了各部门、各单位、各工种在从事铁路运输生产时，必须遵循的基本原则、责任范围、工作方法、作业程序和相互关系；规定了信号的显示方式和执行要求；明确了铁路工作人员的主要职责和必须具备的基本条件。同时《技规》是铁路长期生产实践和科学研究的总结，它将随着运输生产和科学技术的不断发展，逐步充实和完善，目前铁路各部门使用的是2006 年由铁道部令第 29 号颁布实施的第 10 版《技规》。在铁道部没有明令修改以前，任何部门、任何单位、任何人员都不得违反《技规》的规定。

（二）发展历程

1950 年，为使铁路各部门、各单位、各工种安全、准确、迅速、协调地进行生产活动，铁道部制定了第 1 版《技规》，于 1950 年 2 月 2 日公布、6 月 1 日起正式施行。60 多年来，随着国民经济的发展和铁路技术政策的变化，积累了更多的技术管理经验，管理体制改革，行车模式更新，技术设备也进行了更新换代，《技规》先后进行了 9 次修订，发行第 10 版，目前正在进行第 10 次修订工作。

由于第 10 版《技规》的编写工作是在 2004 年～2006 年之间，于 2006 年 10 月 25 日公布，对客运专线（高速铁路）、城际铁路、重载铁路和高原铁路的内容涉及较少，为适应铁路科技的发展，满足技术管理的需要，近年来，铁道部组织制定了《铁路 200～250 km/h 既有线技术管理办法》（铁科技〔2008〕222 号）、《铁路客运专线技术管理办法（试行）》（200～250 km/h 部分）

(铁科技〔2009〕116号)和《铁路客运专线技术管理办法(试行)》(300～350 km/h部分)(铁科技〔2009〕212号)等高速铁路的行车规章,批复了铁路局制订的青藏铁路行车组织办法、大秦线重载运输行车组织办法,对《技规》进行了有效的补充。

(三)适用范围

现行《技规》所适用的铁路,一般指最高运行速度不超过200 km/h的客货共线国家铁路及铁路专用线,除特殊的技术内容外,通用的技术要求和管理制度也适用于既有提速、客运专线、城际铁路等技术管理,地方铁路和专有铁路应参照执行。

(四)对铁路行车工作人员的要求

在《技规》第四编中明确要求"铁路行车有关人员,在任职、提职、改职前,必须经过拟任职业的任职资格培训,并经职业技能鉴定、岗位任职资格考试合格,取得相应等级的职业资格证书和相关岗位任职资格后方可任职"。同时要求"驾驶机车、动车组、动车、自轮运转特种设备的人员,必须持有铁道部颁发的驾驶证。变更驾驶机型前,必须经过相应的技术培训并考试合格。实习和学习驾驶机车、动车组、动车、自轮运转特种设备和操纵信号或重要机械、设备及办理行车作业的人员,必须在正式值乘、值班人员的亲自指导和负责下,方准操作"。

为保证工作人员身体素质能胜任工作岗位的需要,规定"铁路行车有关人员,在任职前必须经过健康检查,身体条件不符合拟任岗位职务要求的,不得上岗作业。在任职期间,要定期进行身体检查,身体条件不符合任职岗位要求的,应调整工作岗位"。

为保证行车安全和职工劳动安全,特别强调"对行车有关人员,应加强日常安全生产知识和劳动纪律的教育、考核,并有计划地组织好在职人员的日常政治和技术业务学习。铁路行车有关人员,接班前须充分休息,严禁饮酒,如有违反,立即停止其所承担的任务"。

二、铁路200～250 km/h既有线技术管理办法

(一)概　　述

铁路经过六次大提速后,既有客货共用线路旅客列车速度达到200 km/h,个别区段达到250 km/h,货物列车速度达到120 km/h 。随着列车运行速度的不断提高,新的列车调度集中系统和列车运行控制系统投入使用,原有的《技规》已不能满足实际工作需要,2007年铁道部下发了《铁路200～250 km/h既有线技术管理暂行办法》(铁科技〔2007〕61号)文件,在实际使用中发现规定还不完善,同年又下发了《关于〈铁路200～250 km/h既有线技术管理暂行办法〉有关调度命令的补充通知》(铁运〔2007〕70号)。2008年铁道部对原发的两个文件进行合并,组织修订下发了《铁路200～250 km/h既有线技术管理办法》(铁科技〔2008〕222号)文件,原发文件和补充规定同时废止。要求各有关单位应根据本办法修改、补充相应规章制度,并将执行中的有关情况及时反馈铁道部科技司、运输局。

该技术管理办法明确指出"本办法规定了列车运行速度200～250 km/h既有客货共线铁路的技术设备、行车组织和车载信号显示,是《技规》的重要补充。本办法未规定的事宜按《技规》等有关规定执行"。

(二)技术设备要求

(1)各种设备、设施应满足旅客列车200 km/h(250 km/h区段应满足旅客列车250 km/h,以下同)、货物列车120 km/h运行安全、平稳性要求,根据需要满足双层集装箱货物列车运行要求。

(2)线路应全封闭、全立交,线路两侧按标准进行栅栏封闭,对铁路技术作业的专用通道和处所应设置“非铁路作业人员禁止进入”的警示标志。

(3)旅客站台不应邻靠正线。既有邻靠正线的旅客站台,列车通过速度 160 km/h 以上至 200 km/h 时,站台安全标线与站台边缘距离为 2 m,也可在距站台边缘 1 m 处设栅栏防护。

(4)区间线路最小曲线半径 3 500 m,困难条件下不小于 2 800 m。最小坡段长度一般不小于 600 m,困难条件下不小于 400 m,且连续使用时不得超过 2 个。

(5)正线应采用 60 kg/m 钢轨的跨区间无缝线路,钢轨应满足时速 200 公里 60 kg/m 钢轨技术条件。轨枕应采用Ⅲ型轨枕。

(6)200 km/h 速度等级的旅客列车采用交流传动、动力分散式动车组。动车组应装备 CTCS-2 级列控车载设备(以下简称列控车载设备)和列车运行监控记录装置(以下简称 LKJ)。同时应装备车载自动过电分相装置。

(7)车站联锁应逐步改造为计算机联锁,闭塞设备采用速差式自动闭塞,同时符合 CTCS-2 级列控系统设备要求。双线区段自动闭塞具备正方向自动闭塞、反方向自动站间闭塞的行车功能。闭塞分区的划分既满足 200～250 km/h 动车组控车要求,又满足四显示自动闭塞的行车要求。

(8)铁路局调度所应装备列车调度指挥系统(TDCS);有条件时,应装备分散自律调度集中系统(CTC)。

(9)采用 TDCS/CTC 与无线通信系统相结合,应能实现行车凭证、调度命令、接车进路预告信息等向机车的书面可靠传送,并能通过无线通信系统获取车次号校核、调车请求、签收回执等信息。

(10)采用 CTCS-2 级列控系统,基于轨道电路加点式应答器传输列车运行许可信息并采用目标距离模式监控列车安全运行的列车运行控制系统,包括车载设备和地面设备。

(11)在 CTCS-2 级区段与 CTCS-0/1 级区段的分界处,应设置级间转换应答器并增加防护措施,以实现列控车载设备与 LKJ 之间的转换。

(12)充分利用既有 450 MHz 列车无线调度通信系统,有条件时应采用铁路数字移动通信系统(GSM-R),机车和自轮运转特种设备应安装并使用机车综合无线通信设备(简称 CIR)。

(三)行车组织

《铁路 200～250 km/h 既有线技术管理办法》对动车组运行进行了详细规定,但对路用列车的开行未做规定。接触网作业车的运行可参照动车组运行规定或严格执行铁路局制定的行车组织规则,可分为以下两种情况:

1. 施工行车

接触网作业车由于未安装列车运行超速防护系统(简称 ATP),不能接受点式应答器传输的控车信息,仍按《技规》的规定和各铁路局的相关规定执行。

2. 非正常情况下行车

(1)在调度集中区段,由列车调度员办理接发列车,遇基本闭塞法停用或出站、进站(进路)信号机故障停用时,以调度命令作为行车凭证,列车调度员须确认发给行车凭证的依据及附带条件。

(2)封锁区间开行路用列车、救援列车时,仍按《技规》有关规定执行。

(3)列车调度员使用无线传送系统向列车司机传递行车凭证、调度命令时,司机应及时签认接收。司机对其内容有疑问时,须立即使用列车无线调度通信设备向列车调度员询问。

（4）遇机车信号或轨道车运行控制设备 GYK 故障时，按《技规》第 270 条有关规定办理。

三、铁路客运专线技术管理办法（试行）（200～250 km/h 部分）

（一）概　　述

随着客运专线的不断投入运营，2009 年铁道部下发了《客运专线调度集中控制车站行车工作暂行办法》（铁运〔2009〕37 号）文件，通过一段时间的实际使用，2009 年铁道部重新下发了《铁路客运专线技术管理办法（试行）》（200～250 km/h 部分）（铁科技〔2009〕116 号）文件，原发文件同时废止。并要求各有关单位应根据本办法修改、补充相应规章制度，并将执行中的有关情况及时反馈铁道部科技司、运输局。

该技术管理办法明确指出"本办法对铁路 200～250 km/h 客运专线的技术设备、行车组织和车载信号显示进行了规定。本办法是《技规》的重要补充，未规定的事宜按《技规》等有关规定执行"。

（二）技术设备要求

（1）客运专线各种设备、设施应满足运行 200～250 km/h 旅客列车的要求。兼顾货运的，应满足 120 km/h 货物列车安全运行的条件；兼顾双层集装箱运输的，还应满足运行双层集装箱列车的要求。

（2）线路应全封闭、全立交，线路两侧按标准进行栅栏封闭，对铁路技术作业的专用通道和处所，须设置"非铁路作业人员禁止进入"的警示标志。

（3）200 km/h 区段的最小曲线半径为 2 500 m，特殊困难条件下为 2 200 m；250 km/h 区段的最小曲线半径为 4 000 m，特殊困难条件下为 3 500 m。兼顾货运的线路，200 km/h 区段的最小曲线半径为 3 500 m，特殊困难条件下为 2 800 m；250 km/h 区段的最小曲线半径为4 500 m。

（4）区间正线的最大坡度不大于 20‰，动车组走行线最大坡度不大于 30‰。最小坡段长度一般不小于 800 m，困难条件下不小于 600 m，且不得连续使用。

（5）正线轨道为一次铺设 60 kg/m 钢轨跨区间无缝线路。正线道岔应采用可动心轨道岔。正线与到发线连接应采用 18 号道岔。

（6）信号系统主要包括计算机联锁系统、列控系统、调度集中系统和信号集中监测系统等。

（7）双线区段自动闭塞具备正方向自动闭塞、反方向自动站间闭塞的行车功能。闭塞分区的划分应满足动车组列控车载设备按照目标距离模式控车和按四显示自动闭塞行车的要求。

（8）采用 CTCS-2 级列控系统，基于轨道电路加点式应答器传输列车运行许可信息并采用目标距离模式监控列车安全运行的列车运行控制系统，包括车载设备和地面设备。CTCS-2 级线路的车站、区间中继站、线路所、动车段（所）均设置列控中心。

（9）采用 CTC 系统实现列车调度指挥自动化，并与相邻调度区段的 CTC/TDCS 接口。CTC 系统具备列车进路及调车进路的控制、列车运行监视、车次号追踪、列车运行计划调整和临时限速设置等功能。CTC 系统具备分散自律控制和非常站控两种模式。

（10）在 CTCS-2 级区段与 CTCS-0/1 级区段的分界处，设置级间转换应答器组，以实现列控车载设备与列车运行监控装置（LKJ）之间的转换。

（11）通信系统应包括光传输系统、数据网、电话交换系统、铁路数字移动通信系统（GSM-R）、调度通信系统、会议电视系统、应急通信系统、同步及时钟分配系统、综合视频监控系统、通信电源与环境监控系统、通信电源、通信线路、防雷与接地系统、通信综合网管系统等。

(12)进入客运专线的动车组、机车及自轮运转特种设备应装备机车综合无线通信设备(CIR),实现列车调度通信、调度命令信息(包括调度命令、行车凭证、接车进路预告、调车作业通知单等)无线传送、车次号校核数据无线传送等功能,并对各类通信过程和内容进行记录。机车综合无线通信设备应能自动兼容 GSM-R 线路和 450 MHz 无线列调线路。

(三)行车组织

1. 人员及岗位职责

客运专线调度集中区段,行车工作由本区段列车调度员统一指挥。客运专线调度台设有列车调度员、助理调度员和综合维修调度员,根据分工和岗位职责不同,分别承担以下职责:

(1)列车调度员的主要职责

① 列车调度员是本调度区段行车工作的统一指挥者,履行《铁路运输调度规则》规定的职责。

② 调整列车运行计划和到发线使用。

③ 发布列车运行调度命令、有关行车凭证和口头指示。

④ 与相邻调度台交换列车运行计划。

⑤ 对需要人工排列的进路,与助理调度员执行"二人确认制度"。

(2)助理调度员的主要职责

① 接受列车调度员的领导。

② 监视列车的运行情况,监控管辖各站列车进路和调车进路的排列情况。如设备不能自动动作时,进行人工排列进路和开放信号。

③ 与非 CTC 控制区的车站(车场)值班员办理预告手续。

④ 完成临时限速的设定。

⑤ 担任调车领导人,及时编制调车作业计划,向车站和司机下达调车作业计划。

(3)综合维修调度员的主要职责

① 接受列车调度员的领导。

② 按照列车调度员的指示,及时发布设备施工、检修等调度命令。加强与施工调度员、供电调度员的联系,组织兑现月度施工方案和天窗计划。

③ 遇设备故障、施工、检修时,与设备维护人员办理登、销记手续,组织实施天窗施工及接触网停送电计划。

④ 协助助理调度员监控管辖各站列车进路和调车进路的排列情况。

(4)车务应急值守人员的主要职责

调度集中控制车站(以下简称"集控站")设应急值守人员,应急值守人员由车务具有车站值班员职名的人员和电务信号人员担任,在正常情况下,应急值守人员不参与行车工作,集控站的行车工作由列车调度员办理,司机等相关人员直接向列车调度员报告有关行车工作。在设备故障、施工维修、非正常行车等情况下,集控站转为车站控制时,根据列车调度员指示,由车务应急值守人员担当车站值班员,指挥车站有关行车工作,负责办理以下行车作业:

①向司机、运转车长等相关人员递交书面调度命令。

②组织相关人员现场准备进路。

③组织相关人员对故障设备进行检查、确认。

④对站内到发线停留车辆的防溜措施进行检查、确认。

⑤在特殊情况下与司机办理故障车、事故车有关随车运输票据和回送单据的交接、保管工作。

⑥组织应急救援，完成信息传递和其他需现场了解、检查确认的工作。

电务、工务人员应根据车务应急值守人员指示，协助办理②、③、⑥项有关作业。

2. 行车闭塞

客运专线正方向列车按自动闭塞追踪运行，反方向按自动站间闭塞行车。列车反方向运行时，应发布调度命令。

3. 列车运行

《铁路客运专线技术管理办法(试行)》(200～250 km/h 部分)对动车组的运行进行了详细规定，但对路用列车的开行未做规定。高速铁路接触网作业车的运行可参照动车组运行规定或严格执行铁路局制定的行车组织规则，可分为以下三种情况：

(1)施工行车

高速铁路接触网作业车在 CTCS-2 级区段正常运行可能遇到两种线路，一是按 CTCS-0/1 级区段装设了进(出)站及通过信号机的线路；二是无通过信号机，正常情况下进(出)站信号机不着灯的线路。针对不同的线路，其运行方式为：

① 装设了进(出)站及通过信号机的线路，仍按《技规》的相关规定执行。

② 无通过信号机，正常情况下进(出)站信号机不着灯的线路，按机车信号的显示及列车调度员的命令执行。

③ 运行中遇机车信号或轨道车运行控制设备 GYK 故障时，按《技规》第 270 条有关规定办理。

(2)非正常情况下行车

① 在调度集中区段，由列车调度员办理接发列车，遇基本闭塞法停用或出站、进站(进路)信号机故障停用时，以调度命令作为行车凭证，列车调度员须确认发给行车凭证的依据及附带条件。

② 出站、进站(进路)信号机故障停用时，司机根据列车调度员发布的允许进入区间或站内的调度命令，将 GYK 转入目视行车模式。

③ 封锁区间开行路用列车、救援列车时，仍按《技规》有关规定执行。但需要注意的是，当列车调度员按区段进行合并区间封锁时，高速铁路接触网作业车在原中间站(已被封锁)通过时，应适当降低运行速度，尽量确认列车进路是否正确。

④ 列车调度员使用无线传送系统向列车司机传递行车凭证、调度命令时，司机应及时签认接收。司机对其内容有疑问时，须立即使用列车无线调度通信设备向列车调度员询问。

⑤ 司机不能使用机车综合无线通信设备进行通话时，应立即使用 GSM-R 手持终端报告列车调度员。如 GSM-R 手持终端也不能进行通话，司机应在前方站停车，及时报告车站值班员或列车调度员。

⑥ 机车综合无线通信设备不能正常接收接车进路预告信息时，司机应立即报告列车调度员。

(3)调车作业

在车站进行转线调车作业时，集控站的调车作业，由助理调度员担当调车领导人。设有车站值班员的或集控站改为车站控制时的调车作业，由车站值班员担当调车领导人。有信号显示的车站，高速铁路接触网作业车司机应将 GYK 转入调车模式，严格按照信号显示要求动车；无信号显示的车站，司机应将 GYK 转入目视行车模式，认真确认前方进路正确后，方可动车。

四、铁路客运专线技术管理办法(300～350 km/h 部分)

(一)概　　述

2009 年铁道部重新下发了《铁路客运专线技术管理办法(试行)》(300～350 km/h 部分)(铁科技〔2009〕212 号)文件，并要求各有关单位应根据本办法修改、补充相应规章制度，并将执行中的有关情况及时反馈铁道部科技司、运输局。

该技术管理办法明确指出“本办法对铁路 300～350 km/h 客运专线的技术设备、行车组织和车载信号显示进行了规定。本办法是《技规》的重要补充，未规定的事宜按《技规》等有关规定执行”。

(二)技术设备要求

(1)客运专线各种设备、设施应满足运行 300～350 km/h 旅客列车的要求。同时还应满足跨线动车组列车安全运行的条件。

(2)线路应全封闭、全立交，线路两侧按标准进行栅栏封闭，对铁路技术作业的专用通道和处所，须设置“非铁路作业人员禁止进入”的警示标志。

(3)300 km/h 区段的最小曲线半径：有砟轨道为 5 000 m，特殊困难条件下为 4 500 m；无砟轨道为 5 000 m，特殊困难条件下为 4 000 m。350 km/h 区段的最小曲线半径：有砟轨道为 7 000 m，特殊困难条件下为 6 000 m；无砟轨道为 7 000 m，特殊困难条件下为 5 500 m。

(4)区间正线的最大坡度不大于 20‰，特殊困难条件下不大于 30‰；动车组走行线最大坡度不大于 35‰。最小坡段长度，300 km/h 区段一般不小于 1 200 m，困难条件下不小于 900 m；350 km/h 区段一般不小于 2 000 m，困难条件下不小于 900 m。一般条件的最小坡段长度不宜连续采用，困难条件下的最小坡段长度不得连续采用。

(5)正线及到发线轨道为一次铺设 60 kg/m 钢轨跨区间无缝线路。

(6)信号系统主要包括计算机联锁系统、CTCS-3 级列控系统、调度集中系统和信号集中监测系统等。

(7)闭塞设备正方向具备自动闭塞、反方向具备自动站间闭塞的行车功能。当车站出站信号机点灯并显示进行信号时，须保证站间区间空闲。

闭塞分区的划分应满足动车组列控车载设备按照目标距离模式控车和按四显示自动闭塞行车的要求。

(8)在 CTCS-3 级区段设置进站信号机、出站信号机、进路信号机、进站预告标；正线、到发线不宜设置调车信号机，岔线、段管线与正线、到发线相衔接时，根据需要设置调车信号机；区间不设通过信号机，在闭塞分区分界处设置区间信号标志牌。

(9)计算机联锁设置“点灯”按钮和“灭灯”按钮，与对应的进站、进路或出站信号机列车按钮结合操作，实现对进站信号机或出站信号机的点灯和关灯控制。

(10)列车越过点亮允许信号的进站信号机或出站信号机后，进站、进路或出站信号机点亮红灯，其防护的进路解锁后灯光自动熄灭。

(11)调度所、车站、线路所、动车段(所)应采用 CTC 系统实现列车调度指挥自动化。CTC 具备与无线闭塞中心、GSM-R 接口服务器、临时限速服务器、相邻调度区段的 CTC/TDCS、计算机联锁、列控中心及运营调度和客服系统的接口能力。

(12)CTC系统具备列车进路及调车进路的控制、列车运行监视、车次号追踪、列车运行计划调整和列控限速设置等功能。

CTC系统具备分散自律控制和非常站控两种模式。分散自律控制模式可提供自动和人工两种控制与操作方式。非常站控模式是当CTC设备故障、发生危及行车安全的情况或行车设备施工、维修需要时,转换为车站控制的模式。

CTC/TDCS与无线通信系统结合,实现行车凭证、调度命令、接车进路预告信息、调车作业通知单等向司机的书面可靠传送,并能通过无线通信系统获取车次号校核、调车请求及签收回执等信息。

(13)CTCS-3级列控系统是基于GSM-R无线通信实现车地信息双向传输,无线闭塞中心生成行车许可,轨道电路实现列车占用检查,应答器实现列车定位,并具备CTCS-2级功能的列车运行控制系统,由列控车载设备和地面设备组成。

(14)临时限速服务器集中管理客运专线的列控限速调度命令,具备全线列控限速调度命令的存储、校验、撤销、拆分、设置、取消及列控限速设置时机的辅助提示功能。

临时限速服务器接收CTC下达的列控限速调度命令,并在校验、拆分后向相关的无线闭塞中心、列控中心传递限速信息。

临时限速服务器具备与无线闭塞中心、列控中心、CTC和相邻临时限速服务器的接口能力。

(15)无线闭塞中心、列控中心根据列控限速调度命令、线路数据、轨道电路及进路状态等产生控车信息,列控中心通过轨道电路及有源应答器传送给列控车载设备,无线闭塞中心通过GSM-R网络传送给列控车载设备。

(16)在进站信号机(含反方向进站信号机)、进路信号机、出站信号机、上下行线路靠近区间中继站的位置、闭塞分区入口处和区间与站内的适当地点设置点式应答器。必要时设置特定用途的应答器。应答器组设置、报文定义及组间距离等均应满足列控车载设备控车要求。

点式应答器提供线路数据、车站进路、临时限速、过分相、定位、级间转换、公里标及车站名、无线闭塞中心切换等信息。

(17)在CTCS-3级区段与CTCS-2级区段转换边界一定距离前设置GSM-R连接、无线闭塞中心连接、转换预告、转换执行、转换取消应答器组,以实现CTCS-3级与CTCS-2级的级间转换。

(18)通信系统应包括光传输系统、数据网、电话交换系统、GSM-R、调度通信系统、会议电视系统、应急通信系统、时钟同步及时间分配系统、综合视频监控系统、电源与环境监控系统、通信电源、通信线路、防雷与接地系统、通信综合网管系统等。

(19)进入客运专线的动车组及自轮运转特种设备应装备机车综合无线通信设备(CIR),实现列车调度通信、调度命令信息(包括调度命令、行车凭证、接车进路预告、调车作业通知单等)无线传送、车次号校核数据无线传送等功能,并对各类通信过程和内容进行记录。机车综合无线通信设备应能自动兼容GSM-R线路和450 MHz无线列调线路。

(三)行车组织

1. 人员及岗位职责

客运专线调度台应独立设置。调度台设列车调度员和助理调度员,行车工作由本区段列车调度员统一指挥。

车站的行车工作由列车调度员办理，司机等相关人员直接向列车调度员报告有关行车工作。

(1)列车调度员和助理调度员的主要职责见铁路客运专线技术管理办法(试行)(200～250 km/h部分)。

(2)车站应急人员的主要职责

车站设应急值守人员，应急值守人员由车务具有车站值班员职名的人员和电务信号人员担任。在正常情况下，应急值守人员不参与行车工作。

车站由分散自律控制转为非常站控时，车务应急值守人员根据列车调度员指示，担当车站值班员，指挥车站有关行车工作。在设备故障、施工维修、非正常行车等情况下，根据列车调度员指示，车务应急值守人员负责办理以下行车作业：

① 向司机等相关人员递交书面调度命令。

② 组织相关人员现场准备进路。

③ 组织相关人员对故障设备进行检查、确认。

④ 组织应急救援，完成信息传递和其他需现场了解、检查确认的工作。

电务、工务人员应根据车务应急值守人员指示，协助办理②、③、④项有关作业。

2. 行车闭塞

正方向列车按自动闭塞追踪运行，反方向按自动站间闭塞行车。组织列车反方向运行时，应发布调度命令。

3. 地面信号的显示方式及含义

(1)车站及线路所进站、出站、进路信号机正常状态不显示，仅起停车位置作用；对以隔离模式运行的动车组列车和施工路用列车，信号机点亮，灭灯视为红灯。

调车信号机及动车段(所)的信号机正常状态点亮。

(2)进站、进路信号机显示含义：

一个黄色闪光和一个黄色灯光表示准许列车按限速要求越过该信号机，经道岔侧向位置进入站内准备停车。

一个红色灯光和一个月白色灯光表示准许列车在该信号机前方不停车，以不超过 40 km/h 的速度进站或通过接车进路，并须准备随时停车。

其他信号显示符合《技规》的规定。

(3)出站信号机显示含义：

一个绿色灯光表示准许列车由车站以站间闭塞方式出发，前方站间空闲。

一个红色灯光和一个月白色灯光表示准许列车由车站以站间闭塞方式出发，发车进路列车速度不超过 40 km/h，并须准备随时停车。

(4)其他信号显示符合《技规》的规定。

4. 列车运行

《铁路客运专线技术管理办法(试行)》(300～350 km/h 部分)对施工路用列车的开行进行了规定，由于各客运专线的设备构成及管理存在差异，高速铁路接触网作业车的运行还需严格执行各铁路局制定的行车组织规则，具体分为三种情况：

(1)施工行车

① 施工路用列车应按规定配备运行控制设备，按地面信号机显示运行。运行控制设备故障时，路用列车不得上线运行。路用列车上线运行应纳入施工计划，并向调度所提供《自轮运

转特种设备运行、作业计划表》，注明发站、到站、编组、运行径路、作业地点及转线计划。列车调度员根据施工计划，发布准许施工路用列车上线运行的调度命令。

② 列车调度员使用无线传送系统向列车司机传递行车凭证、调度命令时，司机应及时签认接收。司机对其内容有疑问时，须立即使用列车无线调度通信设备向列车调度员询问。

(2)非正常情况下行车

① 开放引导信号接入列车，地面信号机点灯时，行车凭证为进站信号机显示的引导信号，以不超过20 km/h速度进站停车。

② 进站信号机故障，且引导信号不能开放时接入列车，地面信号机灭灯时，行车凭证为调度命令，以不超过 20 km/h 速度进站运行至出站信号机前，按机车信号显示运行。

③ 进站信号机故障，且引导信号不能开放时接入列车，地面信号机点灯时，行车凭证为调度命令，以不超过 20 km/h 速度进站停车。

④ 出站信号故障时发出列车，地面信号机灭灯时，行车凭证为调度命令，以不超过 20 km/h速度运行至第一个区间信号标志牌前，按机车信号显示运行。

⑤ 向封锁区间开行路用列车、救援列车时，仍按《技规》有关规定执行。但需要注意的是，当列车调度员按区段进行合并区间封锁时，高速铁路接触网作业车在原中间站(已被封锁)通过时，应适当降低运行速度，确认列车进路是否正确。

⑥ 接触网故障抢修需开行接触网作业车时，报请调度所主任(副主任)批准，封锁区间并向司机发布准许运行的调度命令。

⑦ 恶劣天气下需要开行接触网作业车等路用列车进行巡视时，报请调度所主任(副主任)批准，并向司机发布封锁区间准许运行的调度命令。

⑧ 防洪期间需要开行接触网作业车对线路、设备进行检查时，报请调度所主任(副主任)批准，并向司机发布封锁区间准许运行的调度命令。列车运行速度按各铁路局客运专线行车组织规则或防洪文件要求执行。

⑨ 车站由分散自律控制模式转为非常站控，且按电话闭塞法行车时，应执行车机联控，车站值班员应主动呼叫司机。

⑩ 司机不能使用机车综合无线通信设备进行通话时，应立即使用 GSM-R 手持终端报告列车调度员。如 GSM-R 手持终端也不能进行通话，司机应在前方站停车及时报告车站值班员或列车调度员。

(3)调车作业

在车站进行转线调车作业时，集控站的调车作业，由助理调度员担当调车领导人。设有车站值班员的或集控站改为车站控制时的调车作业，由车站值班员担当调车领导人。有信号显示的车站，高速铁路接触网作业车司机应将 GYK 转入调车模式，严格按照信号显示要求动车；无信号显示的车站，司机应将 GYK 转入目视行车模式，确认前方进路正确后，方可动车。

五、高速铁路营业线施工安全管理办法

铁道部于 2011 年对《铁路营业线施工安全管理办法》(铁办〔2008〕190 号)进行了修订和补充，并下达了《铁路营业线施工安全管理补充办法》(铁运〔2011〕63 号)，两个文件对高速铁路营业线施工安全管理提出了明确要求，相关内容如下。

(一)人员要求

凡从事铁路施工、检修作业的人员上岗前必须经过铁路知识的相关培训，培训考试合格，

持证上岗。培训内容应包括管内线桥设备情况、安全通道(栅栏门)位置、天窗时间安排等。

(二)天窗和慢行的规定

1. 天窗是指列车运行图中不铺画列车运行线或调整、抽减列车运行线为营业线施工、维修作业预留的时间，按用途分为施工天窗和维修天窗，规定如下：

(1)施工天窗：技改工程、线路大中修及大型机械作业、接触网大修时，不应少于 180 min。

(2)维修天窗：电气化双线不应少于 90 min，单线不应少于 60 min。

维修天窗在时间安排上应与施工天窗重叠套用，除春、暑运、黄金周及铁道部调度命令停止外，原则上每月每区间不应少于 20 次(双线为单方向)。维修单位不需要时，可不申请或减少天窗时间，不计入天窗修考核。

(3)各条线路天窗时间和位置在编制列车运行图时确定，铁路局调整繁忙干线和影响跨局运输的干线天窗必须报铁道部运输局批准。

(4)双线车站同时影响上下行正线的渡线道岔或影响全站信号设备正常使用的电务为主、工务综合利用的设备检修，每月应保证 2 次，每次不少于 30 min 的封锁时间；编组、区段站，可按接发列车方向划分联锁区，按联锁区每月应保证 1 次不少于 30 min 封锁时间。

(5)编组、区段站每个供电臂每月应保证 1 次不少于 30 min 封锁停电时间。具备条件的电气化双线区段，应适当安排垂直检修天窗。

(6)不影响跨局运输的干线和支线施工，天窗时间和次数，可由铁路局适当调整。

2. 为做好日常运输调整工作，全路周六、周日停止安排施工天窗和维修天窗，货物列车对数小于 8 对的区段除外，不影响局间分界口运输的区段可由铁路局调整。遇有成段清筛道床、更换钢轨、更换轨枕等连续性施工，只安排周六停止施工。

3. 各项施工、维修作业要采用平行作业的方式，综合利用天窗，提高天窗的利用率。要严格按照运行图预留的慢行附加时分控制线路慢行处所，原则上单线 1 个区段慢行处所不超过 2 处，双线 1 个区段每个方向慢行处所不超过 2 处，同一区间内慢行处所不超过 1 处(包括施工慢行处所)。各项施工要按规定控制慢行距离和慢行速度，桥涵顶进施工慢行限制速度为 45 km/h。

针对施工需要，编制了施工分号运行图时，可依据慢行附加时分，适当增加施工慢行处所。滚动施工阶梯提速，按一处慢行处所掌握。施工后产生的慢行在 12 h 以内恢复常速时，可不统计慢行处所。

4. 接触网维修天窗作业项目包括：检调接触网悬挂，检调(更换)软横跨，检调锚段关节，检调(更换)中心锚结，检调线岔，检调(更换)分段绝缘器，检调(更换)分相绝缘器，检调(更换)电连接器，检调(更换)支撑定位器，测量导线磨耗，检修隔离开关、避雷器及引线，检调正馈线、供电线，检调、安装接触悬挂、支撑装置上的设备标志、号码，车梯巡检，轨道吊车立杆、拨杆，安装、改造软横跨，清扫、更换、安装绝缘子等 17 项。

(三)作业防护要求

(1)施工、检修作业前必须按规定设置驻站(调度所)联络员、远端防护员及工地防护员，并在驻站(调度所)联络员、防护员及施工负责人间确认调度命令的封锁起止时间和通信良好之后方可进入栅栏门。驻站联络员或现场防护员不得临时调换。

(2)所有进入高铁之外线路行车限界的施工、维修以及线路检查作业，均必须按规定设置现场防护员和驻站联络员。

(3)施工作业过程中,驻站(调度所)联络员与工地防护员必须保持通信畅通并定时联系,确认通信良好。一旦通信中断,施工检修作业负责人应立即命令所有检查、作业人员下道。

(4)铁路局应制定驻站(调度所)联络员、现场防护员及施工负责人之间的联控规程,明确通信设备管理要求,对联控时机、联控内容、联控对象、联控标准用语及复诵确认等环节进行规范。

(5)驻站联络员应采用具有录音回放功能的通信工具,铁路局应对施工、检修作业防护联控录音建立定期分析、考核制度。

(6)现场防护员应根据施工作业现场地形条件、列车运行特点、施工人员和机具布置等情况确定站位和移动路径,并做好自身防护。

(7)进行救援、抢险或事故处理时,应根据站场、编组场行车和作业情况采取防护措施,必要时,应安排专人对穿越股道或临近股道的人员进行防护。

(四)施工和检修作业安全要求

(1)高速铁路施工、维修及上道检查作业必须在天窗内进行,并严格执行登、销记制度。天窗时间外不得进入高铁栅栏内。因自然灾害、行车设备故障等原因,工务、电务、供电等设备管理单位需对设备进行检查时,天窗时间外不得进入路肩和桥面范围内,必要时应封锁或限速,并设好防护后再检查。发现影响行车安全时,须及时通知列车调度员限速运行或封锁线路。其他在路基坡脚、路堑坡上、桥涵底部等不进入封闭线路或行车限界的检修作业,由铁路局制定相关规定。

(2)因列车晚点等原因导致天窗时间发生变化时,列车调度员应立即通知相关车站值班室、驻站(调度所)联络员。驻站(调度所)联络员负责立即通知各作业点负责人,及时掌握列车运行情况和天窗时间。

(3)现场作业职工和带班人员上道作业前,须向施工负责人确认施工计划、调度命令和防护设置情况,在无计划、未下令或防护未到位情况下,有权拒绝施工负责人开始上道作业的指令,并应向上级领导反映。

(4)施工负责人须严格按照批复的施工计划内容组织实施,计划内容包括检查检修项目、检查区间、行别、防护设置、劳力组织等,现场施工负责人无权擅自变更施工计划内容。

(5)在施工作业、设备检修或处理设备故障过程中,发现危及行车安全的故障和突发情况,需临时变更或增加检查和作业项目或延长作业时间时,必须采取必要的防护措施,报请调度所值班主任同意,发布调度命令。施工负责人应采取专门安全卡控措施并传达到每个作业人员后方可进行。

(6)因设备故障、灾害天气等原因需在同一区段多个单位上道检查检修设备时,各单位必须对上道人数、上道检查检修地点、作业内容等逐一登记,作业完毕各自分别确认现场人员、机具完全下道撤离后,逐一进行销记。行车指挥人员应确认各专业均完成销记后方能放行列车。

(7)遇有降雾、暴风雨(雪)、扬沙等恶劣天气影响瞭望时,应停止上道检查和作业。对必须进行检查和作业的情况,铁路局应制定专门安全措施。

六、高速铁路接触网作业车管理

（一）运行安全管理

为加强高速铁路接触网作业车运行安全管理，确保行车和作业安全，在严格执行《接触网作业车管理规则》的基础上，针对高速铁路行车和安全要求，铁道部制定了《关于加强高速铁路接触网作业车作业安全的通知》（运装供电〔2010〕2569号），特作如下规定：

（1）高铁接触网作业车应配备轨道车运行控制设备（GYK）、机车综合无线通信设备（CIR）等行车安全装备，手持电台、GSM-R手持终端配备不全或作用不良严禁出库。

（2）高铁接触网作业车运行时，GYK、CIR设备严禁关机或变相关机；使用CIR设备要按规定进行注册、选线。

（3）接触网作业车组确需在施工区间解列运行时，施工前必须制订安全卡控措施，明确解列地点，各自作业范围、连挂时间及地点。连挂地点应选择在平直线路上或坡度和曲线超高较小的地段，禁止顺坡连挂。连挂作业应统一指挥，加强联防互控。

（4）高铁接触网作业车司机要求：年龄45岁以下，从事接触网作业车司机岗位2年以上，三年内无行车责任事故，有相应高铁运行跟车经历；取得中级以上国家职业资格等级证书，掌握高铁基本知识、行车规章和GYK、CIR设备的正确使用方法，以及应急设备使用和维修保养知识。上岗前必须由铁路局组织严格挑选、培训并考试合格。

（5）高铁接触网作业车司机要熟悉掌握运行区段内的设备情况及线路、道岔的允许速度和运行安全制度，严格按规定操纵车辆。

（6）高铁接触网作业车司机出乘前必须保证休息不少于6 h，出车前准备工作时间不少于1 h。

（7）相关铁路局要结合管内高铁实际情况，组织制定接触网作业车行车和作业安全的细化措施，并抓紧落实。

（二）行车安全装备运用管理

为加强接触网作业车行车安全装备的安装与运用管理工作，确保接触网作业车行车安全，铁道部制定了《关于加强接触网作业车安全装备运用管理的通知》（运装供电电〔2010〕788号），要求如下：

（1）客运专线使用的接触网作业车必须安装机车综合无线通信设备（CIR）和轨道车运行控制设备（GYK）。

（2）各铁路局要加强CIR、GYK等设备的使用培训工作，组织作业车司机理论和现场操作培训，经考试合格后方可上岗。

（3）供电段要强化作业车行车安全装备的运用分析考核，建立CIR、GYK设备管理档案，及时掌握设备技术状态，并认真组织GYK运行监控数据的检索分析，加强责任考核，不断提高作业车司机的操纵技术水平。

思考题

1.《技规》对驾驶自轮运转特种设备的人员任职资格有什么要求？

2. 根据《铁路200～250 km/h既有线技术管理办法》，高速铁路接触网作业车进入封锁区间的行车凭证是什么？

3. 根据《铁路客运专线技术管理办法(试行)》(200～250 km/h 部分),高速铁路接触网作业车施工行车时,应参照哪些方式行车?

4.《铁路客运专线技术管理办法(试行)》(300～350 km/h 部分)对施工路用列车的开行是如何规定的?

5. 在《关于加强高速铁路接触网作业车作业安全的通知》中,对接触网作业车组确需在施工区间解列运行有哪些规定?

第二节 接触网安全工作规程

一、配合接触网作业劳动安全规定

高速铁路接触网作业车司机除应熟练掌握普速线路相关接触网作业的劳动安全规定之外,还应熟练掌握高速铁路接触网作业特点,以确保人身、行车和设备安全。

(一)出车前准备

(1)根据供电工区“接触网工作票”的作业内容和作业范围,参加网工区施工预备会,制定确保行车和作业安全的具体措施。

(2)出乘前严禁饮酒,保证休息不少于 6 h。

(3)出车前,司机必须抄收运行揭示并导入 GYK,按规定对作业车辆进行全面检查、各项性能试验,特别是行车安全装备是否良好,行车安全装备不良禁止上线运行。

(二)运行及作业

(1)司机必须认真确认行车凭证及发车指令正确后,方可开车。

(2)按照列车调度员命令指示及工作票内容要求,运行至作业地点开展工作,并按命令要求的时间到达指定车站或作业地点,严禁超范围作业。

(3)在区间作业需要使用作业平台调平功能时,应在停车后撤出调平锁止销,待工作领导人确认两端接地线已接好,方可打开液力控制开关,防止接触网作业车运行中作业平台发生意外动作,侵入邻线限界或带电设备。

(4)作业过程中需要移动车辆时,应检查平台高度、折叠栏杆是否侵限,各工作机构应与设备保持足够的安全距离。

(5)接触网作业车移动时,严禁作业人员“飞乘飞降”。

(6)作业平台上有人作业时,作业车的移动速度不得超过 10 km/h。

(7)所有人员禁止从未封锁线路侧上、下作业车辆;下车时要注意脚下,避免踏空跌伤;上、下车后应及时将折叠脚踏梯收起,避免在车辆移动中刮坏其他设备。

(8)作业过程中司机应听从作业平台上操作人员的指挥。作业人员与司机之间的信息传递应及时、准确,正、副司机间要认真执行呼唤应答制度。

(9)列车交会时,作业车必须关闭相邻线路侧车窗,司机及作业人员要远离通过列车侧的车窗玻璃,防止玻璃破碎伤人。

(10)接触网作业车在双线区段作业时,作业平台不得向邻线方向转动;作业人员须与邻线保持 2 m 以上的安全距离;利用“V”形天窗作业时,各种施工和检修人员须在高速列车到达前 10 min 停止作业,人、物不得侵入邻线限界,且作业车平台须旋转至正常行驶位,确保安全。

(11)作业结束,作业平台严禁存放任何料具,避免运行中发生坠落危及人身及行车安全。

二、随车作业机具使用安全规定

高速铁路接触网作业车随车作业机具包括随车发电机组、作业平台、随车起重机、紧线立柱等。

(一)随车发电机组

随车发电机组是高速铁路接触网作业车不可缺少的随车设备之一,它为接触网作业车生活、工作提供充足的交流电源,同时也为接触网检修作业的电动工具提供动力来源。随车发电机组使用时应注意以下事项:

1. 启动前检查

(1)检查发电机的燃油、润滑油、冷却液,不足时应及时补充;

(2)检查启动电源连接线是否紧固,避免启动时烧损启动电源极柱或端子;

(3)检查所有的交流负荷开关是否断开,防止启动困难或造成发电机、用电设备烧损。

2. 启动注意事项

(1)严禁带负荷启动;

(2)若两次启动未成功,应检查启动电源是否亏电、供油系统是否通畅,否则应进行修理;

(3)运转稳定后方可接入负荷。

随车发电机组运行不稳定时,其输出的电压、电流均不稳定,此时投入负荷极易造成发电机、用电设备烧损。

使用调频发电机组时,应在发电机启动后调整发电机的励磁系统,将交流输出频率调整至50Hz,交流电压调整至相应输出电压。

3. 使用过程注意事项

(1)严禁超负荷使用发电机组;

(2)用电设备使用前,应核对用电设备的功率、接入位置,严禁插座、接线柱、发电机超负荷使用,以免引起火灾以及发电机、用电设备损坏。

(二)作业平台

高速铁路接触网作业车作业平台使用时,应注意以下安全事项:

(1)作业平台不能超载使用。作业平台回转中心承载人、料合计质量不大于1 000 kg,前端承载不大于300 kg。否则会引起举升油缸变形,严重时可能导致设备事故或行车事故的发生。

(2)旋转作业平台前,必须先将作业平台升起,使前端定位装置脱离开车棚顶支承后,方可旋转。

(3)作业平台升降、回转时,严禁上下人员。人员上、下作业平台应征得作业平台操作人或监护人同意。

(4)在外轨超高较大的区段曲线内侧作业时,应根据实际情况使用作业车调平装置。

(5)在操纵作业平台时,要注意最大起升高度(7 100 mm)及回转角度(±120°)。

(6)操纵作业平台升降、回转时,不得同时进行,只能按操纵顺序逐一操作。车辆移动时严禁操作作业平台。

(7)作业完毕后,必须先将作业平台回至中位,降下作业平台,关闭作业平台上、下所有控制开关或置中立位,并拔出钥匙。

(8)作业人员撤离前，平台上部不得遗留任何机具、零件(含螺丝钉、垫片)。折叠防护栏杆落下。

(9)人员撤离后，应关闭作业平台的防护门。

(三)随车起重机

高速铁路接触网作业车配有伸缩臂式液压起重机，主要用于往作业平台及接触网支柱上吊送各种工具及器材等。由于车辆空间所限，随车起重机周围还有其他设备，因此使用时应特别小心，必须注意以下事项：

(1)必须先收起吊钩后，方可操纵回转手柄，将吊臂转出原来位置。

(2)操纵中应严格执行起重机安全规程。

严禁复合操作，即同时操作两个及以上手柄；严禁猛拉猛放；认真执行试吊的规定；禁止吊重后伸缩吊臂；严格执行“十不吊”；起重物下不得有人。

(3)严格执行吊重曲线要求，禁止超重作业。

(4)作业结束后，随车起重机必须恢复原位，并将吊钩挂在地板上设置的挂钩上。

(5)随车起重机不得侵界作业，邻线未封闭时，严禁跨线路作业。

(6)在接触网下使用随车起重机时，必须申请停电并挂好接地线，方可进行起吊作业。

(四)紧线立柱

紧线立柱主要用于接触线的安装和收紧，使用时应注意以下事项：

(1)紧线前应根据所在区段线索将支撑臂升到相应高度，禁止在紧线时升降支撑臂。

(2)当操纵支撑臂或紧线机构时，不得再操纵升降、回转作业平台；如需操纵作业平台，须将支撑臂及紧线机构恢复原位，且断开控制开关。

(3)紧线时应注意紧线力与紧线溢流阀的关系，紧线溢流阀严禁非操纵人员调节。

(4)在接触网下作业时，未确认停电并已挂好接地线的情况下，严禁操纵支撑臂。

(5)紧线过程中禁止操作支撑臂和卷筒同时动作。

思考题

1. 高速铁路接触网作业车在区间作业需要使用调平功能时，应注意哪些安全事项？
2. 高速铁路接触网作业车随车发电机组启动前，应做哪些检查工作？
3. 高速铁路接触网作业车随车起重机使用过程的注意事项有哪些？
4. 高速铁路接触网作业车作业平台的使用安全注意事项有哪些？
5. 高速铁路接触网作业车紧线立柱使用时，应注意哪些事项？

复 习 题

1. 在既有提速线路上，因施工开行高速铁路接触网作业车时，未封锁区间和封锁区间的行车凭证分别是什么？

2. 根据《铁路客运专线技术管理办法(试行)》(200～250 km/h 部分)，高速铁路接触网作业车在车站转线办理调车是如何规定的？

3. 接触网作业车在 200～250 km/h 客运专线上运行时，行车安全装备发生故障后应如何处理？

4. 根据《铁路客运专线技术管理办法(试行)》(300～350 km/h 部分)，高速铁路接触网作业车施工行车时，应遵循哪些规定？

5. 接触网故障抢修需开行高速铁路接触网作业车时，当列车调度员发布封锁区间的调度命令后，其行车凭证是什么？

6. 恶劣天气下需要开行高速铁路接触网作业车等路用列车进行巡视时，其行车凭证是什么？

7. 防洪期间需要开行高速铁路接触网作业车对线路设备进行巡视时，其行车凭证是什么？

8.《关于加强高速铁路接触网作业车作业安全的通知》对高速铁路作业车司机的资格有哪些要求？

9.《关于加强接触网作业车安全装备运用管理的通知》对高速铁路作业车行车安全装备有哪些要求？

10. 高速铁路接触网作业车出车前，应做好哪些准备？

11. 高速铁路接触网作业车在双线区段作业时，应注意哪些安全事项？

12. 高速铁路接触网作业车随车发电机组启动注意事项有哪些？

13. 高速铁路接触网作业车作业平台作业完毕后，应如何处理？

第二章 专 业 知 识

高速铁路接触网作业车是指时速 120 km/h 及以上且适合在高速铁路线路上运行的施工用接触网作业车。目前,国内已在高速铁路使用的接触网作业车一般为 JW-4G 型接触网作业车,时速 160 km/h 的高速接触网综合检测车还在引进(研制)过程中,本章主要以 JW-4G 型接触网作业车为例来介绍高速铁路接触网作业车各系统组成、作用原理与使用。

第一节 高速铁路接触网作业车基本构造

一、高速铁路接触网作业车主要构成

JW-4G 型接触网作业车主要由车体、车架、走行系统、动力传动系统、制动系统、液压系统、电气系统、随车起重机、平台立柱、平台自动调平装置等组成。走行系统采用两台二轴转向架,动力传动系统置于车架下部。车辆前部设置司机室,司机室内设前、后端操作台(前端操纵台指车棚端,后端操纵台为起重机端)。车辆后部安装有平台立柱、平台自动调平装置,用于接触网的检修和维护;车辆后部还安装有一台 SQ_2 型液压伸缩臂式起重机,用于小型材料或机具的装卸作业。车架下方设置有液压支腿,支腿滚轮下放至钢轨上时可与整车一同低速走行;车架后端设有电动工具接口,作为现场作业机具设备的动力源。

JW-4G 型接触网作业车整车外形结构和车内布置示意图分别如图 2-1、图 2-2 所示。

图 2-1 JW-4G 型接触网作业车整车外形结构图

二、高速铁路接触网作业车操纵台布置

JW-4G 型接触网作业车的操纵台为模块化整体式操纵台,前、后端司机室各设一个,可双端操作,操纵台整体布局分区图如图 2-3 所示。操纵台上部主要布置行车显示仪表、GYK 显

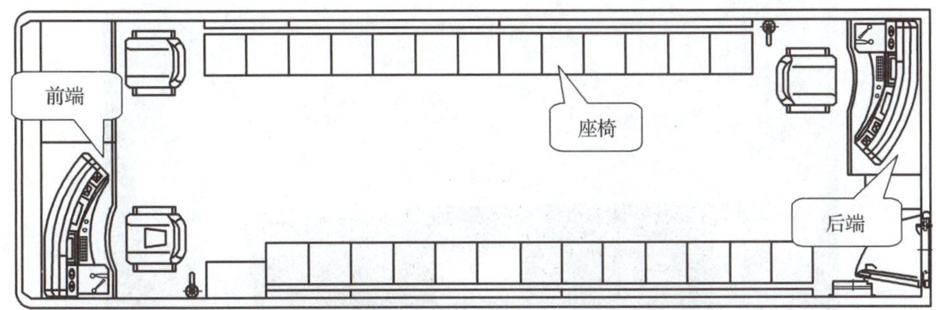

图 2-2 JW-4G 型接触网作业车车内布置示意图

示器(DMI)、微机控制显示器、CIR 显示终端、操作开关、操作手柄、操作按钮及空气制动阀等，操纵台下部主要布置电控脚踏撒砂开关、电控脚踏风笛开关、10 kW 发电机组控制面板及控制柜等(图 2-4、图 2-5)。

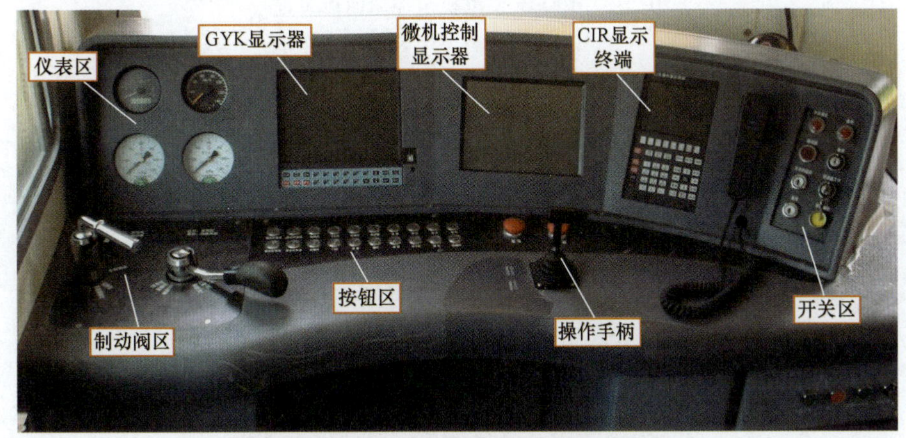

图 2-3 操纵台整体布局分区图

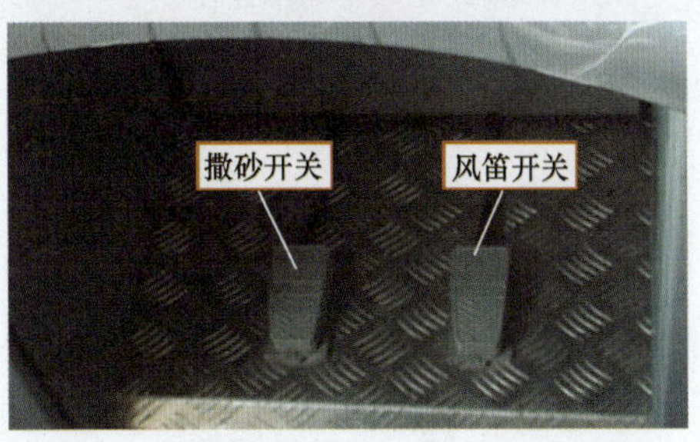

图 2-4 操作台下部脚踏开关布置图

三、高速铁路接触网作业车底盘布置

JW-4G 型接触网作业车底盘布置为下悬挂结构，其动力部件、空气制动以及一些辅助部件均以车架为安装基础。发动机、液力传动箱置于车架中部靠前的纵向中心位置，依靠焊接于车架上的安装支座进行定位安装；分动齿轮箱置于车架后部纵向中心位置，依靠焊接于车架上的安装支座进行定位安装；液压油散热器、燃油箱、空气压缩机、液压油箱悬挂于车架两侧，燃油箱和液压油箱为整体分箱结构；空气制动系统管路和阀件、风缸布置于车架下平面，依靠各类定位卡和支座进行定位安装。

JW-4G 型接触网作业车底盘布置关系如图 2-6 所示。

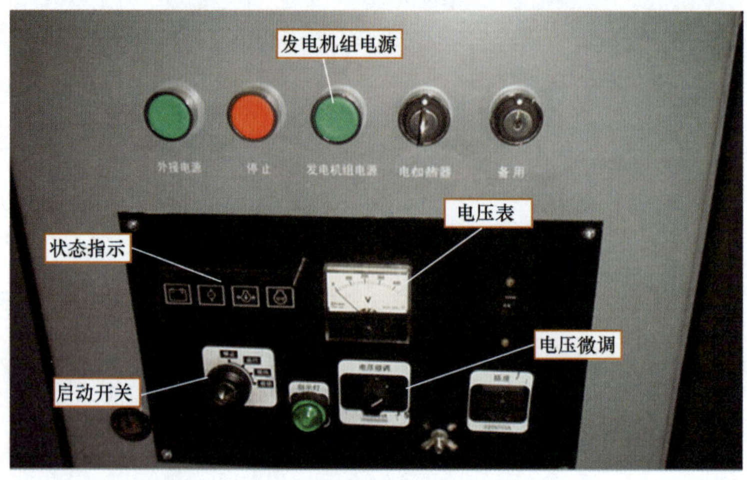

图 2-5　10 kW 发电机组控制面板布置图

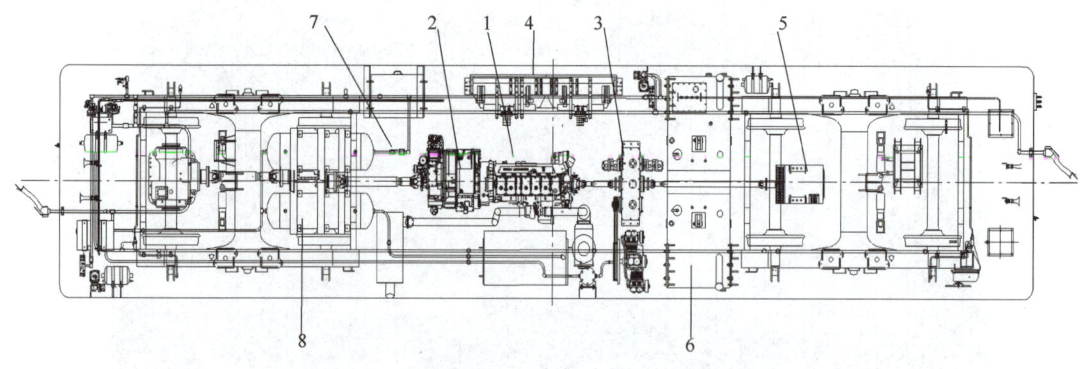

图 2-6　JW-4G 型接触网作业车底盘布置关系图

1—发动机；2—液力传动箱；3—分动齿轮箱；4—散热器；5—燃油箱；6—空气压缩机；7—总风缸；8—空气管路

四、主要技术参数和性能特点

(一)主要技术参数

1. 适用环境参数

环境温度	−25～+50 ℃
海拔高度	≤3 000 m
相对湿度	月平均≤90%，日平均≤95%
最大外轨超高	180 mm
最大坡道	≤33‰
最高风速	≤20 m/s
适用场合	中雷区并承受风、沙、雨、雪的侵袭，夜间作业

2. 整车主要技术参数

轨距	1 435 mm
车轮直径	840 mm
轴列式	2-B
轴距	2 400 mm

轴数	4 轴
通过最小曲线半径	100 m(10 km/h)
最高持续运行速度	120 km/h(牵引 50 t)
最高连挂运行速度	120 km/h
启动牵引力	50 kN
燃油箱容积	1 000 L
液压油箱容积	176 L
蓄电池容量	200A·h×4 块
传动方式	液力传动(含惰行自润滑系统)
制动方式	空气制动及停车手制动
空气制动机	JZ-7G
空压机	1.08 m^3/min
总风缸容积	500 L
紧急制动距离	≤400 m(单机平直道,制动初始速度 80 km/h) ≤800 m(单机平直道,制动初始速度 120 km/h)
钩缓装置	13B 上作用车钩及缓冲器
车钩中心距轨面高度	880 mm±10 mm
转向架中心距	9 200 mm
车架长度	15 000 mm
车架宽度	2 960 mm
外形尺寸(长×宽×高)	15 930 mm×3 118 mm×4 625 mm(不带紧线柱) 15 930 mm×3 118 mm×4 740 mm(带紧线柱)
整备重量	约 46 t(不带紧线柱) 约 47 t(带紧线柱)
限界	符合 GB 146.1 标准轨距铁路机车车辆限界

(二)性能特点

JW-4G 型接触网作业车采用潍柴动力生产的 WP12.480 型电喷水冷柴油发动机,额定功率为 353 kW,排放达到国Ⅲ标准;传动系统采用液力传动方式,可实现无级变速;采用机车用 JZ-7G 空气制动机,操纵台面仅有自动制动阀、单独制动阀手柄外露;操纵台采用模块化整体式结构,人机对话式显示界面;车体两端设有 13 号上作用式缓冲车钩,并采用二系减振系统,一系为金属圆簧并联液压减振器,二系为橡胶堆旁承减振;司机室内和平台后部空间宽敞,舒适性好,司机室内还可设置一定数量的座椅,以乘载维修人员;踏梯为折叠式可收放踏梯,方便人员在高速铁路线路上作业时的上、下车,保证人身安全。整车具有功率大、牵引能力强、制动性能可靠、操纵轻便灵活、维护方便、使用寿命长、运行稳定性和平稳性好等优点。

该车采用了一系列新技术,如采用模块化设计、标准化的操作台、标准化的车体造型、标准化的底盘及带滚轮的液压支腿。在车架与转向架、转向架与轮对之间设有连接装置,整车起吊或脱轨起复时不需采用锁具捆绑,可直接起吊或起复。轴箱设置有防倾覆装置,在接触网作业车脱轨后,防倾覆装置可钩住钢轨,避免整车倾覆。这些新技术的运用,极大地提高了车辆使用的可靠性和安全性。

思考题

1. JW-4G 型接触网作业车主要由哪些部分组成?
2. JW-4G 型接触网作业车的操纵台主要布置了哪些部件?
3. JW-4G 型接触网作业车的底盘是如何布置的?

第二节 高速铁路接触网作业车走行系统

一、走行系统的组成和特点

JW-4G 接触网作业车走行系统主要由两个二轴通用型转向架组成,用于承受车架以上各部分重量,并将动力传递给轮对,以保证车辆运行平稳和安全。其中:前转向架为带车轴齿轮箱的动力转向架(图 2-7),主要由转向架构架、车轴轴承箱、车轴齿轮箱、轮对、旁承、牵引杆装置、基础制动装置和减振装置等部件组成;后转向架为不带车轴齿轮箱的非动力转向架(图 2-8),主要由转向架构架、车轴轴承箱、轮对、旁承、牵引杆装置、基础制动装置和减振装置等部件组成。

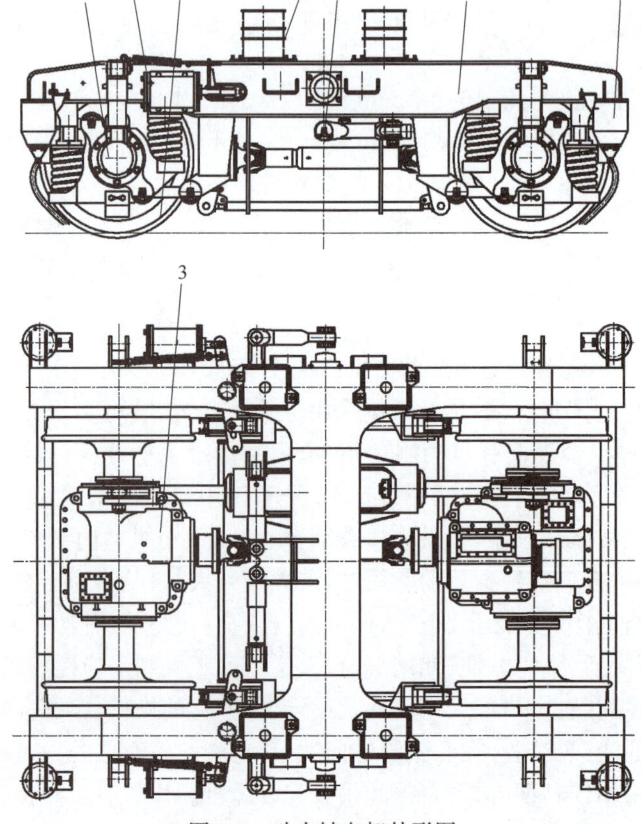

图 2-7 动力转向架外形图

1—基础制动装置;2—车轴轴承箱;3—车轴齿轮箱;4—轮对;5—旁承;6—牵引杆装置;7—构架;8—砂箱

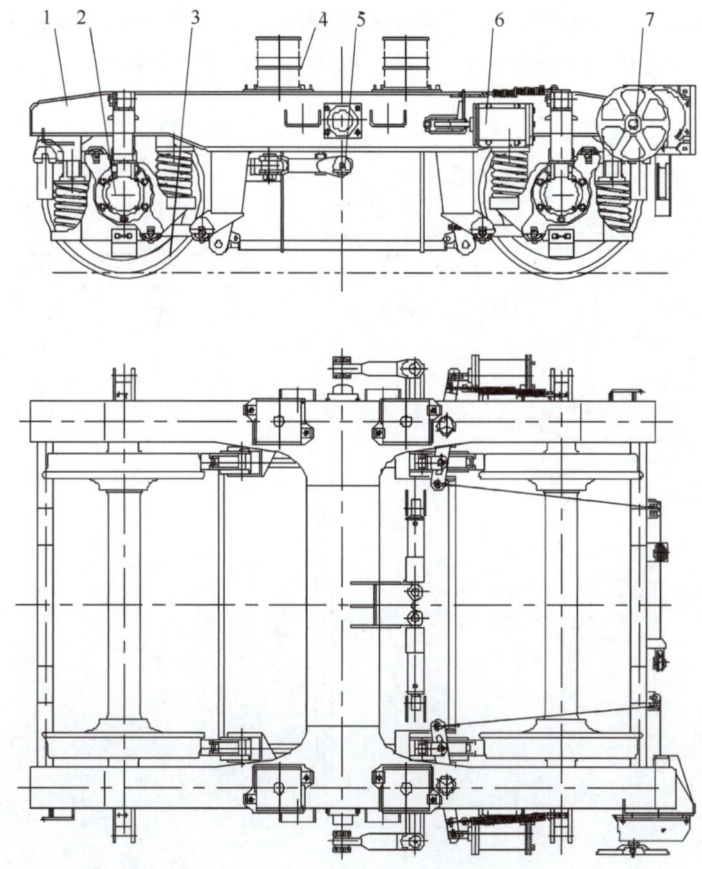

图 2-8 非动力转向架外形图

1—构架;2—车轴轴承箱;3—轮对;4—旁承;5—牵引杆装置;6—基础制动装置;7—手制动装置

转向架各主要部件的功用特点如下:

(1)转向架构架:转向架构架是转向架的骨架,它将转向架各零部件组成一个整体,用以承受和传递各种作用力和载荷。

(2)车轴轴承箱:车轴轴承箱是联系转向架构架和轮对的活动关节,并使轮对的滚动转化为构架、车体沿钢轨的平动。

(3)车轴齿轮箱:传递和增大到轮对的扭矩,并将绕车体纵轴的转动变成绕车轴轴线的转动。

(4)轮对:轮对沿着钢轨滚动,除向钢轨传递车辆重量,还通过轮轨间的黏着产生牵引力或制动力,并通过轮对的回转实现车辆在钢轨上的运行。

(5)基础制动装置:传递和放大制动缸的制动力,并使闸瓦或闸片压紧车轮或制动盘,对车辆进行制动。

(6)减振装置:设在转向架构架与轮对间、车架和转向架间的弹性悬挂装置(如旁承、轴箱弹簧、液压减振器),其作用是缓和线路不平顺和轮对运动对车辆的冲击,从而保证车辆的运行平稳性。

二、转向架构架的结构及特点

如图 2-9 所示,JW-4G 型接触网作业车转向架构架为箱形梁全焊接“日”字形封闭结构,主要由横梁、左右侧梁、前后端梁等组成。转向架构架起着固定并定位轮对的作用，同时承载转向架以上的重量，因此转向架构架的横向中心和纵向中心尺寸对构架的性能实现起着至关重要的作用。

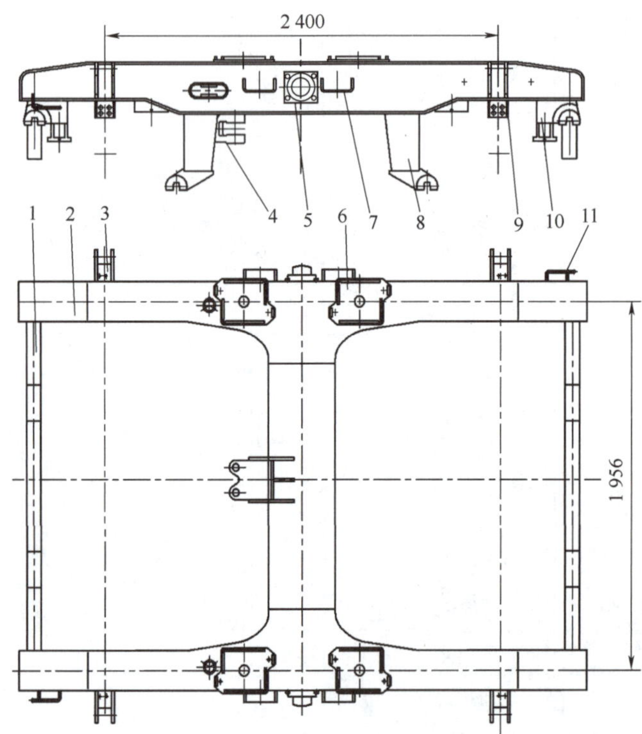

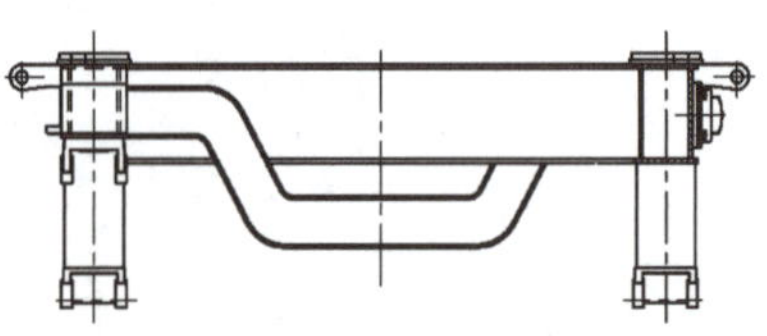

图 2-9 转向架构架

1—端梁；2—侧梁；3—减振器座；4—拐臂座；5—车体侧挡；6—旁承座；
7—挂板座；8—拉杆座；9—轴箱侧挡座；10—拉杆弹簧座；11—铁鞋座

横梁为主要受力承载梁，具有垂向抗弯强度承受能力，横梁上还安装有液压减振器，用以抑制车辆横向运动的，从而减小车体的水平惯性力和车轮对钢轨的横向冲击力，同时降低曲线通过时的侧压力，以保证车辆水平运行稳定性。

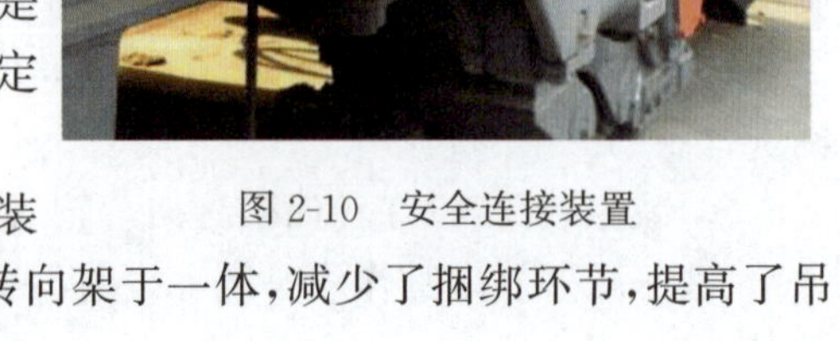

图 2-10 安全连接装置

左右侧梁上安装有橡胶堆旁承的安装支座，侧梁与横梁连接成一个整体，共同承担车辆簧上重量和各种载荷。

前后端梁是联系左右侧梁的联系梁，主要作用是稳定转向架构架结构，减少构架运用过程中的不稳定性，提高其使用寿命。

该车转向架构架在侧梁两侧还设有安全连接装置（图 2-10），工作时勾板钩住挂板座，连接车架与转向架于一体，减少了捆绑环节，提高了吊装安全性和吊装效率。

转向架的主要技术参数如表 2-1 所示。

表 2-1 转向架主要技术参数

序 号	项 目	参 数	序 号	项 目	参 数
1	轴式	2-B	5	牵引点距轨面高度(mm)	580
2	最高运行速度(km/h)	120	6	制动缸直径(mm)	152
3	轴距(mm)	2 400	7	制动倍率	7.92
4	轮径(mm)	840			

三、车轴轴承箱箱体结构与特点

JW-4G 型接触网作业车车轴轴承箱采用无导框弹性拉杆定位方式,采用内外金属圆簧并联组合。轴头除装配整车速度传感器和运行监控测速传感器外,每个转向架上还设置了接地保护装置轴头,以保证该车的用电安全。轴头具体布置情况如图 2-11 所示。

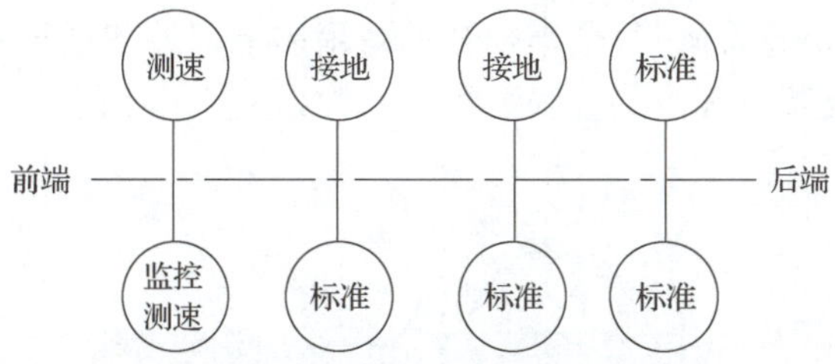

图 2-11 轴头布置及数量

高速铁路接触网作业车车轴轴承箱箱体结构与普速接触网作业车车轴轴承箱箱体结构外形轮廓基本类似,其不同之处主要有:

(一)增设起吊挂板

如图 2-12 所示,车轴轴承箱箱体上部增设了起吊挂板。当车辆需要起复时,起吊挂板可将轮对与转向架连挂在一起,实现轮对、轴箱的无捆绑起复。若在转向架的吊板挂钩上增加起复用垫块,还可减少轴箱弹簧的伸长,从而减少复轨器的行程,提高起复效率。

图 2-12 轴箱起吊挂板

(二)增设防倾覆装置

车轴轴承箱箱体底部增设了车辆防倾覆装置,用以防止车辆脱线掉道后发生整车倾覆侧翻事故。防倾覆装置结构为螺栓连接件,具体安装位置及作用方式如图 2-13 所示。

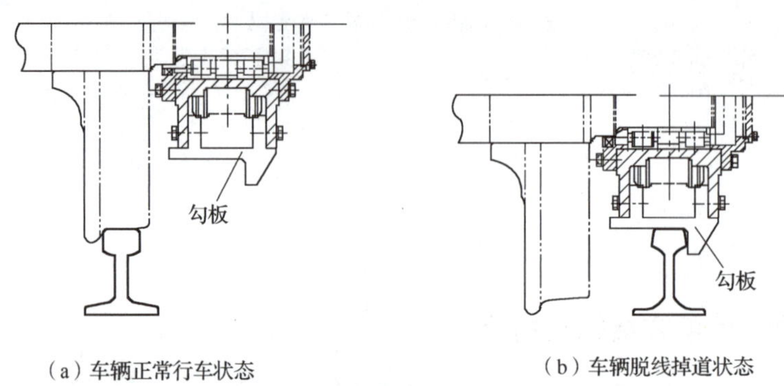

(a)车辆正常行车状态　　(b)车辆脱线掉道状态

图 2-13　防倾覆装置

(三)增设轮对旋修装置安装接口

为方便整车进行不落轮旋修,每个车轴轴承箱箱体下部外侧增设了轮对旋修装置安装接口,用以装配轮对固定支架。旋修装置安装接口结构如图 2-14 所示。

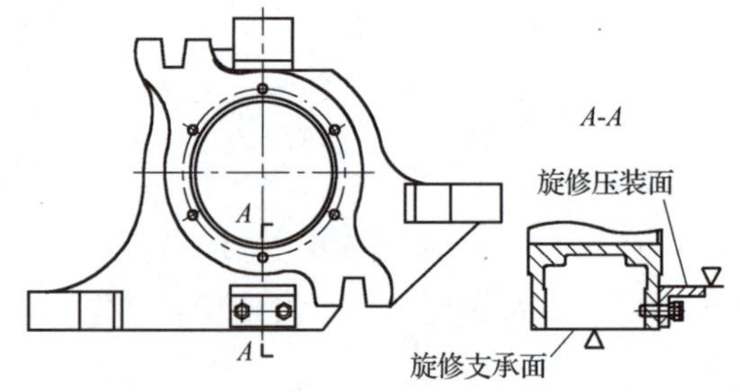

图 2-14　旋修装置安装接口

四、旁承性能特点

JW-4G 型接触网作业车的车体与转向架间的减振采用四点支承的橡胶堆旁承,安装在转向架构架上平面靠近转向架横向中心线的四个点,传递着车体上部的静载荷和动载荷以及车体与转向架的横向载荷。由于橡胶层具有很小的阻尼特性,为抑制车辆在直线上运行的横向振动和蛇行运动,在旁承装置中还设置了两个横向油压减振器。

(一)主要技术参数

垂向验证载荷	60 kN
垂向额定载荷	40 kN
自由高度	276 mm±1.5 mm
挠度	14 mm±1.5 mm

(二)结构特点

橡胶堆旁承结构简单,重量轻,吸振隔音好,而且还会产生复原力矩和复原力,能较好恢复转向架与车体间的相对位置,改善车辆横向运行的平稳性。

橡胶堆旁承由橡胶与金属板胶合而成,其粘接面(不包括橡胶堆金属板外缘的保护胶层部分)不允许有剥离现象。橡胶表面要求光滑、平整,橡胶与金属板黏接的 1/5 橡胶层厚度尺寸范围内不允许有裂纹、裂口、缺胶、气泡和海绵状存在。橡胶堆旁承应避免与热源、油类、碱类、酸类及各类有机溶剂接触或接近。

思考题

1. JW-4G 型接触网作业车中，带动力转向架和不带动力转向架在组成上有什么不同？
2. JW-4G 型接触网作业车转向架构架主要起什么作用？
3. JW-4G 型接触网作业车车体与转向架间采用什么减振方式？有什么特点？
4. JW-4G 型接触网作业车转向架构架在侧梁两侧的安全连接装置有什么作用？
5. JW-4G 型接触网作业车车轴轴承箱中，防倾覆装置主要起什么作用？

第三节　高速铁路接触网作业车动力传动系统

一、动力传动系统的基本组成和安装方式

JW-4G 型接触网作业车发动机采用潍柴电喷水冷柴油发动机，排放达到国Ⅲ排放标准；传动系统采用液力传动方式，传动箱采用卧式液力传动箱，最高时速达 120 km/h(牵引 50 t)，启动牵引力大于 47 kN。

(一)动力传动系统的基本组成

JW-4G 型接触网作业车动力及传动系统由发动机、液力传动箱、动力辅助系统、分动齿轮箱、万向传动轴等部件组成，见图 2-15。发动机通过液力传动箱将动力输出到车轴齿轮箱以驱动整车走行，发动机前端通过弹性联轴器驱动分动齿轮箱从而驱动空气压缩机、工作油泵及散热油泵。

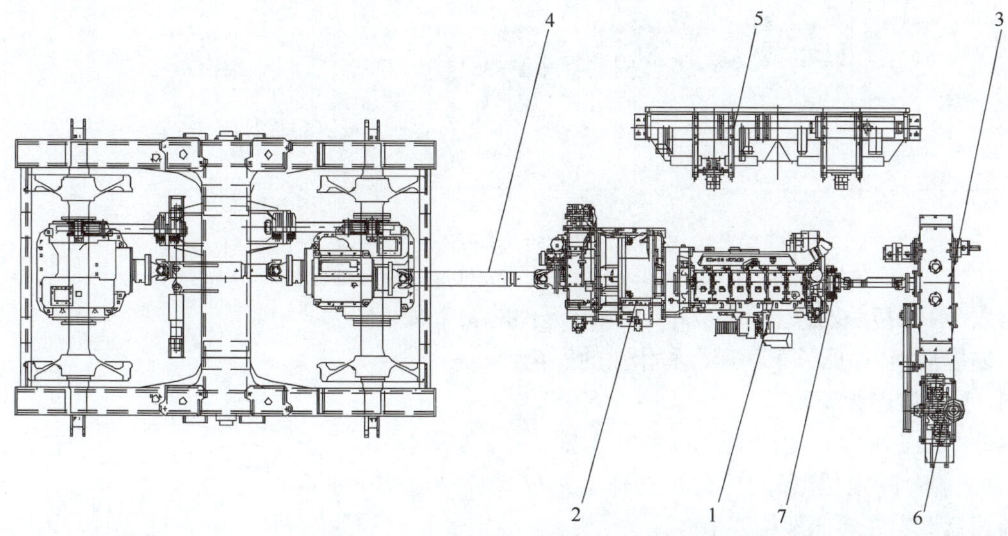

图 2-15　动力及传动系统基本组成

1—发动机；2—液力传动箱；3—分动齿轮箱；4—万向传动轴；
5—动力辅助系统；6—空气压缩机；7—弹性联轴器

1. 发动机

本车采用电喷水冷柴油发动机为运行提供动力，发动机的功率由最高运行速度、牵引性

能、启动性能等共同确定。

2. 液力传动箱

液力传动箱是将发动机输出的动力进行调整输出到车轴齿轮箱上。在整车启动和低速阶段,通过液力变矩器将发动机输出的动力采用增大扭矩降低转速的方式提升牵引力和加速度;在整车高速阶段通过液力耦合器获得更高的传动效率,同时可以调整最终输出传动比来保证整车的最高运行速度。

3. 动力辅助系统

动力辅助系统包含发动机的水循环系统、发动机增压空气空—空中冷系统、燃油供给系统、发动机进排气系统、传动箱油冷却系统等。

4. 分动齿轮箱

分动齿轮箱通过发动机前端传递的动力驱动空气压缩机、工作油泵和散热油泵。

(二)动力传动系统的安装方式

根据高速铁路接触网作业车的功能需求,为了既保证高速铁路接触网作业车的载人、载物空间,又满足车辆的运行性能最优化,JW-4G 型接触网作业车动力传动系统采用车下悬挂安装方式。动力传动系统采用车架下悬挂方式后,车辆上部空间得到了有效利用,前部为司机室和工作人员室,后部设置带自动调平的升降回转作业平台及随车起重机,预留紧线柱的安装位置;同时,由于动力传动系统布置在车下,有效地降低了司机室内噪声,为司乘人员提供了良好的工作环境。JW-4G 型接触网作业车动力传动系统车下分布如图 2-16 所示。

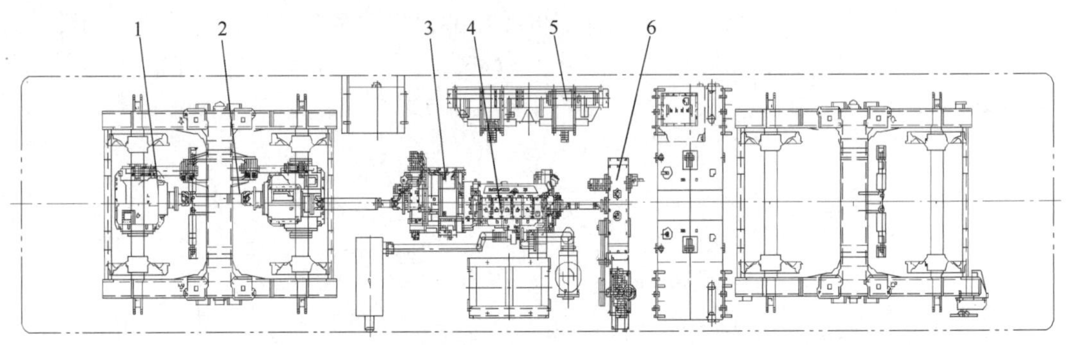

图 2-16 动力传动系统车下分布

1—车轴齿轮箱;2—传动轴;3—传动箱;4—发动机;5—动力辅助系统;6—分动齿轮箱

JW-4G 型接触网作业车动力传动系统部件的安装采取防松、防脱措施,保证了车辆运行和作业的安全性。

1. 车轴齿轮箱安装

如图 2-17 所示,车轴齿轮箱安装在车轴上,轴向尺寸通过车轴上的台阶定位,径向定位由箱体上的安装座通过撑杆、减振器固定在转向架构架上。

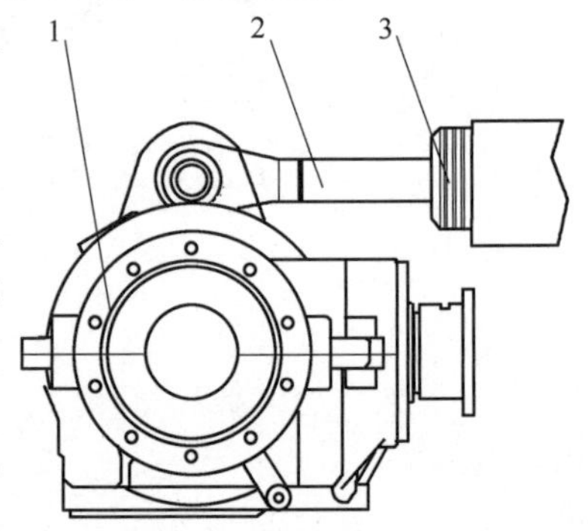

图 2-17 车轴齿轮箱的安装

1—车轴齿轮箱;2—撑杆;3—减振器

2. 传动轴安装

传动轴安装在被连接的两个传动部件之间,每根传动轴均有伸缩补偿量,以补偿车辆在通过曲线时各传动部件之间的相对位置变化量。传动轴和传动部件之间通过法兰连接,传动轴螺栓采用 10.9 级高强度螺栓,并采用弹簧垫圈或防松螺母进行防松。

3. 动力单元的安装

动力单元由电喷水冷柴油发动机和液力传动箱组成，两者由飞轮、飞轮壳通过螺栓连接构成一个整体，安装在一个公用支架上。动力单元安装座和公用支架采用螺栓连接的方式，在发动机支座上设置了纵向滑移机构，防止动力单元因为热胀冷缩造成动力单元机体受力或支座螺栓断裂等故障。动力单元的减振装置为橡胶减振器，安装在公用支架与车架连接的安装座之间。橡胶减振器具有三向隔振的功能，可衰减纵向、横向和垂向三个方向的振动，同时能有效地遏制发动机在某一转速工作时与车架的固有频率相同而产生共振的情况。动力单元安装如图 2-18 所示。

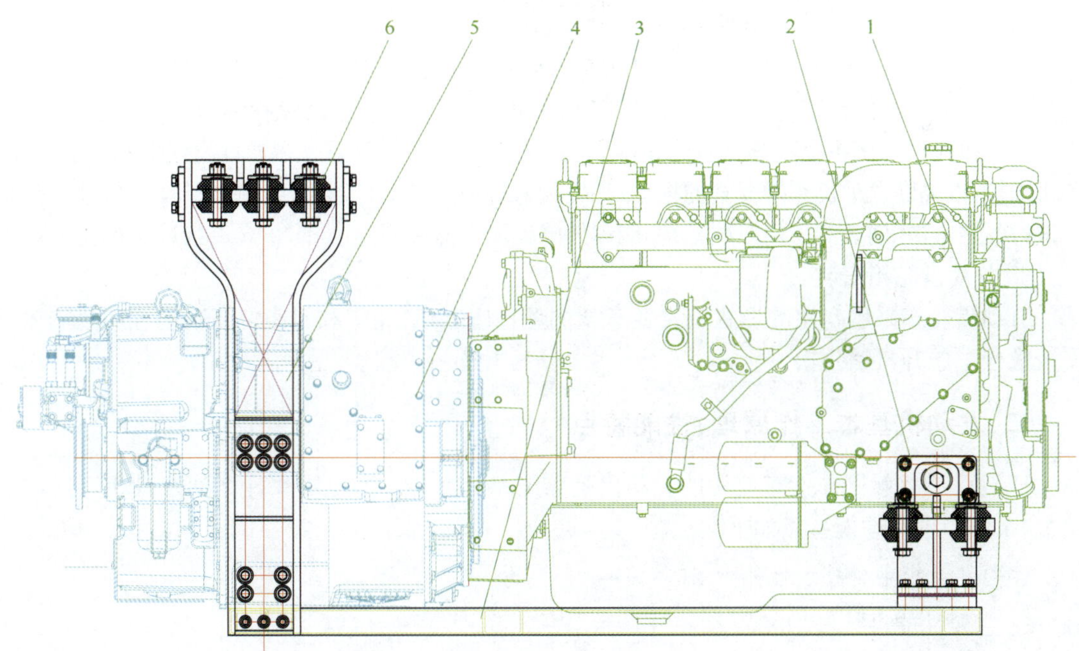

图 2-18　动力单元安装

1—发动机；2—发动机纵向滑移支座；3—公用支架；4—传动箱；5—液力传动箱安装座；6—橡胶减振器

4. 动力辅助系统安装

发动机的水循环系统、发动机增压空气空—空中冷系统、传动箱油冷却系统以及液压油散热系统集成在一个冷却装置上。冷却装置安装在车架悬挂勾座上，安装座与车架勾座之间设有减振垫，车架勾座上设有防脱挡板，防止紧固件失效冷却装置的脱落。

燃油供给系统由燃油箱、燃油管路、手动泵、滤清器等组成，所有燃油管路均用管卡有效固定，以保证发动机正常工作；燃油箱采用对称结构，横穿整个车架下部，有效地防止了油位高低造成的整车偏重问题；燃油箱的安装采用多重保险措施，燃油箱设四个安装支座，每个安装支座采用三颗螺栓紧固，四个上吊装支座为勾形，用以保证在螺栓发生意外松动或断裂时燃油箱也不致发生脱落；燃油箱中部还设有两个辅助悬挂装置，既可防止燃油箱发生脱落事故，还有效地补偿了四个悬挂点距离远所产生的弯曲变形；油箱加油口设计为弧形上仰结构，可有效地防止外轨超高工况下燃油的溢出。燃油箱安装如图 2-19 所示。

发动机进气系统主要由进气管路、空气滤清器、进气预滤器等组成。空气滤清器通过螺栓

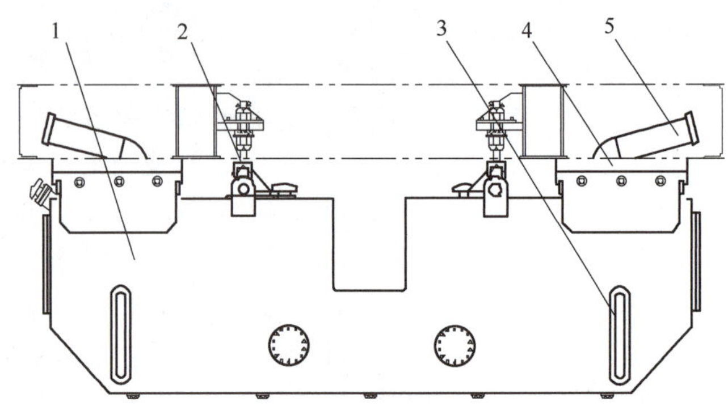

图 2-19 燃油箱安装

1—燃油箱；2—辅助悬挂；3—液位计；4—安装座；5—加油口

连接直接安装在车架的支座上，进气预滤器安装在空气滤清器的进气口上，可将 90%的大颗粒灰尘滤掉；进气管路安装在空气滤清器与发动机进气口之间，通过橡胶管和卡箍连接。

发动机排气系统主要由排气管路和排气消音器等组成。排气管一端通过波纹管及卡箍与发动机连接，以隔断发动机到排气管的振动，另一端通过法兰与消音器连接。排气管路采用隔热材料进行隔热，排气消音器采用双层结构，能有效降低消音器表面温度，防止人员接近时被烫伤。

5. 分动齿轮箱安装

分动齿轮箱采用勾座的形式安装在车架的悬挂座上，安装座和勾座之间采用橡胶垫隔振，安装螺栓采用开口销防松。

二、发动机基本工作原理、性能特点

JW-4G 型接触网作业车使用的发动机是潍柴 WP12.480 型电喷水冷柴油发动机，其性能参数、工作原理和性能特点如下。

(一)发动机主要技术性能参数

1. 主要性能参数(表 2-2)

表 2-2 发动机主要性能参数

序号	项 目	单位	参 数
1	发动机型号		WP12.480
2	发动机气缸数		6
3	发动机型式	—	液体冷却，4 冲程，带排气阀制动，直喷，增压中冷
4	喷油装置		电控高压共轨
5	额定功率	kW(PS)	353(480)
6	额定转速	r/min	2 100
7	最大扭矩	N·m	1 970
8	最大扭矩转速	r/min	1 200～1 500
9	排放标准	—	欧Ⅲ
10	额定功率时燃料消耗率	g/(kW·h)	≤212
11	全负荷最小燃料消耗率	g/(kW·h)	192
12	冷启动—不带辅助启动装置	℃	−10
13	冷启动—带辅助启动装置	℃	−30

2. 主要技术规格(表 2-3)

表 2-3 发动机主要技术规格

序号	项 目	参 数	序号	项 目	参 数
1	缸径/行程(mm)	126/155	5	润滑油容量(L)	36
2	排量(L)	11.596	6	冷却方式	水冷强制循环
3	启动方式	电启动	7	机油压力(kPa)	350～550
4	润滑方式	压力润滑	8	怠速机油压力(kPa)	≥100

3. 主要螺栓规格和拧紧技术要求(表 2-4)

表 2-4 主要螺栓规格和拧紧技术要求

螺栓名称	螺栓规格	扭紧技术要求	螺栓长度(mm)	允许使用次数(包括首次安装)
主轴承螺栓	M18-10.9	140 N·m+210°	169	2
曲轴箱副螺栓	M8-8.8	8 N·m+30°	25,110	2
缸盖主螺栓	M14-10.9	60 N·m+2×120°	185	3
缸盖副螺栓	M12×1.5-8.8	20+10 N·m 用乐泰 262 密封	195,最少超出机体 175	3
缸盖副螺母		25 N·m+2×120°		3
曲轴皮带轮螺栓	M12×1.5-10.9	45 N·m+135°	75	2
扭振减振器螺栓	M10-8.8	15 N·m+30°	30	2
飞轮螺栓	M16×1.5-10.9	105 N·m+270°	120	2
连杆螺栓	M14×1.5-8.8	手动扭紧:115 N·m+90°	67.5	
		自动扭紧:80 N·m+153°		
空压机紧固螺栓	M10-8.8	40 N·m	1×30 板	
			2×40 飞轮壳	
空压机齿轮固定螺母(1 缸和 2 缸)	M20×1.5	200+50 N·m		2
惰齿轮螺栓销	M12×1.5-10.9	105 N·m	90	
共轨泵齿轮固定螺母	M24	250+50 N·m		2
喷油器夹紧螺栓	M8-8.8	8 N·m+90°	50	3
凸轮轴齿轮螺栓	M8-8.8	8 N·m+120°	30	2
活塞冷却喷嘴螺栓	M10	30 N·m	25	
排气歧管螺栓	M10	15 N·m+60°	65	2
水泵螺栓(连接水泵壳—中间壳)	DIN931;M10-8.8	最大 46 N·m	4×80	
标准 M6 螺栓	8.8	8 N·m		
	10.9	13 N·m		
标准 M8 螺栓	8.8	22 N·m		
	10.9	31 N·m		
标准 M10 螺栓	8.8	39 N·m		
	10.9	58 N·m		

续上表

螺栓名称	螺栓规格	扭紧技术要求	螺栓长度(mm)	允许使用次数(包括首次安装)
标准 M12 螺栓	8.8	70 N·m		
	10.9	100 N·m		

注:①角度值为扭紧到规定力矩后再扭转的角度。

②发动机上各部位所用螺栓、螺母的强度等级都有相应要求,相同规格不同强度等级的螺栓、螺母不得任意错装、调换。不允许超过重复使用次数,否则会造成严重后果。

(二)发动机主要系统工作原理

1. 润滑系统

(1)润滑油

润滑系统的功能是减磨、冲洗、冷却和防锈,机油的使用应根据发动机的规定选用。多级机油更有利于冷启动性能,应优先选用。全年使用的多级机油如 15W40 等也仅可以在规定的温度范围内使用。对于偶尔的低温情况可以采取措施预热机油,或者更换与环境温度相适应的机油。

机油的更换时间应根据维护保养需要确定。WP12 欧Ⅲ发动机规定使用 CF-4 或 CH-4 级润滑油,根据环境温度选择润滑油的黏度等级(图 2-20),只能使用多级润滑油,禁止使用任何机油添加剂,油底壳的倾斜角度不允许超过规定值。当发动机静止不动且车辆处于水平地面上时,油尺油面必须处于最大和最小标记之间。WP12 系列发动机均不允许使用 CE、CD、CC、CB、CA 级润滑油。每次更换机油的同时,应更换机油滤芯。

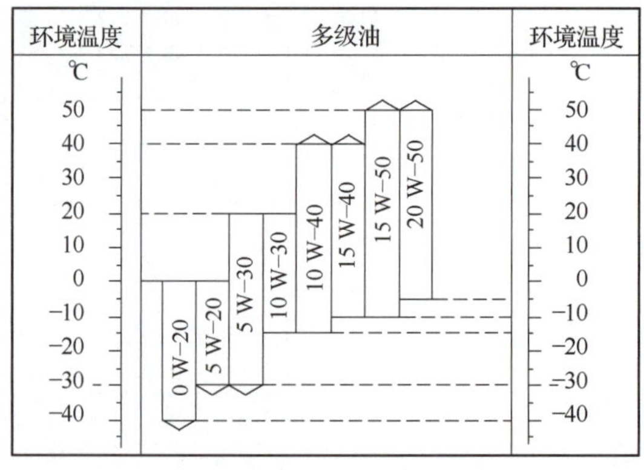

图 2-20 润滑油牌号选择表

(2)润滑方式

发动机采用压力润滑方式,具体为机油泵通过集滤器,将机油由油底壳中吸入,压向机油滤清器和机油冷却器,通过油路系统到达润滑位置。绝大部分油量到达主轴承并由此通过曲轴上的油孔,到达连杆轴承。气缸套表面和活塞销是由喷嘴喷油来实现润滑。气门操纵系统、增压器、共轨油泵、空压机、中间齿轮轴承同样是通过油管和油槽实现压力润滑。活塞顶部是通过喷嘴喷油到内冷油腔冷却;机油是通过机油冷却器由冷却水来冷却。机油循环系统的机油压力是通过机油泵体内的限压阀来调整的。

发动机启动时,由于机油温度低,黏度较大,机油压力短时间内会偏高,但随着发动机水温升高,机油温度上升,机油压力会逐渐下降。当发动机满负荷水温在 80～95 ℃时,正常机油压力为 350～550 kPa。

2. 燃油供给系统

(1)电控共轨系统

WP12 系列欧Ⅲ发动机采用了 Bosch 公司生产的高压电控共轨系统(图 2-21),使发动机能够满足最高 160 MPa 的喷油压力,实现燃油量与正时的灵活控制,达到低排放与低油耗。

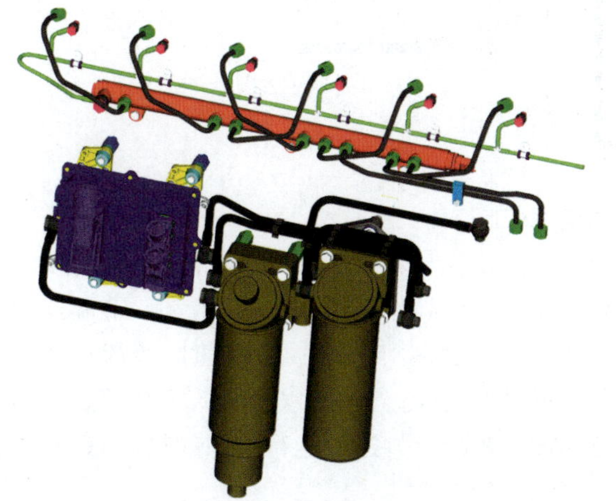

图 2-21　WP12 系列欧Ⅲ发动机电控共轨系统

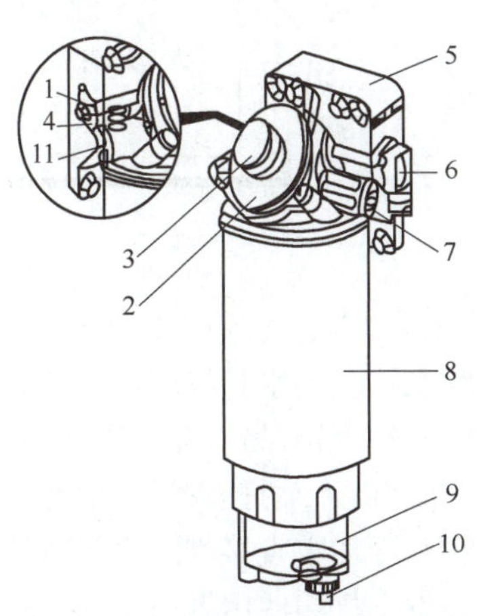

图 2-22　柴油滤清器组件

1—进油口;2—过滤器盖;3—手泵;4—放气螺栓;5—安装用法兰;6—加热器;7—出油口;8—旋压过滤器;9—集水器;10—排水螺栓;11—出油口

WP12 系列发动机的回油是经过气缸盖的内部回油,需要确保回油能够完全密封。因此,安装回油管时应避免与发动机的高温部件接触(如排气管、涡轮增压器、废气回流管等),回油管内不允许存在节流区域。回油管不可接触锋利的边缘,不可折成尖角,更不可被扭曲。回油管安装不当,会引起燃油泄漏到发动机上。

高压燃油经过气缸盖内部的进油接头通向喷油器。一个标准的进油接头进行高压密封时,最小需要 12 kN 的预压紧力,最大允许 22 kN。压力过大会引起进油接头过载而发生漏泄。

(2)柴油粗滤器组件(图 2-22)

燃油粗滤系统安装在油箱油路的下游,可将流过系统的水和微小颗粒从柴油中分离出来(利用它的多层介质构造)。分离出来的水会被收集到位于过滤器底部的集水器皿之中,然后通过放水塞流出。当集水器满了或旋压过滤器已经替换,则需要将收集到的水放出。

该柴油粗滤器还可选择加装加热器,如果在粗滤器顶部安装了电加热器,那么当油流过粗滤器的时候,它将会被 350 W 的加热器加热。

由于粗滤器的能力受到最低过滤温度的限制,当更换旋压粗滤器或对输油管进行重装时,需要利用手油泵给粗滤器或输油管进行排气。

3. 冷却系统

冷却系统的功能是保证发动机在适宜的温度下连续工作,WP12 系列发动机采用强制循环冷却方式为迅速达到运转温度提供了最好的保证。如图 2-23 所示为 WP12 系列发动机冷却系统原理图,从图中可以看出,其冷却装置主要由水泵、节温器、膨胀水箱及管路附件等组成。

(1)水泵

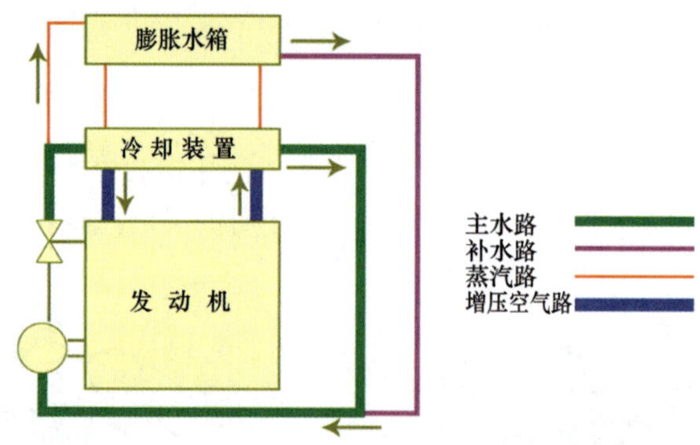

图 2-23 发动机冷却系统原理图

WP12 系列发动机上水泵安装在发动机前端，发动机进出水室布置在气缸体排气侧，回水腔在上，进水腔在下。出水管终端有双联式节温器，两个节温器布置在出水管内部。节温器有两个出口，一路通往水箱，另一路通往水泵进水口即为小循环。当节温器开启时，冷却水全部经过散热器冷却后由水泵打入机体，避免发动机工作温度过高；当冷却水温度低于 83 ℃，节温器处于关闭状态，冷却水直接进入水泵进口，使发动机尽快升温，达到运行要求的热状态，避免低温磨损，延长发动机的使用寿命。

节温器在 83 ℃时开始开启，至 95 ℃时全开。

(2)膨胀水箱

一个冷却系统的冷却效率及功能在很大程度上取决于该系统是否附带系统压力或是否无气泡，这两种特性主要受膨胀水箱活力的影响。膨胀水箱的具体作用是：

①接收加热时膨胀的冷却液；

②接收从通风管路同空气一起溢出的冷却液，并分离出系统中的空气；

③储备一定量的冷却液用于补偿泄漏损失；

④冷却系统的稳压和限压；

⑤方便冷却液的加注或液面检查。

膨胀水箱安装在室内活地板正下方，方便冷却液的加注。初次加注冷却液时，最多只能加到膨胀水箱的 60%，其余 40%空间供冷却液膨胀用。

4. 增压器及进排气系统

WP12 系列发动机的增压器为中置、三段式排气管结构，采用电子加热法兰取代现欧Ⅱ机使用的火焰预热启动装置，可以有效解决冬季冷启动过程中冒“白烟”的现象，并实现－30 ℃环境下顺利工作。

5. 电气系统

发动机电气系统包括充电发电机、启动机、电子控制单元(ECU)、电加热法兰、水温传感器、机油压力传感器、进气温度压力传感器、转速传感器及继电器等。

(1)充电发电机

WP12 系列发动机的充电发电机额定电压为 28 V，带有晶体管调节器。发电机在车上与蓄电池并联工作，工作时发电机自激磁。

发电机在安装、接线时要注意：

① 必须充分冷却；

② 必须防尘、防溅、防油；

③ 检查发电机皮带的张紧；

④ 只能与电压调节器和蓄电池连接运行。

(2)启动机

WP12 系列发动机的启动机为电磁控制、齿轮传动、以摩擦片式单向器传递扭矩的直流启动机，功率 5.4 kW。

(3)电子控制单元

如图 2-24 所示，WP12 系列发动机采用 BOSCH 公司生产的电子控制单元(简称 ECU)，主要由控制模块及 3 根连接线束组成，采用 CAN 和 K 总线方式实现发动机与整车电控单元的自由通信，可实现整车故障诊断和报警处理，具有稳定的系统处理能力和多层次的系统保护和纠错措施，提高了发动机的可靠性和安全性。

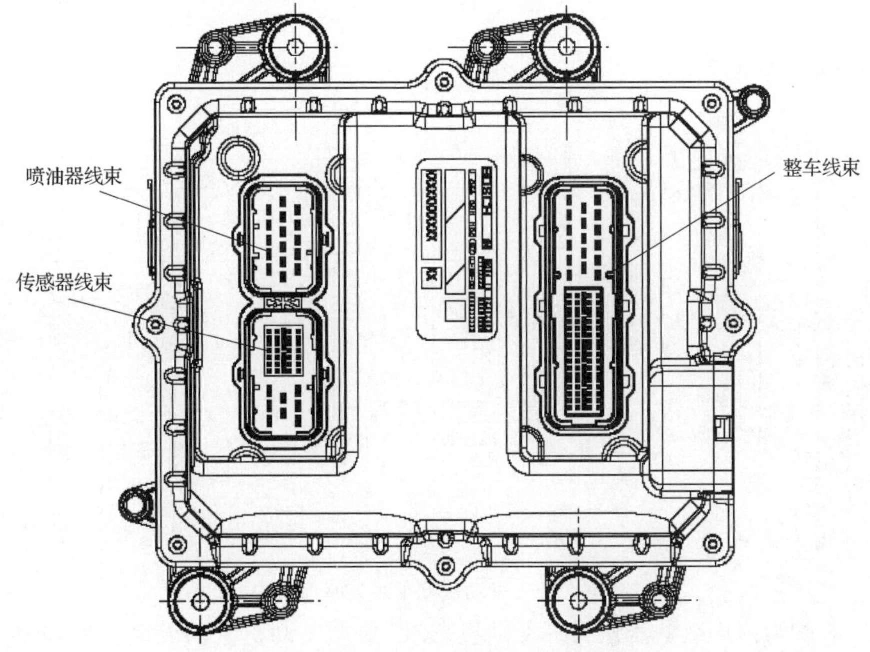

图 2-24　电子控制单元外形图

发动机 ECU 安装在发动机上，主要连接线束由喷油器线束、传感器线束和整车线束组成，其中喷油器线束和传感器线束在发动机出厂时已安装完毕，接触网作业车生产厂家只连接整车线束。

整车线束由一根 10 孔插件线束和一根 42 孔插件线束组成，其中 10 孔插接件为电源线束，42 孔插接件为控制线束。整车线束原理图如图 2-25 所示。

① 电源线束

发动机 ECU 共有 2 种电源供电方式，一种为蓄电池供电，即车辆电源总开关打开后即得电；另一种为钥匙开关电源(受控电源)，即车辆电源总开关打开并且点火钥匙置于运转位。电源线束中的电源为蓄电池供电，其中 1、4 脚为正极，由蓄电池经保险后直接供电，5、8 脚为负极，直接搭铁，9、10 脚为备用。

② 控制线束

42 孔插接件线束主要给出发动机启动信号、启动加热信号、诊断检测信号、油门信号、液力传动箱空挡信号，各引脚定义如下：

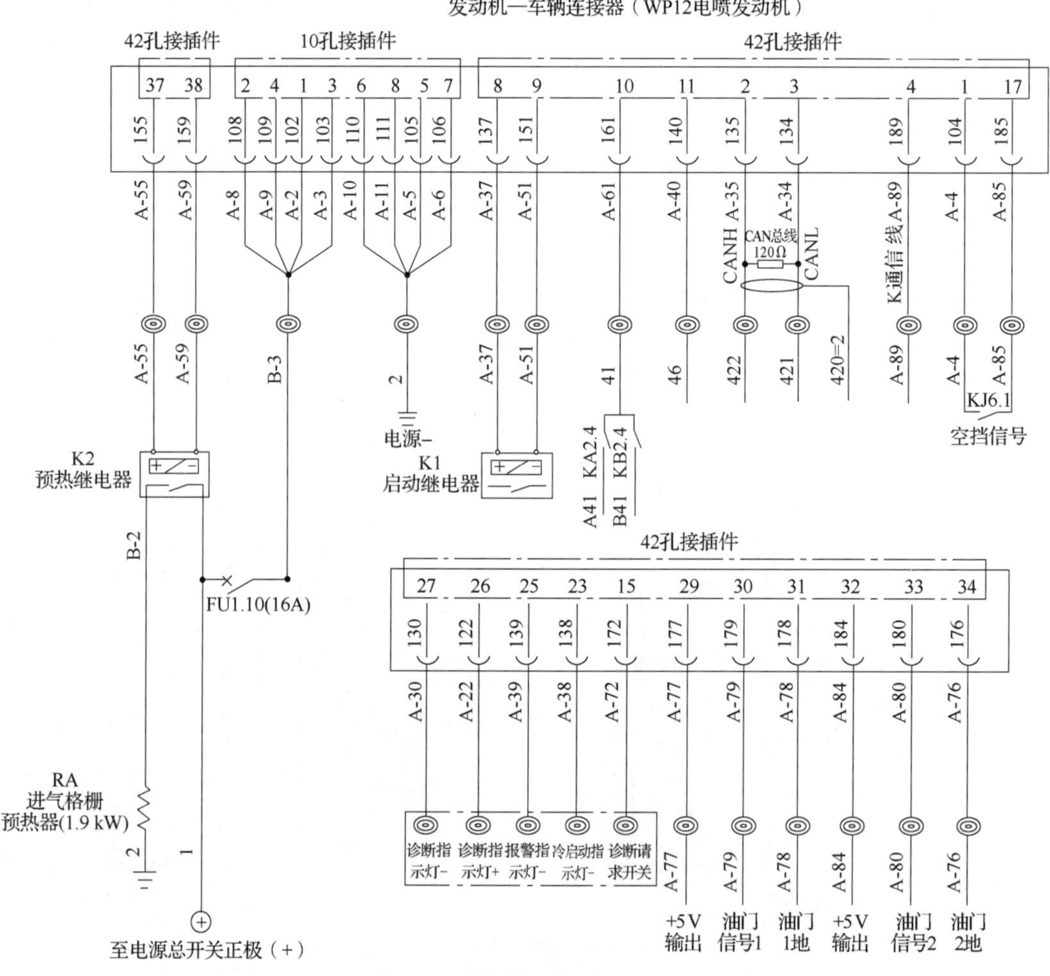

图 2-25　发动机整车线束原理图

a. 37、38 脚为预热继电器信号。发动机 ECU 根据发动机上的温度传感器感应环境温度，通过加热继电器自动控制进气栅格的工作（加热功率为 1.9 kW），以利于冷启动，进气加热时间已标定好，用户无需变动。

发动机启动加热电控过程为：打开点火钥匙，发动机 ECU 根据环境温度自动进行预加热，一般加热 1 min 后，加热停止，此时可以启动发动机，启动完成后发动机 ECU 根据环境温度自动进行后加热，一般加热 2 min，环境温度低于－10 ℃时进行后加热。

b. 8、9 脚为启动继电器信号。潍柴 WP12 电喷式发动机与传统发动机启动方式不同，传统发动机为启动继电器直接控制启动电机，潍柴 WP12 电喷式发动机为启动受发动机 ECU 控制，由 ECU 控制启动继电器。俗称启动受 ECU 控制，此做法的优点有：

（a）空挡启动保护：只有传动系统断开（挂空挡）时才运行启动，避免了挂挡启动后车辆即运行的危险。注意：如果空挡信号出现故障，发动机将无法启动，此时把点火开关打到启动位 3 s 以上再启动，此时解除此保护。

（b）二次启动保护：当发动机已经启动且点火钥匙打到启动位（开关发卡等故障或误操作等情况）时，ECU 不输出该信号，以免损坏启动机的齿轮。

（c）长时间启动保护：如果发动机没有启动，而启动信号有效超过 12 s 时，ECU 自动切断该信号输出，主要保护启动机、蓄电池等。

(d)防盲啮合保护：当启动机带曲轴在 12 s 内没有达到 52 r/min 时，ECU 认为启动机与飞轮没有啮合，该信号断开。

(e)预热控制：进气加热在环境温度较低时自动进行，为保护蓄电池，此时禁止启动发动机，如果有启动信号，ECU 不输出该信号。

c. 10 脚为启动信号：前端操纵台点火开关的启动信号通过逻辑控制器互锁后给 ECU 启动指令，ECU 是否输出启动继电器信号由 ECU 自动判断。

d. 11 脚为控制电源：前端操纵台点火开关的运转信号通过继逻辑控制器互锁后给 ECU 的控制电源。

e. 2、3 脚为 J1939 信号：J1939 通信线。

f. 4 脚为诊断及监测接口：数据传输用，用于 ECU 与诊断检测工具的数据通信。

g. 1、17 脚为空挡信号：当液力传动箱挂空挡时，车辆控制系统控制 KJ6 得电，接通 ECU 的 1、17 脚，通知 ECU 此时液力传动箱为空挡。

h. 15、23、25、26、27 脚为发动机状态指示灯接口，可以用来对发动机进行故障诊断。

i. 29、34 脚为油门信号。

j. 未说明的引脚为备用。

(4)机油压力传感器

机油压力传感器的工作温度为－25～100 ℃，测量范围 0～550 kPa，报警压力为 25～40 kPa(当压力降低时触点闭合)。

(5)水温传感器

水温传感器的工作温度为－25～120 ℃，分为普通和带报警两种结构，带报警的传感器报警温度 96 ℃±3 ℃。

(三)发动机性能特点

与普通机械油门的发动机相比，WP12.480 型电喷水冷柴油发动机有着体积小、重量轻、燃油消耗率低的优势，其性能特点主要有：

(1)一缸一盖，工作可靠，拆卸方便；

(2)框架式主轴承结构，整个机体刚度高，有利于整机的可靠性及使用寿命；

(3)中置增压器，系列各机型外形尺寸变化小；

(4)全系列六缸直列，通用程度高，便于整车配套；

(5)采用先进的共轨式电控燃油喷射技术，喷油过程的控制方便，喷油系统压力波动小，各喷油嘴间相互影响小，喷射压力控制精度较高，喷油量控制较准确，可控参数多，益于发动机燃烧过程的全程优化；其高速电磁开关阀频响高，控制灵活，喷油系统的喷射压力可调范围大，方便地实现了预喷射、后喷等功能，为优化发动机喷油规律、改善其性能和降低废气排放提供了有效手段。

三、液力传动箱工作原理及性能特点

(一)液力传动基本工作原理

在液力传动系统中，工作介质是液体，依靠液体的流速(动能)传递动力。常见的液力传动部件有液力耦合器和液力变矩器。

1. 液力耦合器

液力耦合器是由两个直径相同、彼此相对的叶轮组成，如图 2-26 所示。由发动机曲轴 1 通过接盘 5 驱动的叶轮称为泵轮，另一个装有从动轴的叶轮称为涡轮。两个叶轮里面装有许多半圆形的径向直叶片，在各叶片之间充满着工作液体，两轮装合后的相对断面之间的间隙有 3～5 mm，没有机械连接，它们的内腔共同构成圆形或椭圆形的环状内腔，工作时工作液体即在其间循环流动着。

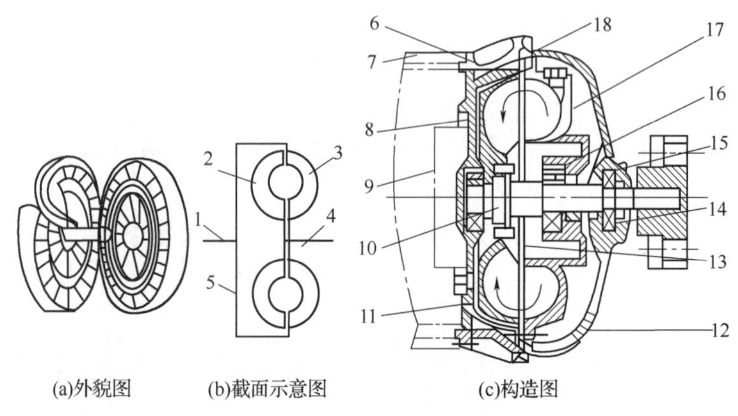

图 2-26 液力耦合器组成示意图

1—曲轴；2、8—涡轮；3、17—泵轮；4、10—从动轴；5—接盘；6—内罩壳；7—发动机飞轮壳；9—发动机飞轮；11—壳体；12—外罩壳；13—挡流板；14、16—轴承；15—油封；18—密封垫

当泵轮随发动机一起旋转时，其内的工作液被叶片带动一起旋转。工作液既绕泵轮轴线做圆周运动，同时又在离心力作用下从叶片的内缘向外缘流动。此时，外缘压力高于内缘，其压力差取决于泵轮的半径和转速。由于泵轮与涡轮的半径是相等的，因此当泵轮的转速大于涡轮转速时，泵轮叶片外缘液体的压力大于涡轮叶片外缘液体的压力，被甩到泵轮外缘的工作液冲向涡轮的外缘，沿着涡轮叶片向内缘流动，随后又返回泵轮，被泵轮再次甩到外缘。为了使工作液能传递动能，必须使泵轮和涡轮之间形成环流运动（即沿循环圆流动）。而这种环流运动的产生，是由于两个工作轮转速不等，使两轮叶片的外缘处产生液压差所致。故液力耦合器在正常工作时，泵轮转速总是大于涡轮转速。如果两者转速相等，工作液只随工作轮作圆周运动而无环流运动，液力耦合器就不能起传递动力的作用。

液力耦合器工作时，工作液体的环流运动没有受到任何外力的帮助，因此发动机传给泵轮的扭矩始终等于泵轮通过工作液体传给涡轮的扭矩。也就是说，液力耦合器只能传递扭矩，而不能改变扭矩的大小。

2. 液力变矩器

(1)组成

如图 2-27 所示，液力变矩器主要由可旋转的泵轮 4、涡轮 3 和导轮 5 三个元件组成。泵轮通过泵轮轴、齿轮等与发动机的曲轴相连；涡轮通过涡轮轴、齿轮等与车辆的动轮相连；导向轮固定在变矩器的壳体上。

(2)基本工作原理

当发动机启动后，液力变矩器的泵轮被带动高速旋转，此时向变矩器里充进工作油，就会被高速转动的泵轮叶片带动一起转动。由于离心力的作用，使工作油从泵轮叶片流出时具有很高的压力和流速。从泵轮流出的工作油冲击涡轮叶片，使涡轮与泵轮以相同方向转动，通过

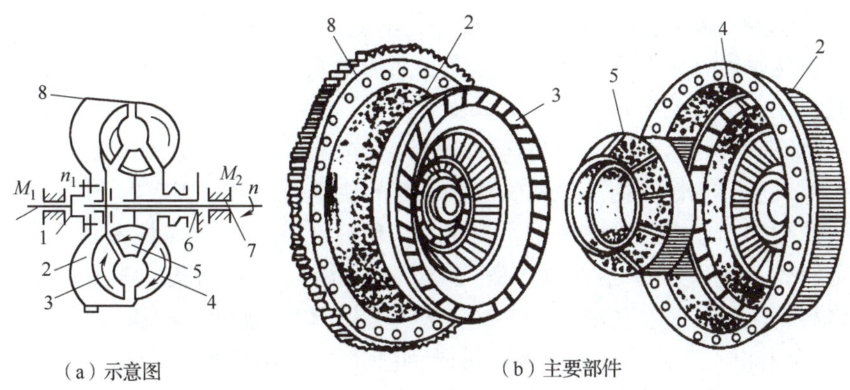

图 2-27　液力变矩器构造简图

1—发动机曲轴；2—变矩器壳；3—涡轮；4—泵轮；5—导轮；6—导轮固定套筒；7—从动轴；8—启动齿圈

齿轮等把发动机的输出功率最后传到作业车动轮上，使作业车运行。当作业车启动或低速运行时，液力变矩器中的涡轮转速很低，工作油对涡轮叶片的压力很大，从而满足了作业车牵引力大的要求；当涡轮转速随着行车运行速度的提高而加快时，工作油对涡轮叶片的压力也逐渐减小，正好满足高速行车时对牵引力小的要求。由此，发动机发出的大小基本不变的扭矩，经过变矩器后就能变成满足作业车牵引要求的牵引力。当车辆需要惰性运行或制动时，司机只需操纵手柄，将变矩器中的工作油排出，让它流回油箱，使泵轮和涡轮之间失去联系，发动机的功率就不再传给作业车动轮。

工作油作为传递能量的介质，从泵轮上得到高压、高速的能量，传到涡轮，从涡轮叶片流出后，经导向轮叶片的引导，又重新回到泵轮。就这样，工作油从泵轮→涡轮→导向轮→泵轮，组成一个循环圆结构，如此往复循环，不断地把发动机的功率传输给作业车动轮。

(二)液力传动箱工作原理

JW-4G 型接触网作业车采用福伊特 T211 卧式液力传动箱，如图 2-28 所示。该传动箱采用双循环圆结构，液力换挡，在整个速度范围内均具有较高的传动效率，并带有惰行润滑系统，长距离无火回送时不需拆卸传动轴。

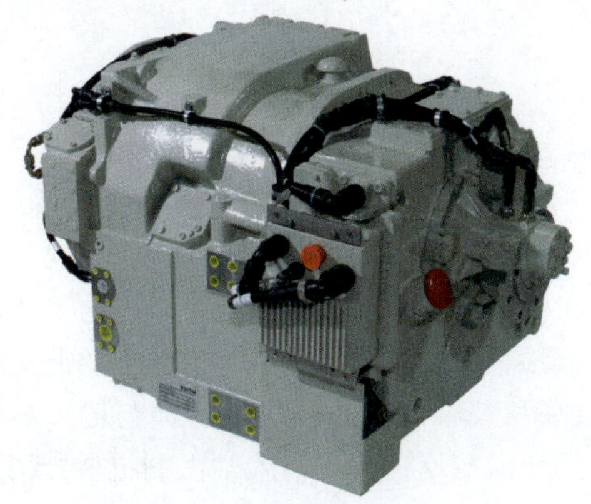

图 2-28　T211 型液力传动箱外观图

1. 基本工作原理

T211 型液力传动箱输入轴直接与发动机相连，通过一对增速齿轮将转速提升至液力元件的工作转速。变矩器和耦合器的泵轮都装在泵轮轴上，两者的涡轮都装在与传动箱输出相连的涡轮轴上，涡轮轴通过一系列齿轮传动最终驱动传动箱输出，通过换向齿轮的作用，实现输出轴旋向的变化。

变矩器在低速段运转，耦合器在高速段运转。变矩器由一个泵轮、一个涡轮和一个导轮组成，组成一个循环圆。变矩器的泵轮和供油泵不断的使压力油通过变矩器，这样才能使变矩器工作起作用，即增加发动机的输出扭矩。泵轮由发动机直接驱动，泵轮使传动油具有一定的速度，然后冲击涡轮，将扭矩传递给涡轮，流经涡轮时，液流改变方向，使扭矩发生变化。导轮置于涡轮后，将涡轮流出的油经其油道再次改变液流方向，以适当的方向流入泵轮，导轮受一反作用扭矩。耦合器由一个泵轮和一个涡轮组成，组成另一个循环圆。充油后可以传递扭矩，但是不会使扭矩发生变化。

变矩器和耦合器之间的切换由传动箱内部的传动控制装置自动完成，如图 2-29 所示，传动控制装置根据车辆速度和发动机的载荷状况从一个液力循环圆自动切换到另一循环圆。在低速范围内为变矩器充油，在高速范围内为液力耦合器充油。切换过程中，牵引力不中断。

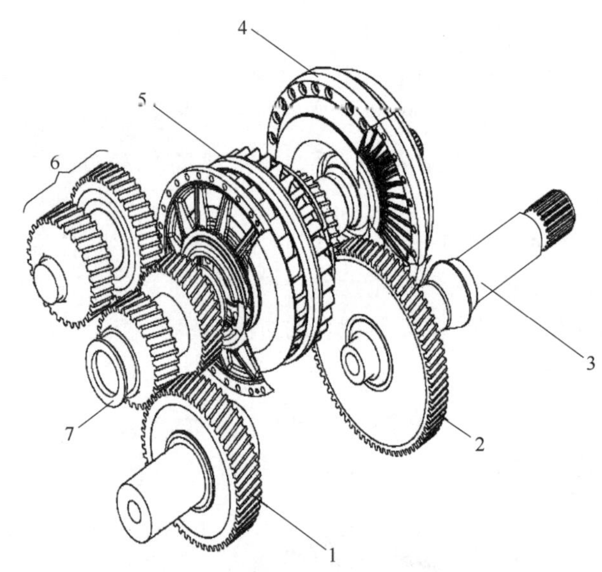

图 2-29　液力传动箱的内部传动链结构

1—输出齿轮；2—增速齿轮；3—输入轴；4—耦合器；
5—变矩器；6—换向齿轮；7—换向离合器

2. 换向机构的功能原理

T211 型液力传动箱换向机构包括一个液压伺服换向油缸和滑动轴，换向方式为电控，由传动控制装置控制。换向装置通过对内外齿的切换，控制传动链里的齿轮数量增减，实现传动箱输出旋向的变化。旋向 A[图 2-30(a)]时，输出的转向与输入的转向相同；旋向 B[图 2-30(b)]时，输出的转向与输入的转向相反。由此输入轴上的机械能可传输至输出轴上。不同的传感器可用以监控换向过程中出现的各种操作状态。

3. 液力传动箱的控制模块

液力传动箱随机带有 2 个控制模块，一个为液力传动箱控制单元 VTDC(图 2-31)，安装在液力传动箱上；一个为诊断模块 D. IF(图 2-32)，安装在前端操纵台的电气控制柜内。其中，

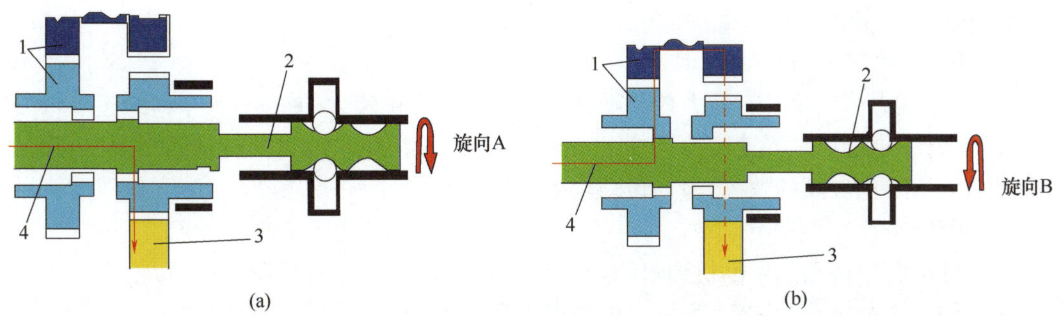

图 2-30 换向机构功能示意图

1—啮合齿轮；2—换向油缸及滑动轴；3—输出轴上的齿轮；4—动力传输路径

VTDC 用于处理车辆控制系统发出的命令和传感器发出的信号，并根据运行状态控制液力传动装置上的执行器，诊断模块 D. IF 用于液力传动箱故障诊断和调试。

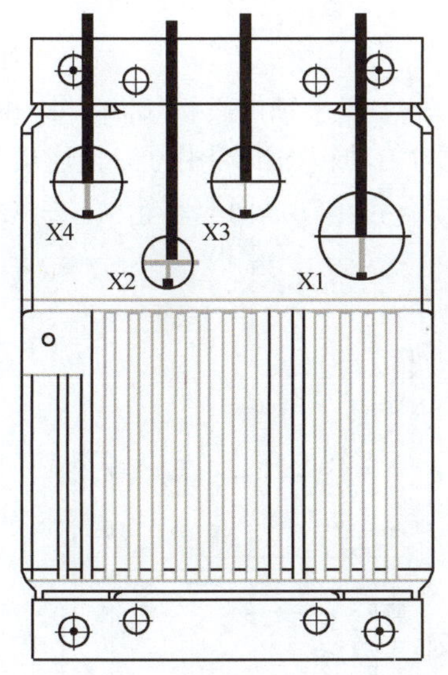

图 2-31 液力传动箱控制单元 VTDC

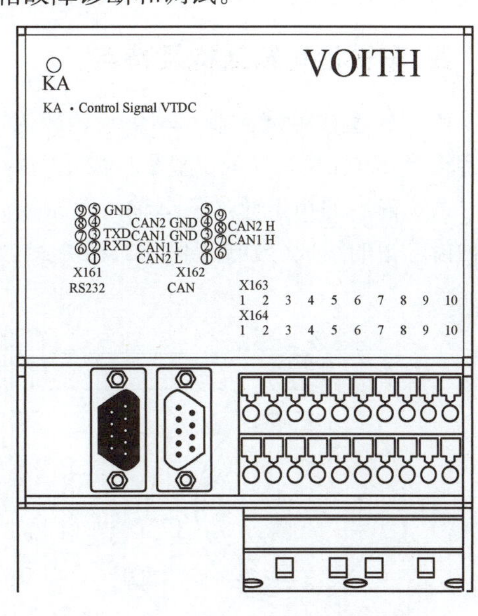

图 2-32 液力传动箱诊断模块

（三）液力传动箱性能参数与特点

1. 液力传动箱的主要技术参数

T211 型液力传动箱的主要技术参数如表 2-5 所示。

表 2-5 T211 型液力传动箱主要技术参数表

序号	项 目	单 位	参 数
1	最大输入功率 P	kW	312.1
2	最大输入速度 n_1	r/min	1 920
3	最大输出速度 n_2	r/min	2 898
4	重量（未装油）	kg	840
5	加油量（不含热交换器和管路）	L	75
6	安装和准备运行时的最大容许温度	℃	85

2. 液力传动箱的特点

(1)传动效率高

T211 型液力传动箱具有液力挡和耦合挡。液力挡提供较大的扭矩,为车辆的起步与加速提供便利条件;耦合挡是当速度达到 80 km/h 左右时,传动箱由液力挡转换到耦合挡,此时液力传动箱能够提供较高的效率,最大传动效率可达 92%。

(2)振动小

液力传动箱的传动是发动机通过增速齿轮驱动液力传动箱的泵轮传递的,轮与轮之间会产生一定的冲击和振动。T211 型液力传动箱在发动机的输出与传动箱的输入之间安装有扭转减振器,可用以衰减传动箱内部传动链里的扭转振动。

(3)安装方便

T211 型液力传动箱的输入轴和输出轴基本位于同一高度上,可以实现发动机和传动箱驱动链完全在车下的布局,为动力系统下悬挂提供条件。

四、车轴齿轮箱结构及特点

JW-4G 型接触网作业车车轴齿轮箱为二级结构,包括一级车轴齿轮箱(0307 型)和二级车轴齿轮箱(0306 型)。0306 型车轴齿轮箱的输入端与液力传动箱输出端用万向轴连接在一起,动力系统输出的扭矩通过各车轴齿轮箱的齿轮传动传输至各车轴进而驱动轮对。一级和二级车轴齿轮箱的组成分别如图 2-33、图 2-34 所示。

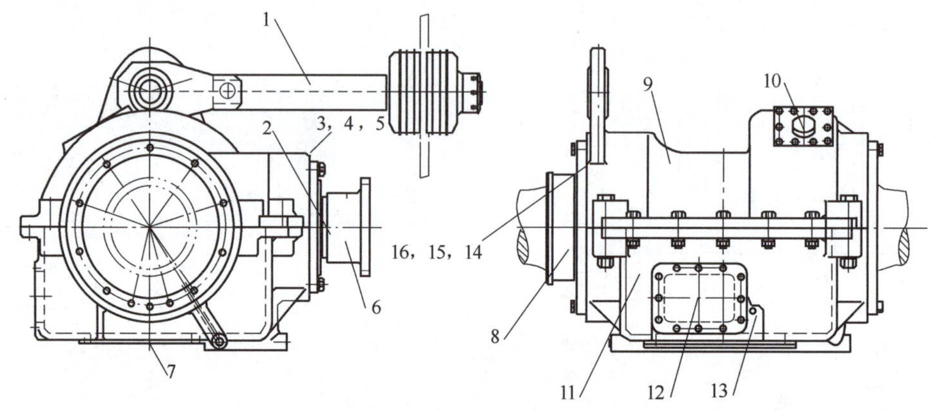

图 2-33 一级车轴齿轮箱

1—拉臂总成;2—齿轮轴;3—挡油板;4—油封盖;5—密封圈;6—输入法兰;7—放油螺塞;8—紧套;9—上箱体;10—透气孔;11—下箱体;12—检查孔;13—油位螺钉;14—油封盖;15—密封圈;16—挡油板

一级车轴齿轮箱箱体由上、下箱体组成,润滑油通过箱体上的润滑油道对滚动轴承润滑。上箱装有一个透气孔,可使箱体内与大气相通。打开上箱体上的透气孔盖可用以检查齿轮的啮合情况,打开下箱体上的检查孔盖可检修齿轮泵。下箱体检查孔旁有两个油位螺钉,用来检查润滑油油量。油底壳上设有放油螺塞,拧开后可以排放润滑油。车轴齿轮箱共有两根轴,第一轴(输入轴)为螺旋齿轮轴,轴端安装有输入法兰,第二轴(输出轴)为车轴,车轴上装配有螺旋锥齿轮和油泵驱动齿轮,螺旋锥齿轮与第一轴即螺旋齿轮轴啮合,螺旋锥齿轮副所传递的扭矩驱动车轴进而驱动轮对,油泵驱动齿轮随车轴的转动而驱动齿轮泵为齿轮箱润滑供油。

二级车轴齿轮箱箱体由上、中、下三个箱体组成,润滑油通过箱体上的润滑油道对滚动轴承润滑。上箱体及中箱体各设有一个透气孔,可使箱体内与大气相通。打开上箱体上的透气

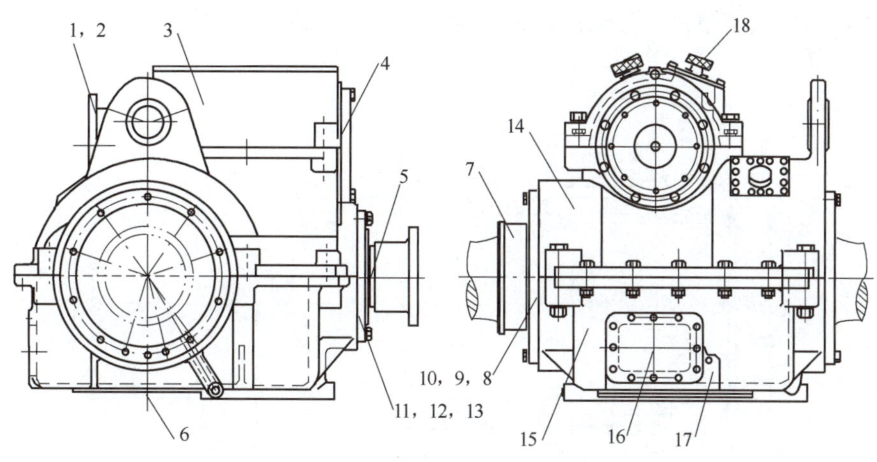

图 2-34 二级车轴齿轮箱

1—输入法兰；2—第一轴；3—上箱体；4—端盖；5—齿轮轴；6—放油螺塞；7—紧套；8—油封盖；9—密封圈；10—挡油板；11—油封盖；12—密封圈；13—挡油板；14—中箱体；15—下箱体；16—检查孔；17—油位螺钉；18—透气孔

孔盖可用以检查齿轮的啮合情况，打开下箱体上的检查孔盖可检修齿轮泵。下箱体检查孔旁有两个油位螺钉，用来检查润滑油油量。油底壳上设有放油螺塞，拧开后可以排放润滑油。车轴齿轮箱共有三根轴，第一轴（输入轴）上安装有输入法兰及小圆柱齿轮；第二轴（中间轴）为螺旋齿轮轴，外侧装配一个大圆柱齿轮，与第一轴上的小圆柱齿轮啮合，后端设置输出法兰；第三轴（输出轴）为车轴，车轴上装配有螺旋锥齿轮和油泵驱动齿轮，螺旋锥齿轮与第二轴即螺旋齿轮轴啮合，螺旋锥齿轮副所传递的扭矩驱动车轴进而驱动轮对，油泵驱动齿轮随车轴的转动而驱动齿轮泵为齿轮箱润滑供油。

各车轴齿轮箱通过拉臂与转向架连接，以适应可能出现的相对运行及吸收运行中的冲击负荷。

五、分动齿轮箱结构特点与性能参数

JW-4G 型接触网作业车分动齿轮箱通过与发动机相连的传动轴将发动机的动力传递给分动齿轮箱输入轴，分动齿轮箱的输入轴通过齿轮传动带动其他两根轴工作。分动齿轮箱可分出多个取力口来带动不同的机构，并可根据需要变换出不同输出速度接口。

（一）分动齿轮箱的结构特点

JW-4G 型接触网作业车分动齿轮箱箱体内设有四根轴，输入轴轴端用法兰与发动机的万向传动轴连接，发动机带动其转动，输出轴与发电机连接。当电路控制拨叉拨动分动齿轮箱滑移套移动，使分动齿轮箱输出轴上的滑移套向输入轴方向运动，通过滑移齿轮套的内花键键槽与分动齿轮箱输入轴和输出轴的外花键键齿分别啮合来实现动力的传递；当电路控制拨叉拨动分动齿轮箱滑移套向输出轴方向移动时，二轴输出轴与输入轴分离，没有动力传递，将不会带动其所接的发电机工作。

发动机带动分动齿轮箱的输入轴转动，通过内部齿轮啮合带动一轴和三轴转动，接在一轴和三轴的取力口的机构将一起转动，获得动力。分动齿轮箱一轴的两端分别接有两台 40 kW 的液压油泵，当发动机启动时，可将发动机输出传递给液压油泵；三轴靠近分动齿轮箱输入端这一侧接有 10～15 kW 空气压缩机，同样的可将发动机的输出传递给空气压缩机，另一端预留，可选择驱动空调压缩机。分动齿轮箱结构及输入、输出功率分配如图 2-35 所示。

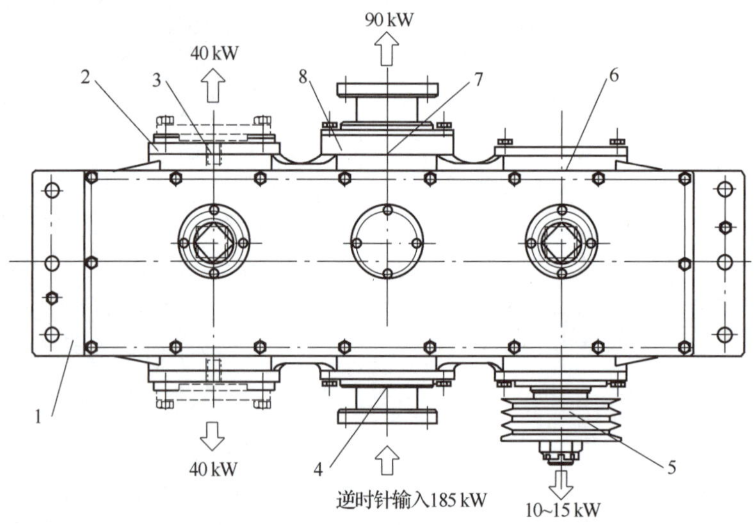

图 2-35 分动齿轮箱结构及输入、输出功率分配图

1—箱体；2—油泵座；3—一轴；4—二轴输入轴；5—空压机皮带轮；6—三轴；7—二轴输出轴；8—轴承座

（二）分动齿轮箱的技术性能参数

JW-4G 型接触网作业车分动齿轮箱的相关技术性能参数如表 2-6 所示。

表 2-6 分动齿轮箱技术参数

序 号	项 目	单 位	参 数
1	额定输入功率	kW	95
2	额定输入转速	r/min	2 100
3	速比	—	1∶1

1. JW-4G 型接触网作业车的动力传动系统主要由哪些部分组成？
2. 简述 WP12.480 发动机的燃油喷射及供油系统的性能特点。
3. WP12.480 发动机冷却系统中，其膨胀水箱主要有哪些作用？
4. JW-4G 型接触网作业车采用的 WP12.480 型发动机主要有哪些性能特点？
5. 简述 T211 型液力传动箱的基本工作过程。

第四节 高速铁路接触网作业车电气控制系统

一、电气控制系统的基本组成

JW-4G 型接触网作业车电气控制系统主要包括 DC 24 V 直流控制系统、AC 380 V/AC 220 V 交流供电系统。

DC 24 V 直流控制系统主要由电源(包括本车蓄电池组和充电发电机)、发动机启动调速控制、液力传动箱换向换挡控制、仪表监视、照明及刮水器等辅助装置控制等组成。其工作过程主要为:通过蓄电池及发动机上的充电发电机给整车电器进行供电,当启动发动机时,蓄电池的电输送给发动机上的启动马达,发动机启动后又通过发动机的充电发电机给蓄电池充电,同时通过空气断路器给车上控制电路及电器供电。车上 DC 24 V 用电设备主要有各类指示灯、照明灯、雨刮器、电扇、各类仪表、传感器、电磁铁、直流变换器、电量变送器、控制器、发动机 ECU 及各类继电器等。

交流系统主要由柴油发电机组等组成。其工作过程主要为:通过 10 kW 柴油发电机组对车上电取暖器、空调供电,同时车辆两侧的插座箱还能从外引入 AC 380 V 电给车上的交流电器供电。为保证设备安全,交流线路中设有断路器、交流接触器、漏电保护器保护用电设备的安全。

JW-4G 型接触网作业车整车电路图如图 2-36 所示(见书末插图)。

二、开关、仪表及相关电气元件布置及功能

JW-4G 型接触网作业车电气控制的开关、仪表及与行车监测密切相关的电气元件,主要布置在车内前、后端操纵台上,其他电气元件分布主要以功能实现为原则。

有关电气元件的具体布置方式及功能为:室内车棚上方布置顶灯,为室内提供足够照明;室外车两端设有下大灯、头灯及标志灯,满足行车安全照明;车下设有照明灯,方便车辆检修及检查;操纵台上方设有电扇,车棚上设有顶置式空调,提供室内散热、通风;车内安装电取暖器,供室内取暖用;车两端的挡风玻璃设有雨刮器,保证雨天行车视角;车下安装发电机组,为整车提供交流电源;室内还布置有电源总开关及插座,为整车提供电源及用电设备供电。

(一)操 纵 台

JW-4G 型接触网作业车前、后端均设有模块化整体式操纵台,两操纵台上的布置基本一致,其总体布置见图 2-3。下面分别介绍两操纵台上布置相同和布置有所区别的电气元件。

1. 布置相同的电气元件

(1)发动机转速表

发动机转速表的安装和电气控制原理示意图分别如图 2-37、图 2-38 所示。

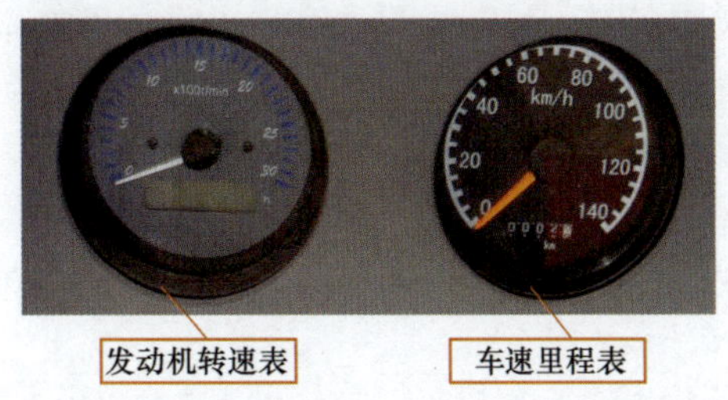

图 2-37 发动机转速表及车速里程表安装示意图

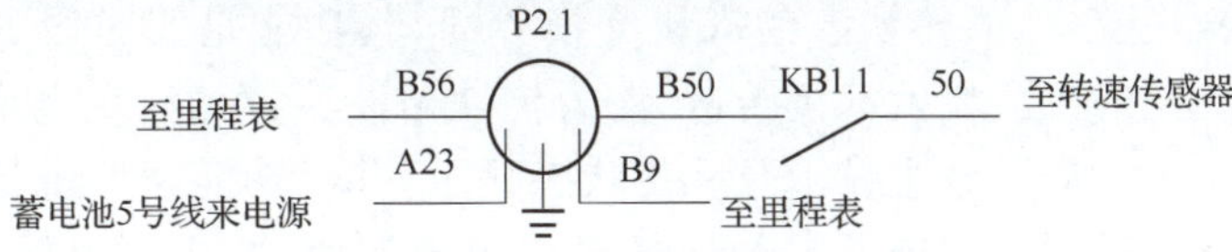

图 2-38 发动机转速表控制原理

发动机转速表的功能是显示车辆手动换挡工况时的发动机工作转速和工作小时。JW-4G型接触网作业车发动机转速显示有两种方式:正常情况下发动机转速由微机控制系统显示屏显示,微机控制系统换挡控制器采集发动机 ECU 传过来的转速信号,经过数据转换由微机控制显示器进行显示;当换挡控制器出现故障或显示器出现故障后,由安装在发动机上的转速传感器输出转速信号由转速表显示出来。

转速表内方框为小时计,当转速大于 400 r/min 时,小时计开始计时。由于在车辆正常运行时该表不工作,只有在微机控制器出现故障时该表才工作,所以转速表内的小时计不能反映发动机实际工作小时,前、后端操纵台转速表内小时计相加仅为手动换挡时的工作时间,发动机实际工作小时由发动机 ECU 计算,并通过 J1939 发送给车辆进行显示,当换挡控制器及微机控制显示器正常工作时,微机控制显示器显示的工作小时即为发动机工作小时。

(2)车速里程表

车速里程表的安装和电气控制原理示意图分别如图 2-37、图 2-39 所示。

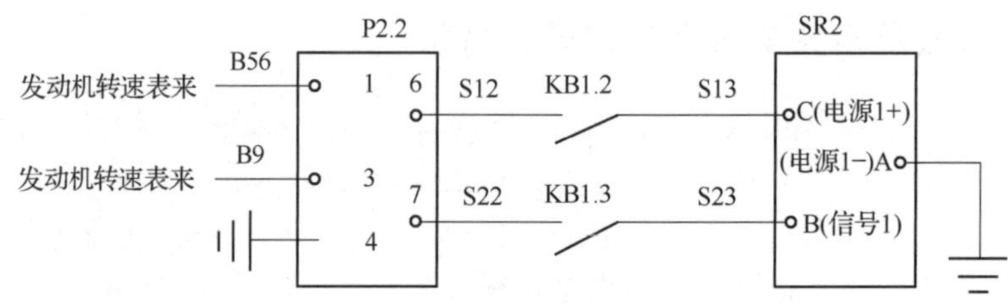

图 2-39 车速里程表控制原理

车速里程表的功能是显示手动换挡工况时的车辆运行速度和运行里程。JW-4G 型接触网作业车有两种测速方式:正常情况下车速由微机控制显示器显示,此时工作原理为微机控制系统换挡控制器读取液力传动箱输出轴输出转速,通过一定换算关系计算出车速,然后通过 RS485 传送给微机控制显示器进行显示;在微机控制系统换挡控制器及其显示器出现故障后,为保证非正常情况下行车时的车速显示,此时通过轴端测速电机将车轮转速信号传至里程表,里程表经计算后显示出车速和里程,前端操纵时前端操纵台里程表显示,后端操纵时后端操纵台里程表显示。

车辆运行里程计算方法:根据车速里程表控制原理、里程表与换挡控制记录互锁关系(前、后端车速里程表及微机控制器在同一时间里只会有一个设备工作),车辆运行总里程为前端车速里程表、后端车速里程表和前、后端微机控制显示器显示(前后端显示器里程一致,计算总里程时,只能计算一端)的里程之和。

(3)轨道车运行控制设备(GYK)显示屏

GYK 显示屏的功能是对车辆运行过程中的运行状态进行监控显示,如行车模式、行车信号、车辆速度等。

(4)微机控制显示器

微机控制显示器及其电气控制原理示意图如图 2-40 所示(以后端为例)。

微机控制显示器是车辆工作状态的人机交换界面,其功能是实时显示发动机、液力传动箱和整车的各种运行参数,如发动机转速、液力传动箱油温、车速、直流系统电压、直流系统电流、燃油箱油位等。显示分主显示及采集状态显示,并对功能状态进行自动判断,如果某功能状态显示红色,说明该功能或参数传输过程出现问题,司机可根据显示故障代码进行处理。

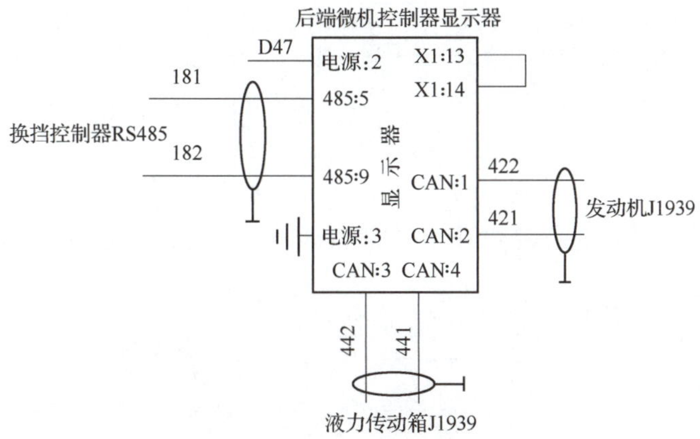

图 2-40　微机控制显示屏控制原理

(5)平台离位指示灯

图 2-41 左侧第 1 个指示灯为平台离位指示灯，其功能是显示平台离位或复位的状态。当平台离位时，该指示灯亮，此时车辆不允许运行，处于作业工况。平台离位指示灯控制原理如图 2-42 所示。

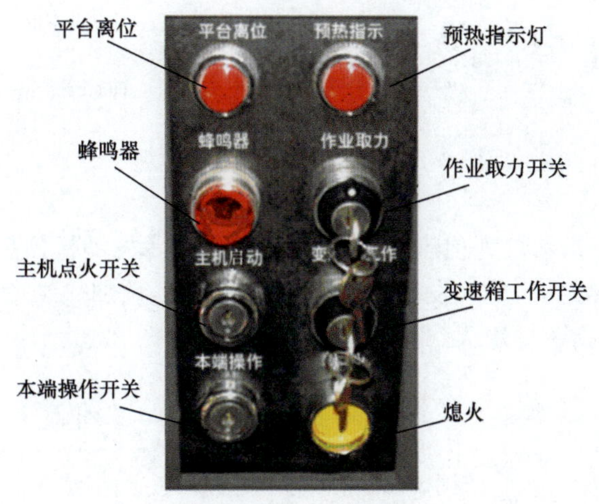

图 2-41　开关区

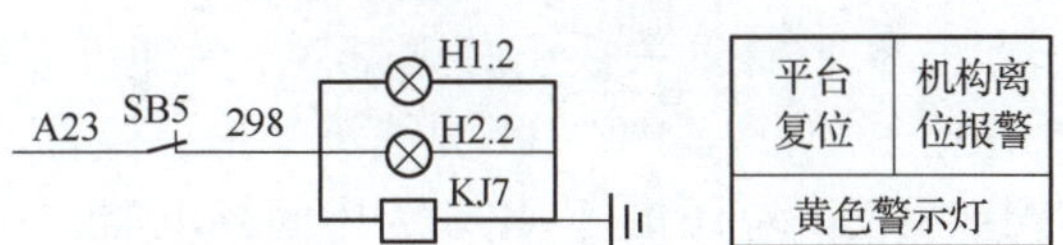

图 2-42　平台离位指示灯控制原理

(6)蜂鸣器

图 2-41 左侧第 2 个指示灯为蜂鸣器。当发动机或液力传动箱发生故障或车辆超速时，蜂鸣器将会发出声光报警信号，提醒司机注意。蜂鸣器控制原理如图 2-43 所示，报警信号由换挡控制器输出至继电器线圈，并由继电器触发报警蜂鸣器响。

(7)主机启动开关

图 2-41 左侧第 3 个钥匙开关为主机启动开关，用于控制本机的启动。该开关有启动、运

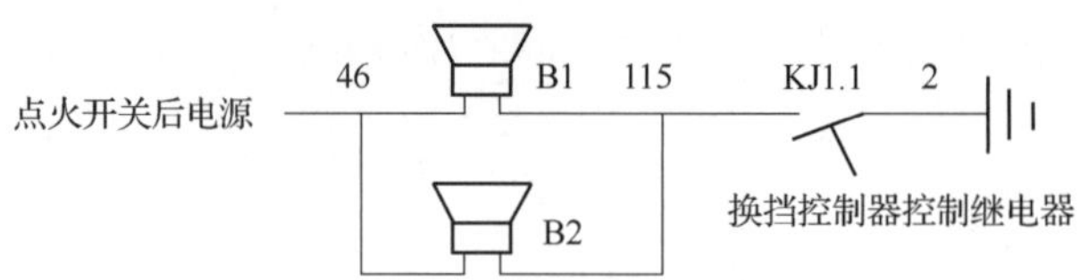

图 2-43　蜂鸣器开关控制原理

转两挡,当开关旋转至最右端为启动挡,松手后自动回转至运转挡。主机启动开关控制原理如图 2-44 所示。

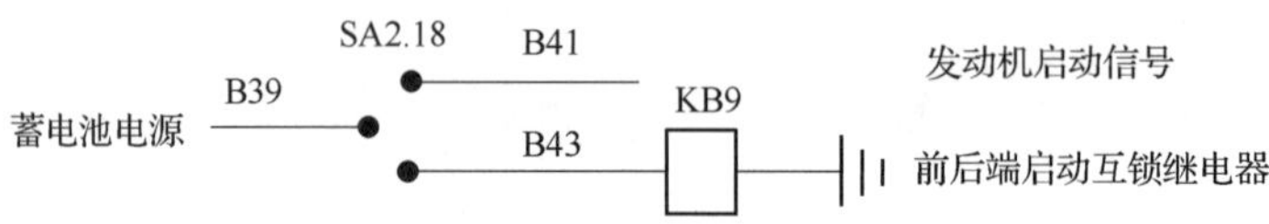

图 2-44　主机启动开关控制原理

(8)本端操作开关

图 2-41 左侧第 4 个钥匙开关为本端操作开关,其功能是控制换端不熄火状态下车辆的操纵位置。插入钥匙,扳至右侧 45°,方可在本端进行操纵车辆。本端操作开关的控制原理如图 2-45 所示。

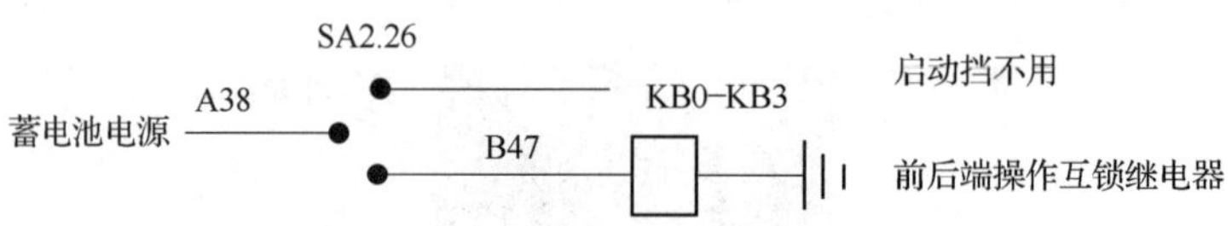

图 2-45　本端操作开关控制原理

(9)预热指示

图 2-41 右侧第 1 个指示灯为预热指示灯,其功能是指示发动机预热状态。当主机启动开关打到运转位,预热指示灯亮,此时发动机处于预加热状态,预加热结束后,预热指示灯闪烁 3 次,提示司机启动,预热指示灯熄灭。预热指示控制原理如图 2-46 所示。

发动机ECU　A-38　H1.2，H2.2　A-4　发动机ECU

图 2-46　预热指示控制原理

(10)作业取力开关

图 2-41 右侧第 2 个钥匙开关为作业取力开关,此开关的主要功能是当平台工作时,为平台系统提供动力。其操作方法为:将该开关扳至右侧 45°,平台即可工作。

作业取力开关控制原理见图 2-47,其中:V11 为续流保护二极管,安装在电磁阀接线插头内,主要作用是保护电磁阀被反向高电压损坏;KJ8 为中间继电器,主要功能是切断走行控制回路,保证作业与走行互锁。

(11)变速箱工作开关

图 2-41 右侧第 3 个钥匙开关为变速箱工作开关。此开关的功能是控制液力传动箱的工作状态,将该开关扳至右侧 45°,液力传动箱开始工作,回至中位时,液力传动箱停止工作。变速箱工作开关控制原理如图 2-48 所示,其基本原理为:通过控制 119 的通断,并将此信号传给换挡控制器,由换挡控制器输出控制信号至液力传动箱。

注意:发动机启动前,应确认“变速箱工作”开关是否在“零”位,如果“变速箱工作”开关扳至工作位,发动机将无法启动;当空气压缩机工作开始打风时,切勿将“变速箱工作”开关扳至

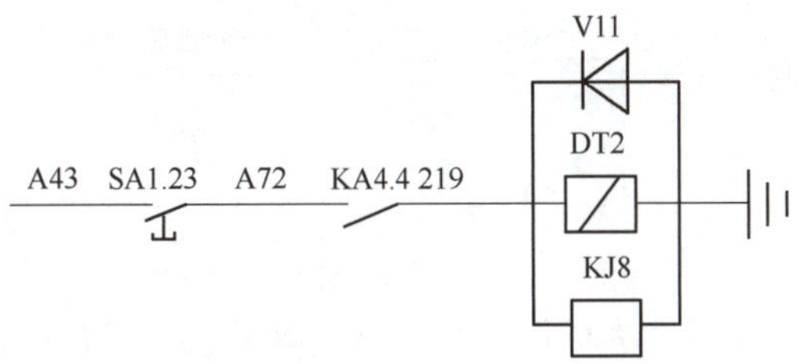

图 2-47 平台作业取力控制原理

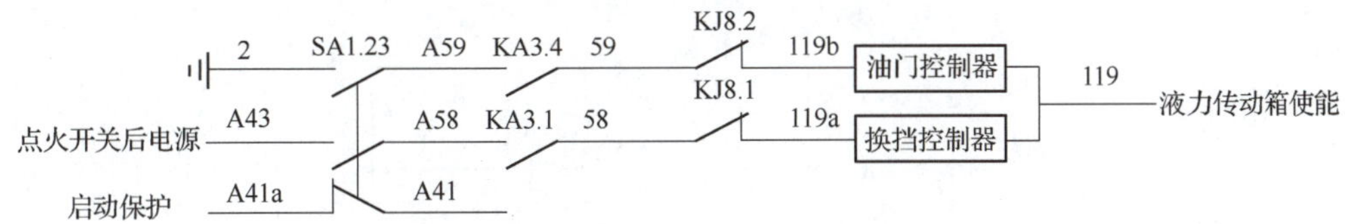

图 2-48 液力传动箱工作开关控制原理

工作位，否则在向前或向后扳动操纵手柄提升发动机转速时，车辆将会开始运行。

(12)熄火按钮

图 2-41 右侧第 4 个按钮为熄火按钮。此按钮为自复位式按钮，按下该按钮，中间继电器线圈得电，触点切断发动机 ECU 电源，发动机停机。熄火按钮原理如图 2-49 所示。

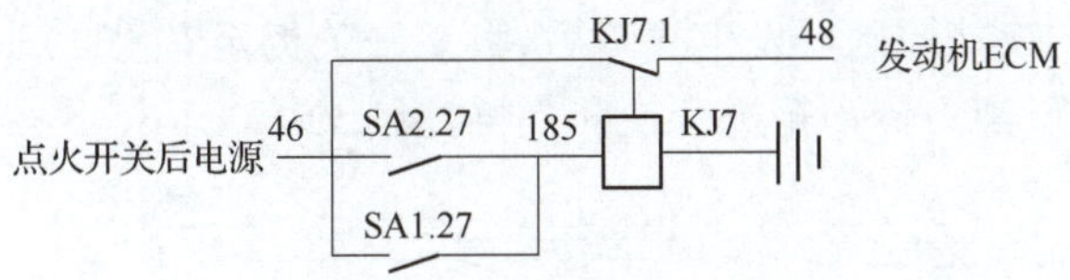

图 2-49 熄火按钮控制原理

(13)主车显示屏 U 口

如图 2-50 左侧第 1 个插口为主车显示屏 U 口，用于微机控制器显示器的程序更新及数据下载。

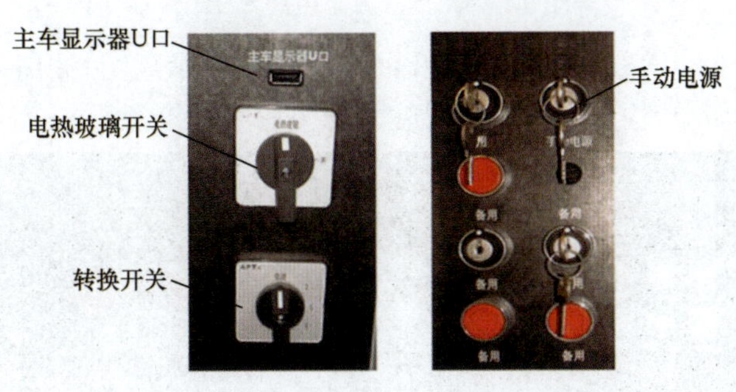

图 2-50 辅助开关区

(14)电热玻璃控制开关

图 2-50 左侧第 1 个转换开关为电热玻璃控制开关，其控制原理如图 2-51 所示。

电热玻璃是根据车辆所在地区的气候条件决定的选装件，当车辆安装有电热玻璃时，利用该开关可以控制电热玻璃的关闭或加热。电热玻璃严禁长时间使用，以免蓄电池亏电，造成发动机下次启动困难。

(15)低速走行速度选择开关

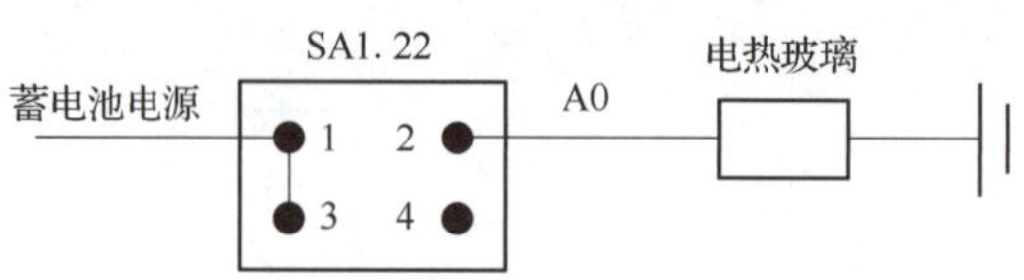

图 2-51 电热玻璃控制原理

图 2-50 左侧第 2 个转换开关为低速走行速度选择开关，在自动换挡、正常行车工况下，打开此开关的一个速度点，整车将按设定速度运行。低速走行速度选择开关控制原理如图 2-52 所示。

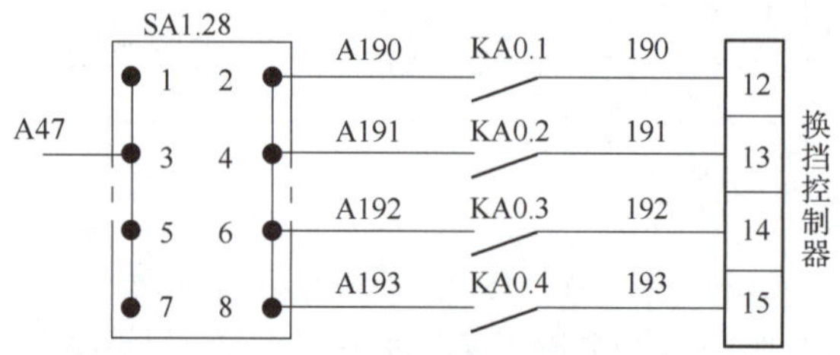

图 2-52 低速走行开关控制原理

(16)手动电源开关

图 2-50 右侧第 1 个钥匙开关为手动电源开关，其控制原理如图 2-53 所示。

当微机控制系统的换挡控制器发生故障后，将该开关扳至右侧 45°，可以利用油门控制器对发动机进行调速控制、液力传动箱进行换向换挡控制。

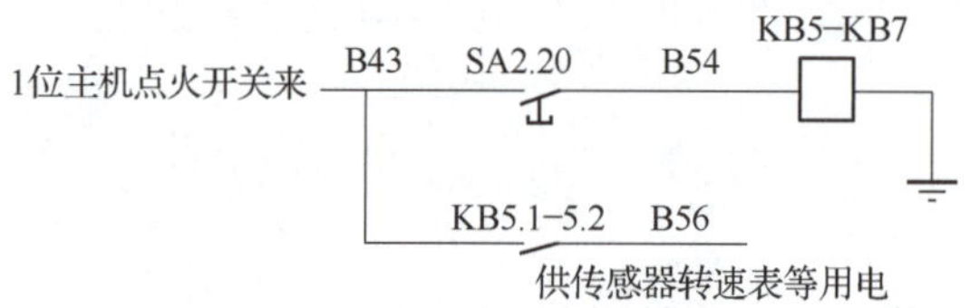

图 2-53 手动电源控制原理

(17)带灯按钮组

如图 2-54、图 2-55 所示分别为按钮区及油门操纵手柄示意图、按钮开关控制原理图。按钮开关控制原理相对简单，均为电源经过保险及开关后用电设备得电。

图 2-54 按钮区及油门操纵手柄

按钮开关从上至下、从左至右依次为：

① 前头灯全光开关：控制前端的头灯以全光方式工作。在按下前头灯全光开关之前，前

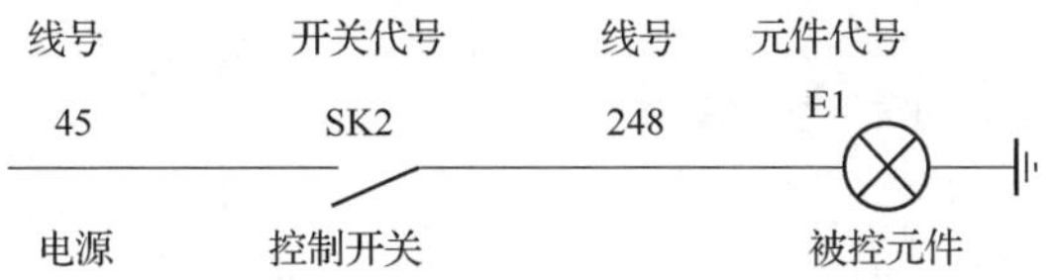

图 2-55 按钮开关原理框图

头灯半光开关必须先打开。

② 前头灯半光开关:控制前端的头灯以半光方式工作。

③ 后头灯全光开关:控制后端的头灯以全光方式工作。在两端可对前后的头灯进行控制。在按下后头灯全光开关之前,后头灯半光开关必须先打开。

④ 后头灯半光开关:控制后端的头灯以半光方式工作。

⑤ 前尾灯开关:控制前端的信号灯是否工作。

⑥ 后尾灯开关:控制后端的信号灯是否工作。

⑦ 下大灯开关:控制本端的下大灯是否工作。

⑧ 门灯开关:控制本端的门灯是否工作。

⑨ 仪表灯开关:控制本端的仪表灯是否工作。

⑩ 电扇开关:控制本端电扇工作。

⑪ 雨刮器开关:控制本端雨刮器是否工作。

⑫ 警灯开关:控制本端车顶上的旋转警灯工作。旋转警灯主要用于车辆工作时提醒周围人员注意,当作业平台离位时,车辆两端的旋转警灯均开始工作。其控制原理如图 2-56 所示。

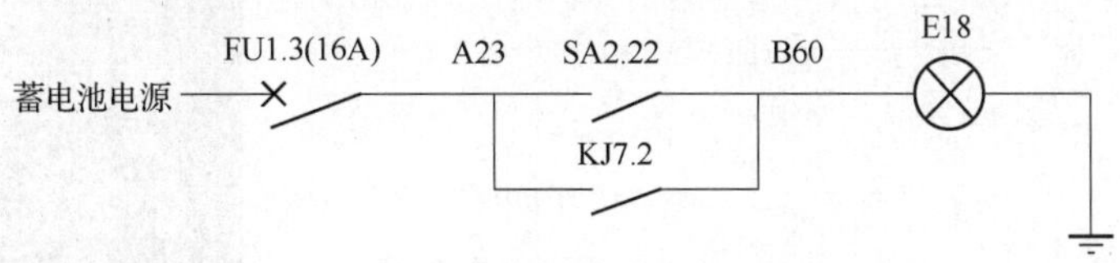

图 2-56 警灯控制

⑬ 备用开关(后端),前端此开关为雨刮器开关。

⑭ 旁路制动按钮:该按钮用于在紧急情况下对车辆实施快速制动,一般用于空气制动故障时的操作。旁路制动按钮为自复位式按钮,按下该按钮,车辆实施制动;松开按钮,车辆缓解。旁路制动是由开关直接控制旁路制动阀得失电,从而开启或关断风路,其控制原理如图 2-57 所示。

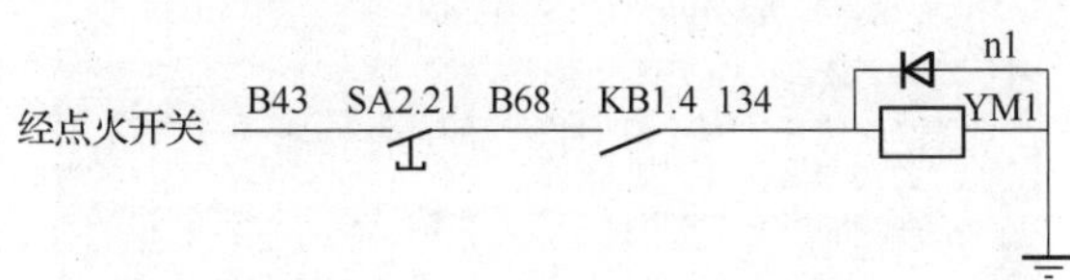

图 2-57 旁路制动控制原理

⑮ 顶灯开关:控制前端的两个顶灯是否工作。

⑯ 车下灯开关:控制车下的四个检修灯是否工作。

⑰ 顶灯开关:控制车棚中部的四个顶灯是否工作。

⑱ 喷水开关:控制后端的雨刮器是否喷水。

⑲ 顶灯开关:控制后端的两个顶灯是否工作。

⑳ 电喇叭开关:控制后端的电喇叭是否工作。

(18)警惕按钮(图 2-54)

GYK 报警时按压该键,可解除语音报警。

(19)警醒按钮(图 2-54)

当车辆运行速度大于 20 km/h 时,GYK 间隔 120 s 进行报警,要求司机按压该键进行应答,否则实施紧急制动,以保障运行安全。

(20)操纵手柄

图 2-54 右下角所示为操作手柄,用于控制发动机的调速及液力传动箱的换向。当"变速箱工作"开关未打开时,将该手柄提起并向前扳,发动机转速逐渐上升直至达到最大转速;将该手柄提起并向后扳,发动机转速逐渐上升直至达到最大转速。当"变速箱工作"开关打开时,将该手柄提起并向前扳,发动机转速逐渐上升,车辆向前行驶;将该手柄提起并向后扳,发动机转速逐渐上升,车辆向后行驶。操纵手柄控制原理如图 2-58 所示。

2. 布置有所区别的电气元件

(1)操作开关区开关设置有所不同

前端操纵台开关区设有"监控电源"开关(图 2-59),主要用于为 GYK 提供电源或断开电源。后操纵台开关区未设此开关。

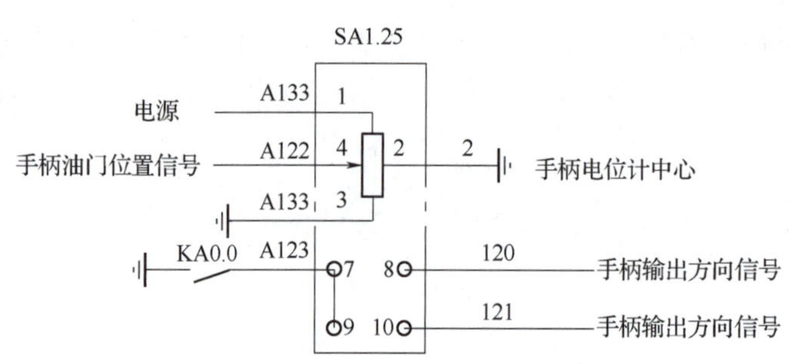

图 2-58 操纵手柄控制

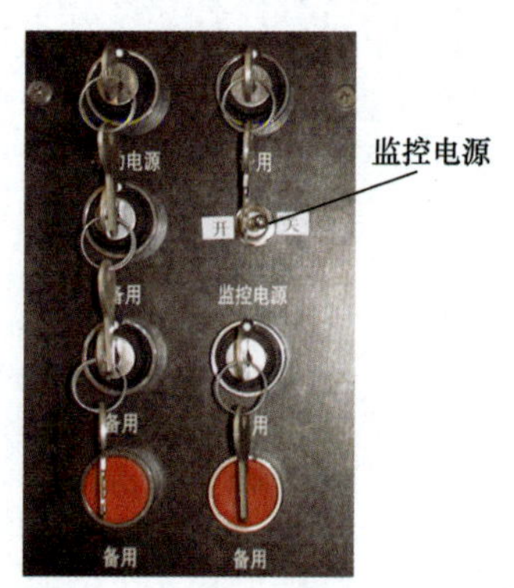

图 2-59 前端操纵台开关区

(2)前操纵台下部控制柜面板中部设有断路器(标识:FU1. 1. FU1. 8),后操纵台未设此断路器。前端操纵台柜门区断路器具体实物如图 2-60 所示,从左至右分别为以下设备提供保护:仪表灯,门灯,顶灯和车下检修灯,电扇(包括遥控探照灯、电喇叭及调平系统),雨刮器,下大灯,信号灯及头灯,点火开关及前、后端联锁继电器,空气干燥器。

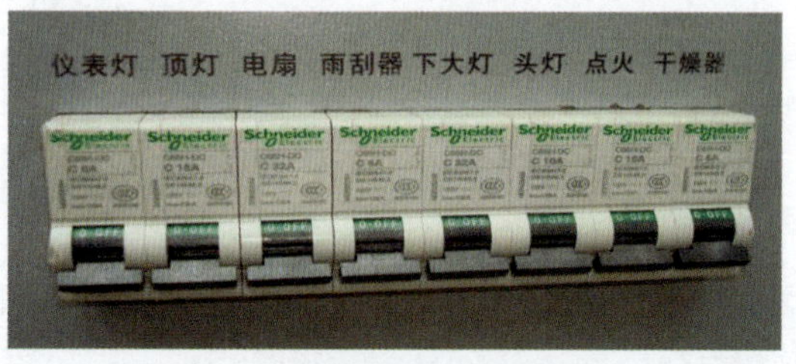

图 2-60 前端操纵台柜门区断路器

(二)交流电源

1. 外接电源按钮

图 2-5 上排左上角的绿色按钮为外接电源按钮,该按钮可控制外接的交流电源,为本车的

空调、电加热器等交流用电设备提供交流电源(图 2-61 中 SQ1)。

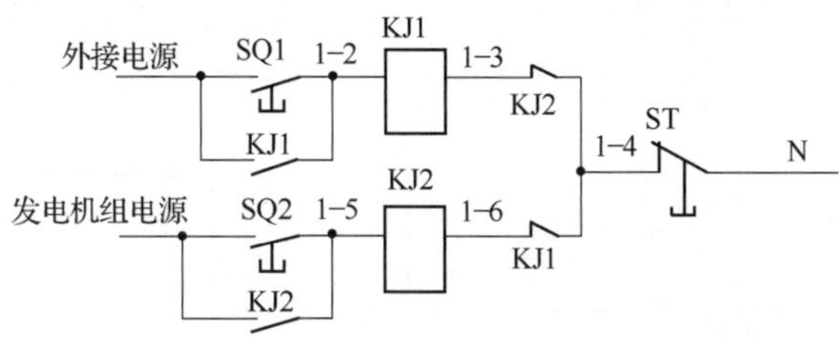

图 2-61　外接电源控制原理

2. 停止按钮

图 2-5 上排左上角的红色按钮为停止按钮,该按钮用于控制切断外接交流电源或本车发电机组的供电电源(图 2-61 中 ST)。

3. 发电机组供电按钮

图 2-5 上排中间的绿色按钮为发电机组供电按钮,该按钮用于控制本车发电机组,为本车的空调、电加热器等交流用电设备提供交流电源(图 2-61 中 SQ2)。

4. 电加热器控制开关

图 2-5 上排右边角的第二个钥匙开关为电加热器控制开关,将该钥匙开关扳至右侧 45°,电加热器开始工作。电加热器控制开关控制原理如图 2-62 所示。

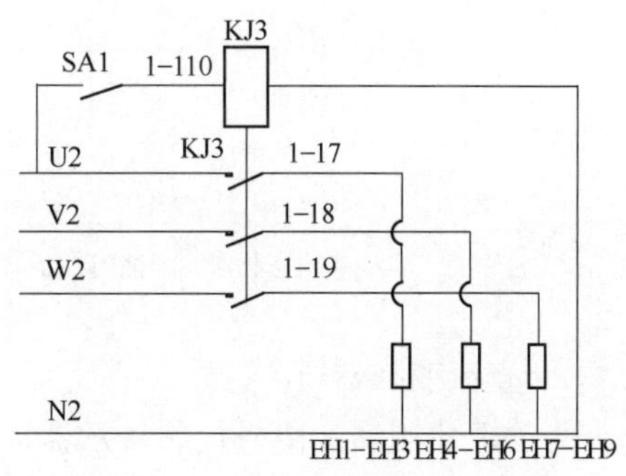

图 2-62　电加热器控制开关控制原理

5. 备用开关

图 2-5 上排右上角的钥匙开关为备用开关。

6. 发电机组控制面板

图 2-5 柜门区下部区域面板为发电机组控制面板,该面板用于对发电机组的工作状况进行监视,输出交流 220V 电源,并检测输出电压及运行时间。

(三)电气控制柜

JW-4G 型接触网作业车电气控制柜位于前端操纵台内,其内部电器布置如图 2-63 所示。

电气控制柜内安装有换挡控制器、油门控制器等控制元件,是整个车辆的电气控制重要元件,各电气元件介绍如下:

(1)换挡控制器

换挡控制器是微机控制系统的硬件执行元件,能实现作业车调速、换向保护、自动换挡、超速保护功能,并能记录车辆走行数据、实现车辆的故障诊断及报警、采集数模数据、输出显示等功能。

(2)油门控制器

油门控制器适用于符合 SAEJ. 1939 协议的电控发动机和液力传动箱以及 4 路电磁阀控制的液力传动箱。油门控制器接收司机控制器信号,并将其转换为符合发动机和液力传动箱控制器要求的控制信号。

当微机系统的换挡控制器出现故障时,可以通过油门控制器控制发动机转速和液力传动箱换挡等,保证车辆可以行车。注意:不允许长时间使用油门控制器控制行车,在微机控制器出现故障后应急使车辆回库,回库后应立即查找并排除微机控制器的故障。

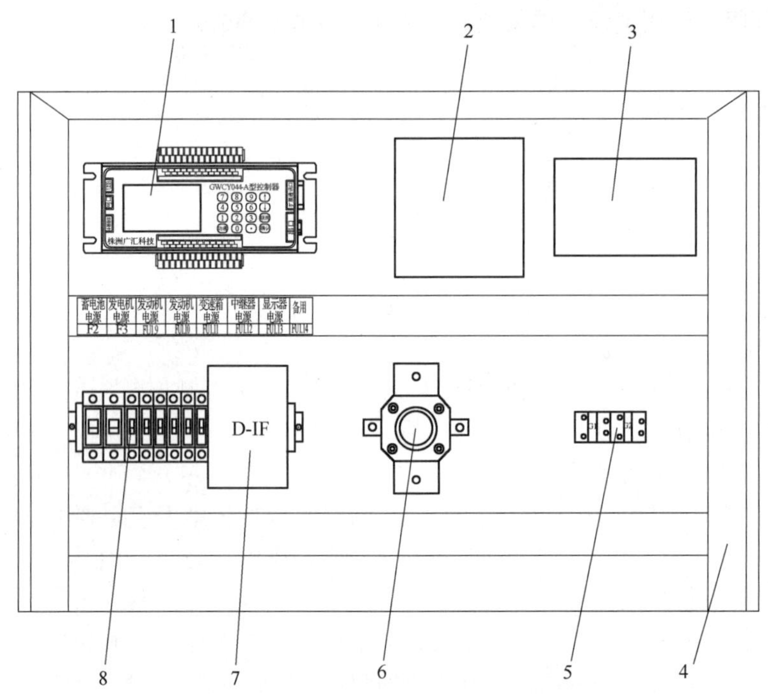

图 2-63　电气控制柜

1—换挡控制器；2—油门控制器；3—直流变换器；4—通用行线槽；5—电量变送器；6—预热继电器；7—液力传动箱诊断模块；8—断路器

(3)直流变换器

为逻辑控制器及微机控制显示器提供稳定的直流 24 V 电源。

(4)通用行线槽

主要是用于防护电缆线束。

(5)电量变送器

检测发动机自带充电发电机发电电流及蓄电池放电电流的大小。

(6)预热继电器

用于控制发动机预热。当发动机控制器输出预热电压信号时，该继电器的线圈得电，从而接通预热电路，实现给发动机预热。

(7)液力传动箱诊断模块

液力传动箱随机带对传动箱自身故障诊断的控制模块。

(8)断路器(标识：F2、F3、FU1.9-FU1.14)

从左至右分别为以下设备提供保护：蓄电池、充电发电机、发动机控制器、发动机控制器、液力传动箱控制器、微机控制器数字量输入输出、直流变换器、备用。

(四)发电机组控制柜

JW-4G 型接触网作业车发电机组控制柜位于后端操纵台内，其电器布置如图 2-64 所示。

图中各电气元件介绍如下：

1. 交流接触器：控制外接电源的通断。
2. 交流接触器：控制发电机组电源的通断。
3. 交流接触器：控制电取暖器的开或关。

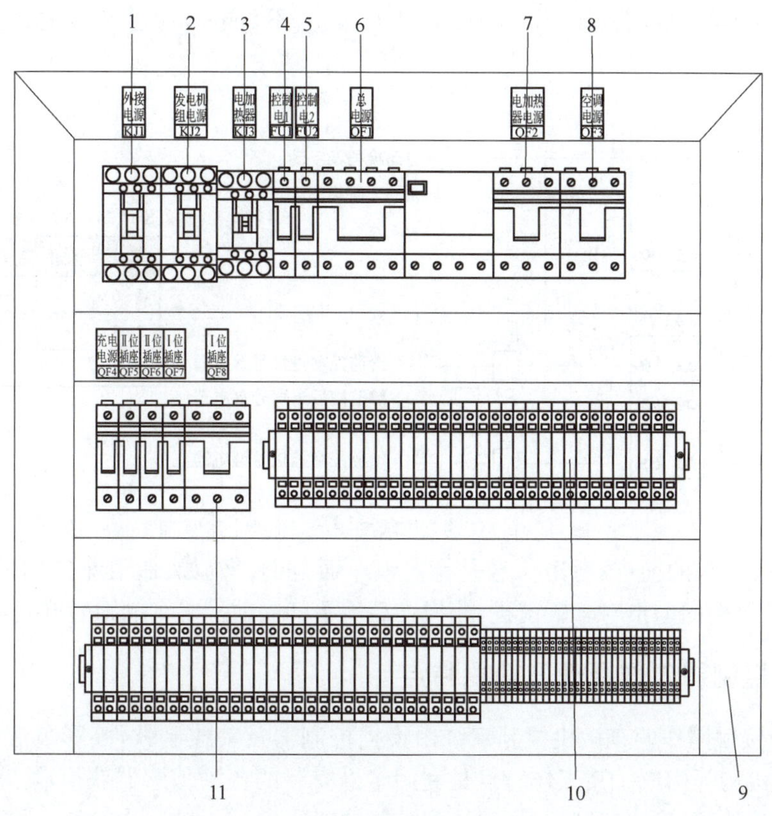

图 2-64　发电机组控制柜

4. 断路器：为发电机组电源控制电路提供保护。

5. 断路器：为外接交流电源控制电路提供保护。

6. 漏电保护器：为外接电源或发电机组提供的交流电源提供漏电保护。

7. 断路器：为电取暖器提供保护。

8. 断路器：为空调电源提供保护。

9. 通用行线槽：固定线束用。

10. 接线端子。

11. 断路器(标识：QF4-QF8)。

从左至右分别为以下设备提供保护：充电电源、Ⅱ位单相插座、Ⅱ位单相插座、Ⅰ位单相插座和Ⅰ位三相插座。

三、轨道车运行控制设备(GYK)与整车电气控制的关系

GYK 是集机车信号接收与显示、运行监控、轴温检测显示报警(选用)、通话记录以及司机警醒功能等于一体的综合车载装置。

根据 GYK 的功能，整车电气系统需要给 GYK 提供电源和车辆前进、后退及空挡信号，其原理图见图 2-65。图中，KA3、KB3 为前、后端联锁继电器，SA1. 25、SA2. 25 为前、后端操纵手柄，KJ4-KJ6 为继电器，其工作原理为：如果前、后端操作手柄均在中位(空挡位)时，KJ6 接通(KJ4、KJ5 不得电)，通过 KJ6 的触点为 GYK 提供空挡信号。如果在前端操作，继电器 KA3. 3 接通，手柄向前推(前进位)，KJ4 接通(KJ5、KJ6 不得电)，通过 KJ4 的触点为 GYK 提

供前进信号；手柄向后推（后退位），KJ5 接通（KJ4、KJ6 不得电），通过 KJ5 的触点为 GYK 提供后退信号。

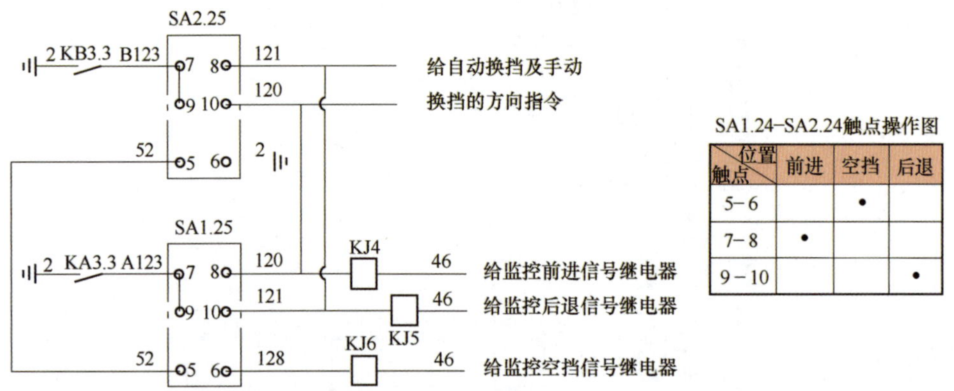

触点＼位置	前进	空挡	后退
5–6		•	
7–8	•		
9–10			•

图 2-65 运行控制设备与整车电气控制关系原理图

注意：GYK 要求的前进、后退信号是针对整车而言的。例如：假设车辆向前端运行为前进，那么当前端手柄向前推时车辆前进，当操作后端手柄向前推时车辆则后退。

四、微机控制器工作原理及功能特点

JW-4G 型接触网作业车微机控制系统由换挡控制器及其控制软件、彩色液晶显示屏、传感器及其执行机构等构成。其工作特点是利用车上安装的各种传感器获得输入信号，通过预置程序进行计算处理，输出控制信号，以达到控制功能要求。

（一）换挡控制器

换挡控制器外形及安装尺寸如图 2-66 所示，安装时需要使用产品配件中提供的螺杆、螺帽和橡皮垫片固定在驾驶室的电器柜内。

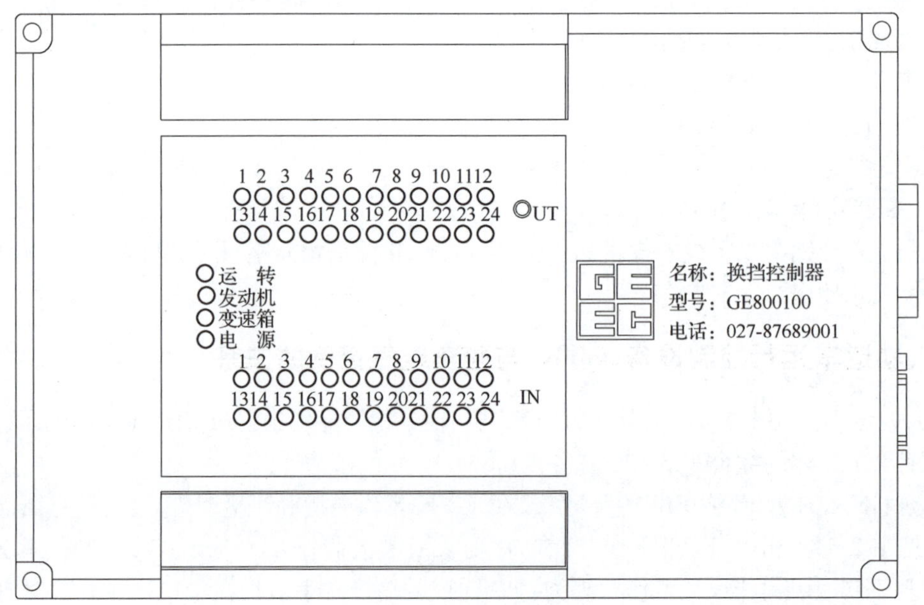

图 2-66 换挡控制器外形图

1. 接口定义

换挡控制器配线图如图 2-67 所示。

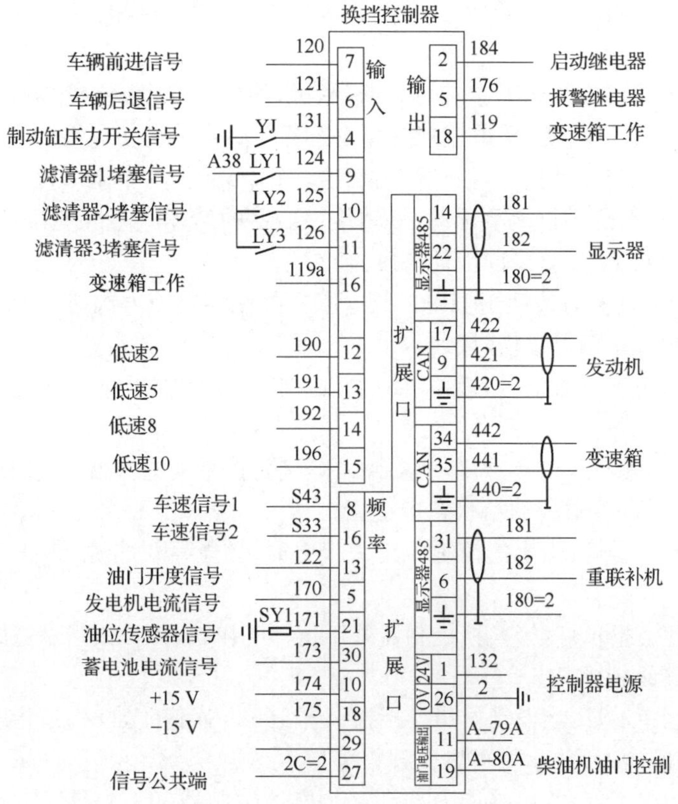

图 2-67　换挡控制器配线图

(1)数字量输入接口

① IN. 4:制动缸压力信号。当制动缸压力达到 260 kPa±10 kPa 时,说明车辆在制动,此时动力单元应卸载,控制器会自动控制发动机回怠速、液力传动箱回空挡。

② IN. 6、7:方向信号,接后端操作手柄,用以识别车辆运行方向。

③ IN. 9、10、11:为 3 个滤清器堵塞报警信号,接滤清器堵塞传感器,接收到信号有效后发送给显示屏进行显示。

④ IN. 16:液力传动箱工作信号,该信号有效时,控制器输出液力传动箱使能信号并控制液力传动箱自动换挡。

(2)数字量输出接口

① OUT. 5:输出控制继电器,由继电器驱动报警设备,报警信号包含发动机 J1939、液力传动箱 J1939、控制器 DI、控制器扩展口等信号。

② OUT. 18:液力传动箱使能信号。

(3)扩展口

① 扩展 . 1、26:控制器电源。

② 扩展 . 5:发电机电流信号,接发电机电流互感器,测量发电机的发电电流。

③ 扩展 . 9、17:接发动机 J1939,用于换挡控制器与发动机进行数据交换。

④ 扩展 . 10:+15V 电源,给电流互感器及车速传感器等设备提供+15V 电源。

⑤ 扩展.11、19:电压输出信号,接发动机 ECU 油门信号,用以控制发动机转速的大小。

⑥ 扩展.13:油门开度传感器信号:接前端操作手柄,提示控制器司机期望的发动机转速变化。

⑦ 扩展.14、22:RS485 接口,接前、后端显示屏,给显示屏显示参数提供数据。

⑧ 扩展.18:−15 V 电源,给电流互感器及车速传感器等设备提供 15V 电源。

⑨ 扩展.21:油位传感器信号,接油位传感器,油位传感器为电阻型传感器,其原理为油箱浮子根据油箱液面的高低进行上下浮动,带动传感器上的滑动电阻改变位置,进而改变阻值,换挡控制器根据阻值变化计算当前液面高度。

⑩ 扩展.25、34:接液力传动箱 J1939,用于换挡控制器与液力传动箱进行数据交换。

⑪ 扩展.27:模拟量信号负极,接地。

⑫ 扩展.30:蓄电池电流信号,接蓄电池电流互感器,测量蓄电池的放电电流。

2. 状态指示灯

换挡控制器的右侧有 4 个指示灯,从上到下分别为控制器电源指示灯、设备运转状态指示灯、发动机状态指示灯、液力传动箱状态指示灯。

① 控制器电源指示灯:当换挡控制器正常上电时,该指示灯常亮,未正常上电时,指示灯常灭。

② 设备运转状态指示灯:当换挡控制器处于正常工作状态时,该指示灯闪烁,控制器工作不正常时,指示灯常灭或常亮。

③ 发动机状态指示灯:当发动机与换挡控制器 J1939 通信正常时,该指示灯闪烁,无通信时常灭,该指示灯配合故障指示灯可以实现报警指示。

④ 液力传动箱状态指示灯:当液力传动箱与换挡控制器 J1939 通信正常时,该指示灯闪烁,无通信时常灭,该指示灯配合故障指示灯可以实现报警指示。

3. 其他

换挡控制器右侧设置一个 RS232 通信端口,用于连接 PC 机或笔记本电脑,便于维护、升级和故障诊断。

(二)微机控制系统控制软件

微机控制系统控制软件的主要功能包括数据采集、发动机转速控制、自动换挡控制、安全防护、数据记录等。

1. 逻辑结构

换挡控制器控制软件从逻辑上分为四个模块,其关系与工作原理如图 2-68 所示。

主控逻辑模块完成换挡控制器核心业务流程的处理,包括解析各种输入的信号、执行发动机/液力传动箱控制算法、工作状态转换、产生输出信号、状态数据记录等。

2. 数据采集

周期性地读取各种外部输入信号,包括总线数据、数字量、模拟量和频率量,并将读取自采样电路的物理值解析为逻辑值,作为工况判断、逻辑控制和信号输出的依据。

3. 发动机转速控制

转速控制分为三个步骤:首先读取手柄信号,然后计算发动机目标转速,最后进行控制输出。

本车转速控制采用电压控制转速的方式,换挡控制器根据目标转速计算需要输出的电压。

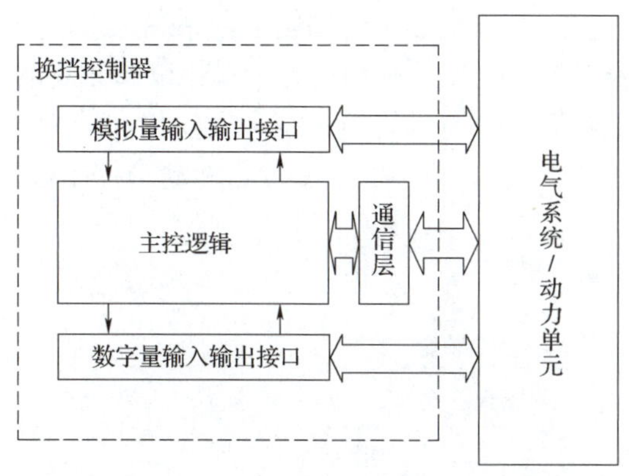

图 2-68　换挡控制器软件模块与工作原理

发动机转速控制需要的相关参数可以通过连接 PC 端诊断程序进行配置，例如发动机转速调节步长、转速调节范围、手柄类型、控制方式等。

4. 自动换挡控制

本车自动换挡采用 J1939 控制方式，首先读取手柄方向信号和发动机扭矩输出要求，然后填写液力传动箱方向请求帧和液力传动箱扭矩输出请求帧的数据位。

液力传动箱控制需要的相关参数可通过连接 PC 端诊断程序进行配置，例如换挡参数表、换挡回差、轮径、齿数比、控制方式等等。

5. 安全防护

换挡控制器实时监控车速、温度、压力等行车状态数据。当被监控数据超出预设的动作值时，控制器自动执行相应的安全防护动作，例如紧急制动、卸载、降低发动机转速、撤销液力传动箱挡位等。

6. 数据记录

换挡控制器每 1 s 记录一次当前状态，记录可导出，供地面分析及打印支持。当系统运行过程中发生故障时，可以使用诊断软件对故障发生前后的状态数据进行检查，以辅助故障诊断和排除。

7. 超速保护功能

换挡控制器能实现超速保护功能。当作业车车速超过 115 km/h 时，换挡控制器输出一路接地信号，控制声光报警器以提醒司机；当车速超过 120 km/h 时，换挡控制器一方面发出声光报警信号提醒司机进行减速操作，另一方面输出一路接地信号，同时使液力传动箱回空挡并使发动机降速。超速速度数值可以方便地设置。

8. 故障诊断和报警功能

换挡控制器还具备故障诊断功能和报警功能。当作业车发生故障时，换挡控制器将故障代码显示在显示屏上，同时发出报警信号，以便司机和维修人员通过显示屏上的故障信息迅速查找到故障点，做出快速处理。

五、换挡控制器故障下的调速及换挡（油门控制器的调速及换挡）

（一）概　　述

JW-4G 型接触网作业车换挡控制设置有二套方案，一套是换挡控制器，另一套是油门控制器。当换挡控制器出现故障无法工作时，可以使用油门控制器控制发动机转速和液力传动箱挡位。油门控制器是独立于发动机、液力传动箱电控系统之外的一个控制模块，油门控制器适用于符合SAEJ.1939协议的电控发动机和液力传动箱以及4路电磁阀控制的液力传动箱。油门控制器接收司机控制器信号，并将其转换为符合发动机和液力传动箱控制器要求的控制信号。油门控制器、司机控制器、发动机控制器和液力传动箱控制器的关系框图见图2-69。

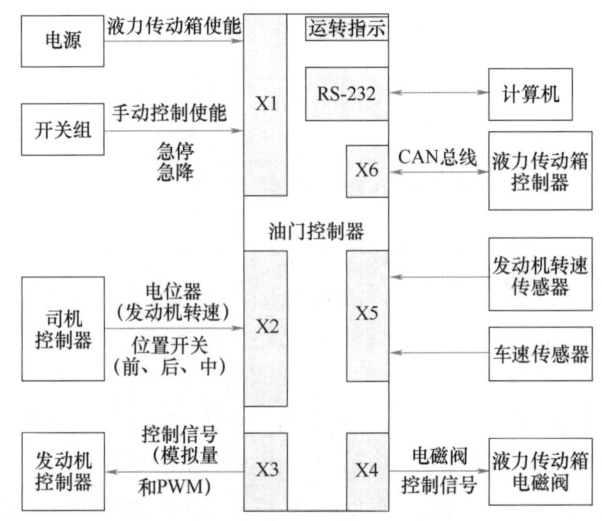

图2-69 油门控制器与接口设备关系示意图

(二)油门控制器引脚功能

油门控制器插接件图如图2-70所示，各引脚功能如下：

(1)X1.1引脚：点火开关后电源，给油门控制器供电用。

(2)X1.2引脚：电源负极接地。

(3)X1.3引脚：液力传动箱工作开关信号，该信号低电平有效。

(4)X1.4～X1.6引脚：本车不用。

(5)X1.7引脚：油门急降信号，该信号低电平有效，本车接制动缸压力开关，当制动缸压力达到260 kPa±10 kPa时，说明车辆在制动，此时动力单元应卸载，油门控制器会自动控制发动机回怠速、液力传动箱回空挡。

(6)X1.8引脚：手动控制使能信号，该信号低电平有效，该信号有效时，油门控制器才有输出，否则油门控制器不工作，本车该信号接手动电源开关。

(7)X2.1引脚：电源负极接地。

(8)X2.2引脚：中位信号，该信号低电平有效，接手柄中位开关。

(9)X2.3引脚：后退信号，该信号低电平有效，接手柄后退开关。

(10)X2.4引脚：前进信号，该信号低电平有效，接手柄前进开关。

(11)X2.5引脚：+15 V电源，油门控制器输出信号，给手柄电位计供电。

(12)X2.6引脚：模拟量控制信号，接手柄电位计模拟量输出，以控制发动机转速大小。

(13)X3.1、4引脚：发动机转速控制信号，输出至发动机ECU以控制发动机转速。

(14)X3.2、3引脚：发动机转速控制信号电源，本车该电源由发动机ECU提供。

(15)RS232接口：串口，连接电脑等调试工具用。

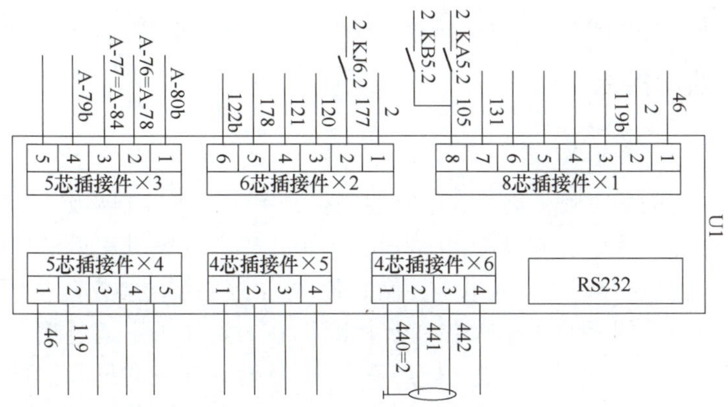

图 2-70　插接件图

(16)X6 插接件:J1939 通信接口,负责与液力传动箱通信。

(17)X4.1 引脚:接电源。

(18)X4.2 引脚:液力传动箱使能信号,接液力传动箱。

(19)X4.3 引脚:继电器信号,当液力传动箱挂挡方向与车辆实际运行方向不一致时,继电器控制发动机不能启动。

(20)X5.1 引脚:车速信号。

(21)X5.2 引脚:车速信号。

(22)X5.3 引脚:+15V 电源,给测速电机提供电源。

(三)其他说明

(1)液力传动箱的工作状态和发动机控制电压由“控制模式”、“手动使能”、“液力传动箱使能”、“急降”等输入开关量决定,受控的输出量包括:发动机控制电压、CAN 总线状态,其中发动机控制电压在可控状态下由司机控制器控制,反之则不由其控制。以上输入与输出信号的逻辑关系如表 2-7 所示。

表 2-7　输入与输出信号逻辑关系

手动控制使能 X1.8	液力传动箱使能 X1.3	急降 X1.7	输出电压 X3.1/4	CAN 总线 X6	液力传动箱充油 X4.2
0	X	X	最低值	无	不充油
1	0	1	最低值	有	不充油
1	0	0	可控	有	不充油
1	1	1	最低值	有	不充油
1	1	0	可控	有	充油

表 2-7 中,“0”表示开关“开/无效”,“1”表示开关“闭/有效”,“X”表示“开或闭”;输出电压中的“最低值”表示发动机怠速运转,“可控”时发动机转速受司机控制器控制。CAN 总线“无数据”表示不输出数据,液力传动箱不受控,“有数据”时液力传动箱受控。“液力传动箱使能(充油)”开关未闭合,则“急降”开关不论是否闭合,此时司机控制器可控制本油门控制器的输出电压值,以提升发动机转速,加速车辆风缸充气过程。若急停急降有效则表示“最低控制电压”。

(2)油门控制器上有两个 LED 指示灯。红色指示灯指示输出到发动机控制器的电压(油门控制信号),电压越高指示灯越亮;绿色指示灯表示油门控制器处于运转状态。

六、发动机油门控制

(一)发动机油门控制原理

本车发动机采用的是电喷发动机。电喷发动机是采用电子控制装置取代传统的机械系统来控制发动机的供油过程。电喷系统就是通过各种传感器将发动机的温度、空燃比、油门状况、转速、负荷、曲轴位置等信号输入电子控制装置,电子控制装置根据这些信号参数计算并控制发动机各气缸所需要的喷油量和喷油时刻,将燃油在一定压力下通过喷油器喷入到进气管中雾化,并与进入的空气气流混合,进入燃烧室燃烧,从而确保发动机和催化转化器始终处于最佳工作状态。电喷发动机与传统发动机相比,突出的优点是能准确控制混合气的质量,保证气缸内的燃料燃烧完全,使废气排放物和燃油消耗都能够降得下来,同时还提高了发动机的充气效率,增加了发动机的功率和扭矩。

1. 发动机油门控制原理

图 2-71 所示为发动机油门控制原理图。油门控制由油门控制手柄输入控制信号经至换挡控制器或油门控制器,再经过换挡控制器或油门控制器输出控制信号至发动机 ECU,从而达到对油门开度进行控制。发动机 ECU 接收油门控制信号为双模拟量电压信号,其中一个信号为 0.5 V,另一个信号为 0.25 V,两个电压信号成比例变化,即一个是另一个的一倍。

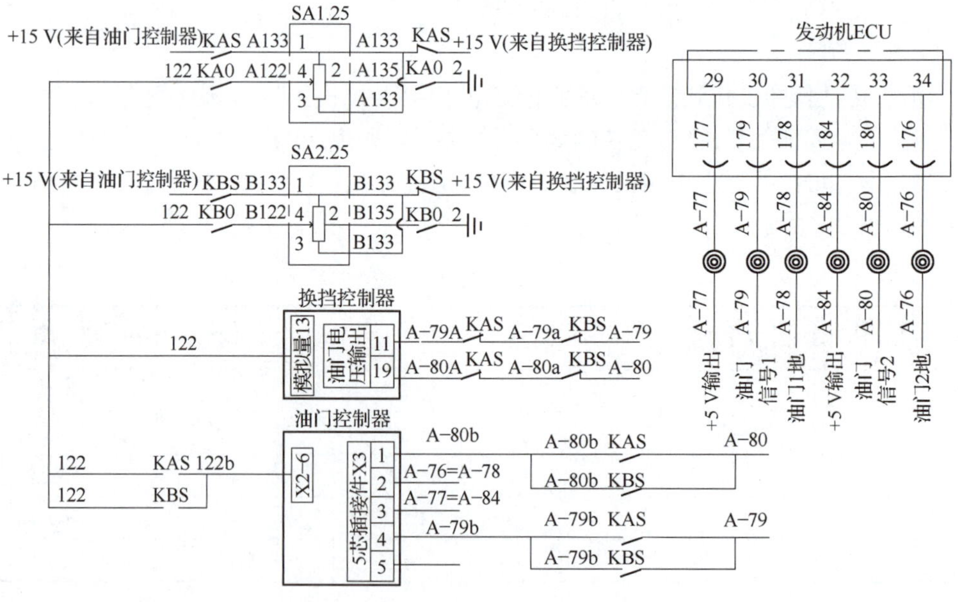

图 2-71 发动机油门控制原理

2. 相关元件说明

(1)KAS:前端操作手动控制电源打开继电器。

(2)KBS:后端操作手动控制电源打开继电器。

(3)KA0:前端操作继电器。

(4)KB0:后端操作继电器。

(5)SA1.25:前端操作手柄。该手柄带有 3 个开关和一个 5 kΩ 电阻,手柄在中位时触发一个开关以控制车辆空挡信号，同时电位计触点4(信号触点)处于电位计触点2(中位触点)位置；手柄向前推，中位开关失效，前进位开关接通以控制车辆前进信号，同时电位计触点4(信号触点)处于电位计触点1、2之间变化以控制发动机油门；手柄向后推，中位开关失效，后退位开关接通以控制车辆后退信号，同时电位计触点4(信号触点)处于电位计触点3、2之间变化以控制发动机油门。

(6)SA2.25：后端操作手柄，功能同前端操作手柄。

3. 自动换挡时油门控制原理(以前端为例)

KAS、KBS、KB0均不得电，KA0得电，简化原理图如图2-72所示。手柄向前推(或向后推)，信号线(线号122)在电位计1、2(或电位计3、4)之间变化，即变化幅度为0.15 V，信号线(线号122)给换挡控制器0.15 V信号，换挡控制器控制输出0.5 V及0.25 V控制油门。

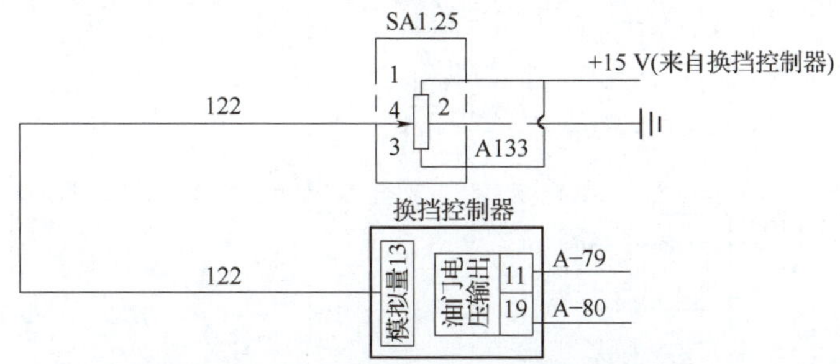

图2-72　自动换挡油门控制简化原理图

4. 手动换挡时油门控制原理(以前端为例)

KBS、KB0均不得电，KAS、KA0得电，简化原理图如图2-73所示。手柄向前推(或向后推)，信号线(线号122)在电位计1、2(或电位计3、4)之间变化，即变化幅度为0.15 V，信号线(线号122)给油门控制器0.15 V信号，油门控制器根据A.76及A.77信号控制输出0.5 V及0.25 V控制油门。

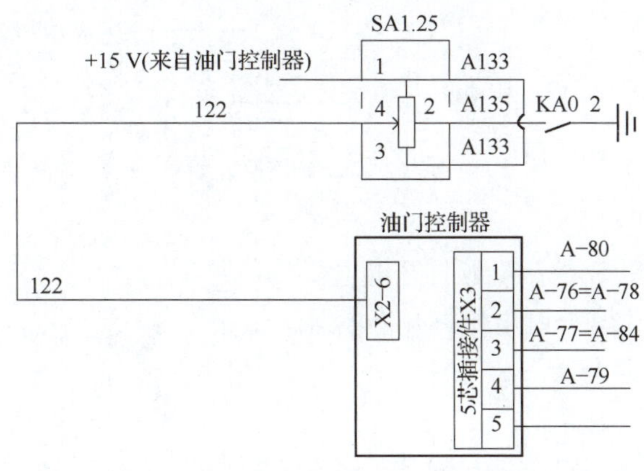

图2-73　手动换挡油门控制简化原理图

七、液力传动箱自动换挡

(一)工作原理

JW-4G型接触网作业车液力传动箱与换挡控制器和油门控制器间以CAN总线方式通信，由司机根据实际工况选择换挡控制器或油门控制器与液力传动箱通信。手动电源开关打开时，由油门控制器与液力传动箱通信；手动电源开关关闭时，由换挡控制器与液力传动箱通信。

司机操作操纵台上的操作手柄（控制发动机调速及液力传动箱换向的操作手柄）控制液力传动箱的前进、后退，推动油门控制手柄从而控制液力传动箱的换挡。液力传动箱使能信号有效时，液力传动箱执行换挡；使能信号失效时，液力传动箱不执行换挡，此时可用于发动机启动打风等工况。液力传动箱换挡是通过液力变矩器和液力耦合器来完成，它们之间的切换由传动箱内部的换挡控制装置自动完成，不需要车辆控制系统给出换挡信号。自动换挡原理图如图 2-74 所示。

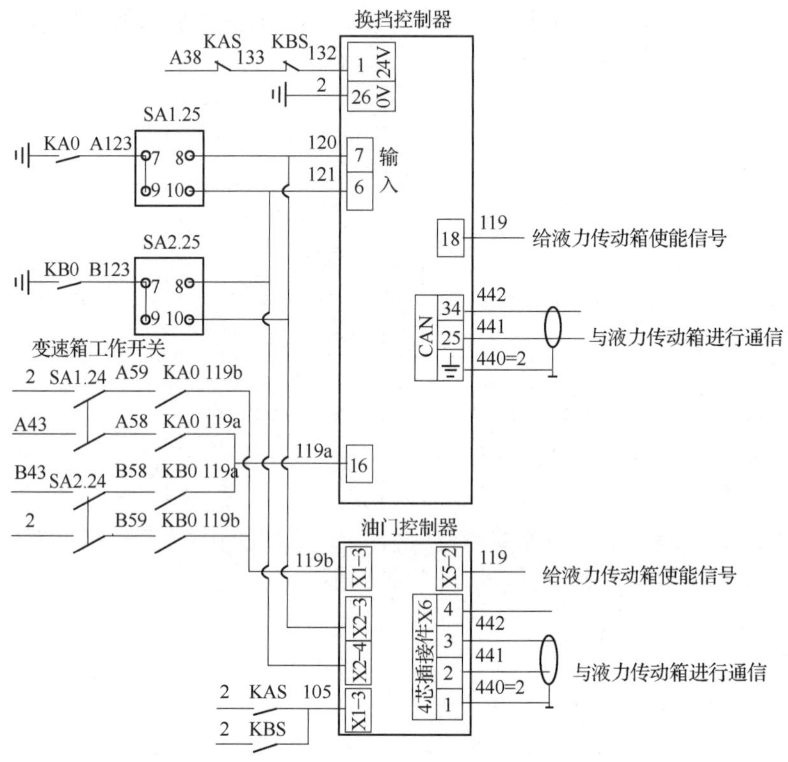

图 2-74 自动换挡原理图

1. 相关元件说明

(1)KAS：前端操作手动控制电源打开继电器。

(2)KBS：后端操作手动控制电源打开继电器。

(3)KA0：前端操作继电器。

(4)KB0：后端操作继电器。

(5)SA1.25：前端操作手柄。

(6)SA2.25：后端操作手柄。功能同前端操作手柄。

(7)SA1.24：前端液力传动箱工作开关，控制液力传动箱使能信号。

(8)SA2.24：后端液力传动箱工作开关。

2. 控制原理

(1)换挡控制器控制自动换挡时控制原理（以前端为例）

KA0 继电器得电，KB0、KAS、KBS 继电器不得电。此时换挡控制器 132 得电，换挡控制器处于工作状态;油门控制器105信号失效,油门控制器不执行换挡操作。相关电路图简化如图2-75所示:手柄向前推(或向后推),前进(线号120)或后退(信号121)有效,如果液力传动箱使能信号(线号119a)有效,换挡控制器控制输出液力传动箱使能信号,同时与液力传动箱进行通信,控制液力传动箱的运行方向及自动换挡。

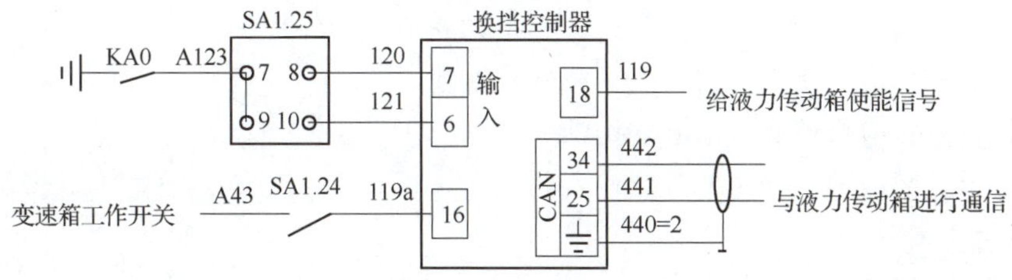

图2-75 换挡控制器控制自动换挡简化电路图

(2)油门控制器控制自动换挡时控制原理(以前端为例)

KA0、KAS继电器得电,KB0继电器不得电。此时换挡控制器132不得电,换挡控制器不处于工作状态;油门控制器105信号有效,油门控制器执行换挡操作。相关电路图简化如图2-76所示:手柄向前推(或向后推),前进(线号120)或后退(信号121)有效,如果液力传动箱使能信号(线号119b)有效,油门控制器控制输出液力传动箱使能信号,同时与液力传动箱进行通信,控制液力传动箱的运行方向及自动换挡。

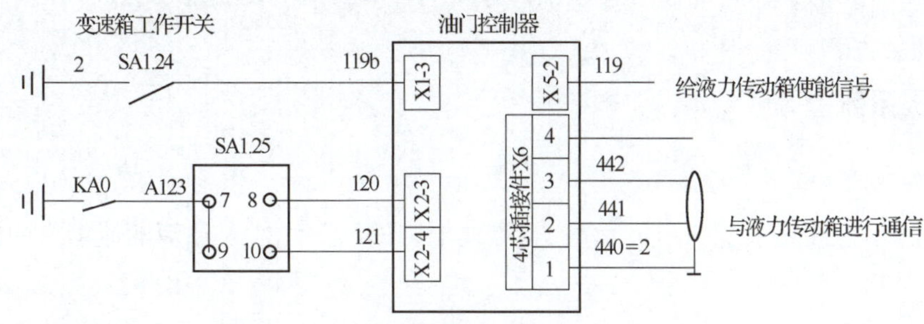

图2-76 油门控制器控制自动换挡简化电路图

八、对外供电系统的性能及安全供电

JW-4G型接触网作业车安装有10 kW的交流发电机组。10 kW交流发电机组主要作用是给车辆人员生活用电提供电源,例如车辆上的空调、取暖器及室内插座等。发电机组的动力源是发电机组自带的发动机,功率较小。

(一)工作原理

发电机组主要由发动机、无刷三相交流发电机、控制箱、散热水箱、联轴器、燃油箱、消声器等组成。发电机组工作以发动机为原动机带动发电机运转,将燃油的能量转化为电能,交流发电机与发动机曲轴同轴安装,利用发动机的旋转带动发电机的转子,发电机就会输出感应电动势,经闭合的负载回路产生电流。

当发电机组供电时,按下发电机组电源按钮(SQ2,自复位按钮),此时接触器KJ2得电,触点吸合后发电机组向负载供电,切断KJ1得电回路(外接电源供电),以保证同一时间只有一路给负载供电;按下停止按钮,接触器KJ2断电,交流供电停止。发电机组控制按钮和外接电源控制原理分别如图2-5、图2-61所示。

（二）供电安全注意事项

（1）启动发动机前，禁止连接任何用电设备。

（2）启动马达每次工作时间不宜超过 10 s，每次启动间应间隔 15 s 以上，连续 3 次不能启动应对机组进行检查，未排除故障或查明原因前不得进行启动操作。

（3）机组不得在有负载的情况下停机，必须切断负载后停机。

（4）供电结束，应先切断负载开关再按停止按钮。

（5）供电结束，应拔掉所有电源输出插头。

思考题

1. 简述 JW-4G 型接触网作业车交流供电系统的基本工作过程。
2. JW-4G 型接触网作业车操纵台带灯按钮组中，旁路制动按钮有什么作用？
3. 与后端操作台相比，JW-4G 型接触网作业车前端操纵台电气元件布置有什么不同？
4. 简述电喷发动机油门控制的特点。
5. JW-4G 型接触网作业车发电机组的供电安全注意事项有哪些？

第五节　高速铁路接触网作业车液压系统

一、液压系统基础

（一）基本组成及工作原理

图 2-77 所示为液压系统的组成示意图，虚线框内的箭头线代表油液的流动方向。

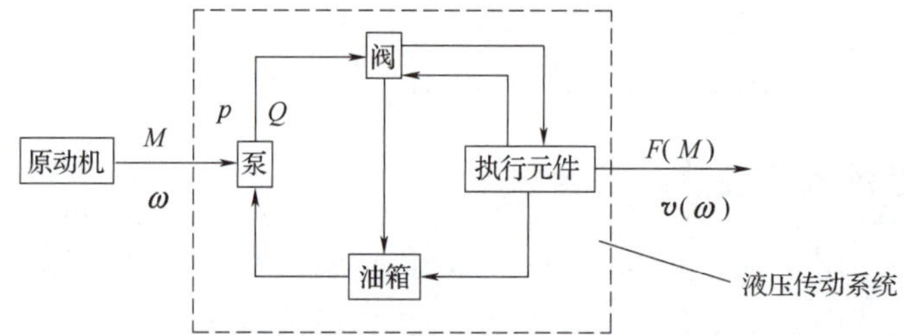

图 2-77　液压系统的组成示意图

从图中可以看出，一个完整的液压系统主要由以下五个部分组成：

（1）动力元件

指液压泵，其作用是将原动机（电动机或发动机）的机械能转换成液体的压力能，并向系统提供具有一定压力和流量的油液。

（2）控制元件

各类液压阀，其作用是调节液压系统中油液的工作压力、流量和运动方向，以满足工作机械要求，主要有压力控制阀、流量控制阀和方向控制阀。

（3）执行元件

指液动机，包括作直线运动的液压缸和作旋转运动的液压马达，其作用是将液体的压力能转换成工作装置需要的机械能，以实现预定的工作目的。

(4)辅助元件

包括油箱、蓄能器、密封圈、滤油器、管道、管接头、压力表等，其作用是负责油液的储存、净化、密封、散热和输送等辅助性工作，以保证液压系统完整和满足其正常工作。

(5)工作介质

指液压油，其作用是传递液压能，同时还起散热和润滑作用。目前，液压系统采用的液压油主要是矿物油，其他还有高水基液压油和合成型液压油等。

液压系统的基本工作原理为：动力装置带动动力元件(液压泵)旋转，液压泵从油箱中吸入静态的液压油后，通过液压泵的旋转，排出压力油，也就是将机械能转化为液压油的压力能；带压力的液压油通过管道经控制元件(液压阀)后进入执行元件(液压缸或液压马达)，驱动工作机构作直线往复或旋转运动，也就是将液压油的压力能转化为机械能。

(二)液压油的选择

液压油是液压系统中传递能量的介质，能起到润滑、防锈、防腐和冷却的作用。液压系统能否可靠、有效地工作，在很大程度上取决于所选用的液压油。

1. 对液压油的要求

(1)有合适的黏度，并有较好的黏温特性。黏度是液压油最重要的物理性质，也是选择液压油的主要指标。黏度过高，液压元件中各部件的运动阻力增大，管道压力降低和功率损失增加；反之，黏度过低又会加大系统的泄漏。所以工作介质要有合适的黏度范围，同时在温度压力变化下，油的黏度变化要小。

(2)润滑性能好，在压力和温度发生变化时，应有较厚的油膜厚度。

(3)质地纯净，杂质少。

此外，对液压油的防蚀性、防锈性、抗泡沫性、相容性和稳定性等也有相应的要求。

2. 选用原则

(1)先选择合适的液压油类型，再选择合适的液压油黏度。选择液压油类型时，应综合考虑液压系统的类型、工作特点、使用经济性等因素，还应满足环境条件(如是否有抗燃、抗凝等要求)和工作条件(如润滑性、抗磨、黏温特性等)的要求。

(2)黏度选择的一般原则：运动速度高或配合间隙小时宜采用较低的油液以减小摩擦损失；工作压力高或温度高时宜采用黏度较高的油液以减小泄漏。

二、液压系统基本工作回路

任何一个液压系统，无论它所要完成的动作有多么复杂，都是由一些基本回路组成的，每一基本回路都具有一定的控制功能。所谓基本回路，就是由若干个液压元件组成，用来完成特定功能的油路结构。熟悉和掌握这些基本回路的组成、工作原理及应用，是分析、设计和使用液压系统的基础。

几个基本回路组合在一起，可按一定要求对执行元件的运动方向、工作压力和运动速度进行控制。根据控制功能不同，基本回路分为压力控制回路、速度控制回路和方向控制回路。

(一)压力控制回路

用压力控制阀来控制整个系统或局部范围压力的回路。根据功能不同，压力控制回路可分为调压、减压、增压、卸压、保压、平衡和背压 7 种回路。

1. 调压回路

调压回路用于控制整个液压系统或系统局部支路油液压力，使之保持恒定或限制其最高值。当液压泵一直工作在系统的调定压力时，就要通过溢流阀来调节并稳定液压泵的工作压力。压力调定必须与载荷相适应，才能既满足主机要求又减少动力损耗。

调压回路用溢流阀来调定液压源的最高恒定压力。当压力大于溢流阀的设定压力时，溢流阀开口就加大，以降低液压泵的输出压力，维持系统压力基本恒定。

2. 减压回路

当液压泵的输出压力是高压而局部回路或支路要求低压时，可以采用减压回路。

减压回路多用于工件的夹紧、导轨的润滑及系统的控制油路。减压支路的压力稳定在减压阀调定压力下的条件是支路负载压力大于或等于减压阀调定压力，先导阀开启、主阀阀口关小。为了使减压支路压力不受主油路压力的影响，在减压阀与液压缸之间应串联一个单向阀。

减压回路比较简单，一般就是在所需低压的支路上串接减压阀。采用减压回路虽能方便地获得某支路稳定的低压，但压力油经减压阀口时会产生压力损失。

3. 增压回路

用于系统中局部油路压力要求高于系统压力且流量又不大的场合。

采用增压回路，可使局部油路或某执行元件获得比工作压力高若干倍(2～7 倍)的压力油，这样不仅易于选择液压泵，而且系统工作较可靠，噪声小。采用增压回路比选用高压大流量液压油源要经济得多。

增压回路中用来提高系统压力的主要元件是增压缸(增压器)，其增压比为增压器大小活塞的面积比。单作用增压器只能用于行程小、作业时间短的场合，对于增压行程长的场合应采用双作用增压器。双作用增压器必须配备四个单向阀，以隔断高低压油路。

4. 卸荷回路

在液压系统工作中，有时执行元件短时间停止工作，或者执行元件在某段工作时间内保持一定的作用力，而运动速度极慢，甚至停止运动，在这种情况下，不需要液压泵输出油液，或只需要很小流量的液压油，于是液压泵输出的压力油全部或绝大部分从溢流阀流回油箱，造成能量的无谓消耗，引起油液发热，使油液加快变质，而且还影响液压系统的性能及泵的寿命。为减少损失，应使泵在空载或很小输出功率的情况下运转，这就是液压泵的卸荷。卸荷回路是每个液压系统必不可少的回路。

液压泵的输出功率为其流量和压力的乘积($N=PQ$)，因而，两者任一近似为零，功率损耗即近似为零。因此液压泵的卸荷有流量卸荷和压力卸荷两种，前者主要是使用变量泵，使变量泵仅为补偿泄漏而以最小流量运转，此方法比较简单，但泵仍处在高压状态下运行，磨损比较严重；压力卸荷的方法是使泵在接近零压下运转。

5. 保压回路

保压回路的功用就是使某些液压系统在工作过程中保持一定的压力，例如在回路中采用蓄能器。最简单的保压回路是密封性能较好的液控单向阀的回路，但是，阀类元件处的泄漏使得这种回路的保压时间不能维持太久。当保压性能要求较高时，需要采用补油办法弥补回路的泄漏。

6. 平衡回路

平衡回路的功用在于防止垂直或倾斜放置的液压缸和与之相连的工作部件因自重而自行下落，是具有重力负载的系统必须考虑的问题。若重力负载变化不大，可用单向顺序阀（内控外泄式）的平衡回路；若重力负载变化较大，为降低系统功率消耗，应采用远控平衡阀（结构独特的外控外泄式顺序阀，又称为限速锁）的平衡回路。若需要执行元件在行程中长时间停留在任一位置，则需要安装液控单向阀实现锁紧。

7. 背压回路

在液压系统中设有背压回路，用以提高执行机构的运动平稳性，减少运动部件的爬行现象。一般背压压力在 0.3～1.0 MPa。

（二）速度控制回路

通过控制介质的流量来控制执行元件运动速度的回路，按功能不同分为调速回路和同步回路。

1. 调速回路

用来控制单个执行元件的运动速度，可以用节流阀或调速阀来控制流量。节流阀控制液压泵进入液压缸的流量（多余流量通过溢流阀流回油箱），从而控制液压缸的运动速度，这种形式称为节流调速；也可通过改变液压泵输出流量来调速，称为容积调速。

2. 同步回路

控制两个或两个以上执行元件同步运行的回路。例如采用把两个执行元件刚性连接的方法，以保证同步；用节流阀或调速阀分别调节两个执行元件的流量使之相等，以保证同步；把液压缸的管路串联，以保证进入两液压缸的流量相同，从而使两液压缸同步。

（三）方向控制回路

在液压系统中，起着控制执行元件的启动、停止和换向作用的回路，称为方向控制回路。方向控制回路有换向回路和锁紧回路。

1. 换向回路

换向回路是用来变换执行元件运动方向的。运动部件的换向，一般可采用各种换向阀来实现。在容积调速的闭式回路中，也可以利用双向变量泵控制油液的流动方向来实现液压缸（或液压马达）的换向。

（1）采用换向阀的换向回路

采用二位四通、二位五通、三位四通或三位五通换向阀都可以使执行元件换向。其中，二位阀可以使执行元件在正反两个方向运动，但不能在任意位置停止。三位阀有中位，可以使执行元件在行程中任意位置停止，而且利用滑阀的中位机能还可以使系统获得不同的性能。五位阀有两个回油口，执行元件正反两个方向运动时，在两个回油路上设置不同的背压可获得不同的速度。

换向阀的操作方式有手动、机动、电动或电液动等，可以根据工作需要来选择。其中电磁换向阀的换向回路应用最为广泛，尤其在自动化程度要求较高的组合液压系统中被普遍采用。对于流量较大和换向平稳性要求较高的场合，电磁换向阀的换向回路已不能适应上述要求，往往采用手动换向阀或机动换向阀作先导阀，而以液动换向阀为主阀的换向回路，或者采用电液动换向阀的换向回路。

在油压机和起重机等不需要自动换向的场合，常常采用手动换向阀来进行换向。

（2）采用改变双向变量泵的输油方向的换向回路

在闭式系统中可用双向变量泵控制油流的方向来实现液压执行元件的换向。

2. 锁紧回路

为了使工作部件能在任意位置上停留，以及在停止工作时防止在受力的情况下发生移动，可以采用锁紧回路。锁紧的原理就是将执行元件的进、回油路封闭。

(1)液控单向阀锁紧回路

在液压缸的进、回油路中都串接液控单向阀(又称液压锁)，活塞可以在行程的任何位置锁紧。其锁紧精度只受液压缸内少量的内泄漏影响，因此，锁紧精度较高。采用液控单向阀的锁紧回路，换向阀的中位机能应使液控单向阀的控制油液卸压(换向阀采用 H 形或 Y 形)，此时，液控单向阀便立即关闭，活塞停止运动。

(2)换向阀锁紧回路

换向阀锁紧回路是利用三位四通换向阀的中位机能(O 形或 M 形)可以使活塞在行程中的任意位置上停止运动并锁紧。但由于滑阀式换向阀的泄漏，这种锁紧回路能保持执行元件的锁紧时间不长，锁紧效果差。

三、高速铁路接触网作业车液压系统的作用原理与性能特点

(一)液压系统的图形符号

液压元件的图形符号是指用某一规定的简单图形来代表该元件。在液压系统图中，图形符号只反映各元件的职能和在油路连接上的相互关系，而不表示元件的具体结构和空间安装位置。使用图形符号既便于绘制，又可使液压系统简单明了。因此，在工程实际中，除某些特殊情况外，一般都是用图形符号来绘制液压系统原理图。JW-4G 型接触网作业车液压系统元件图形符号如表 2-8 所示。

表 2-8 JW-4G 型接触网作业车液压系统元件图形符号

序号	名 称	符 号	备 注	序号	名 称	符 号	备 注
1	压力表			9	溢流阀		
2	手油泵			10	回油过滤器	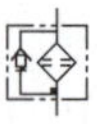	
3	测试胶管			11	测压接头		
4	手动换向阀	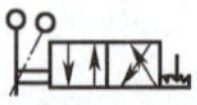	带定位器	12	球阀		
5	单向节流阀			13	双联泵	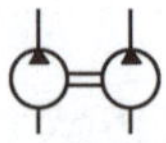	
6	液压泵			14	吸油过滤器	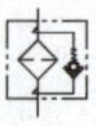	
7	单向阀			15	单向平衡阀	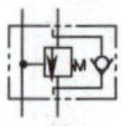	
8	三位四通电磁换向阀		中位机能为 M 形	16	空气过滤器		

续上表

序号	名　称	符　号	备　注	序号	名　称	符　号	备　注
17	二位四通电磁换向阀			25	液压制动器		中位机能为M形
18	液压马达			26	双作用液压油缸		
19	电磁溢流阀			27	双向平衡阀		可调式
20	双单向节流阀			28	二位四通电磁换向阀		
21	三位六通手动换向阀			29	三位四通电磁换向阀		中位机能为O形带手动功能
22	双向平衡阀		中位机能为Y形	30	三位四通电磁换向阀		中位机能为Y形带手动功能
23	液压油箱			31	双向液压锁		
24	手动换向阀						

(二)液压系统主要组成与工作原理

JW-4G型接触网作业车的液压系统主要作用是为升降平台、随车起重机、支腿、调平装置、冷却装置提供动力。其中作业平台油路、随车起重机油路、支腿油路、调平装置油路共用一套作业液压系统，由一个安装在齿轮箱一侧(靠发动机侧)排量为23 mL/r+5 mL/r双联齿轮泵分别向随车起重机、液压支腿油路装置、平台立柱、调平装置供油。冷却装置为单独的两套冷却液压系统，由一个安装在齿轮箱一侧(靠燃油箱侧)的排量为38 mL/r+38 mL/r的双联齿轮泵向冷却驱动装置两风扇马达供油。两种齿轮泵为常啮合齿轮，分别安装在齿轮箱两侧。

如图2-78所示，JW-4G型接触网作业车的液压系统由作业平台、随车起重机、液压支腿、调平装置、应急系统、冷却系统6个回路组成。

1. 随车起重机工作油路

油路压力通过起重机自带多路阀上的溢流阀来设定，油路设定压力为12 MPa，工作流量25 L/min。其工作原理为：将操纵台开关面板上的作业转换钥匙开关置于“取力”位后，扳动手动换向阀7.2的后油泵7，排出的高压油通过阀6进入阀7.2后，从该阀的A口通过管路引到随车起重机自带多路阀的进油口P1口上，此时操纵随车起重机多路阀手柄，可完成起重机卷扬、变幅、回转、伸缩四个动作。

2. 液压支腿油路

液压支腿装置在作业时起支撑作用，使整车稳定安全。其工作原理为：将阀件柜操作台面板上“调平、支腿”三位钥匙关置于“支腿”位，三位四通电磁换向阀14.3上电磁铁DT5得电，油泵3中排量5 mL/r油泵排出的工作油经过单向阀4后，进入电磁换向阀14.3的压力A口，通过管路引到左位液压支腿控制多路阀Z15F-YT-J的进油口P2口上，从该阀的A、B口经过双向液压锁进入液压支腿油缸的无杆腔和有杆腔，该多路阀回油联上设置有压力P3口，

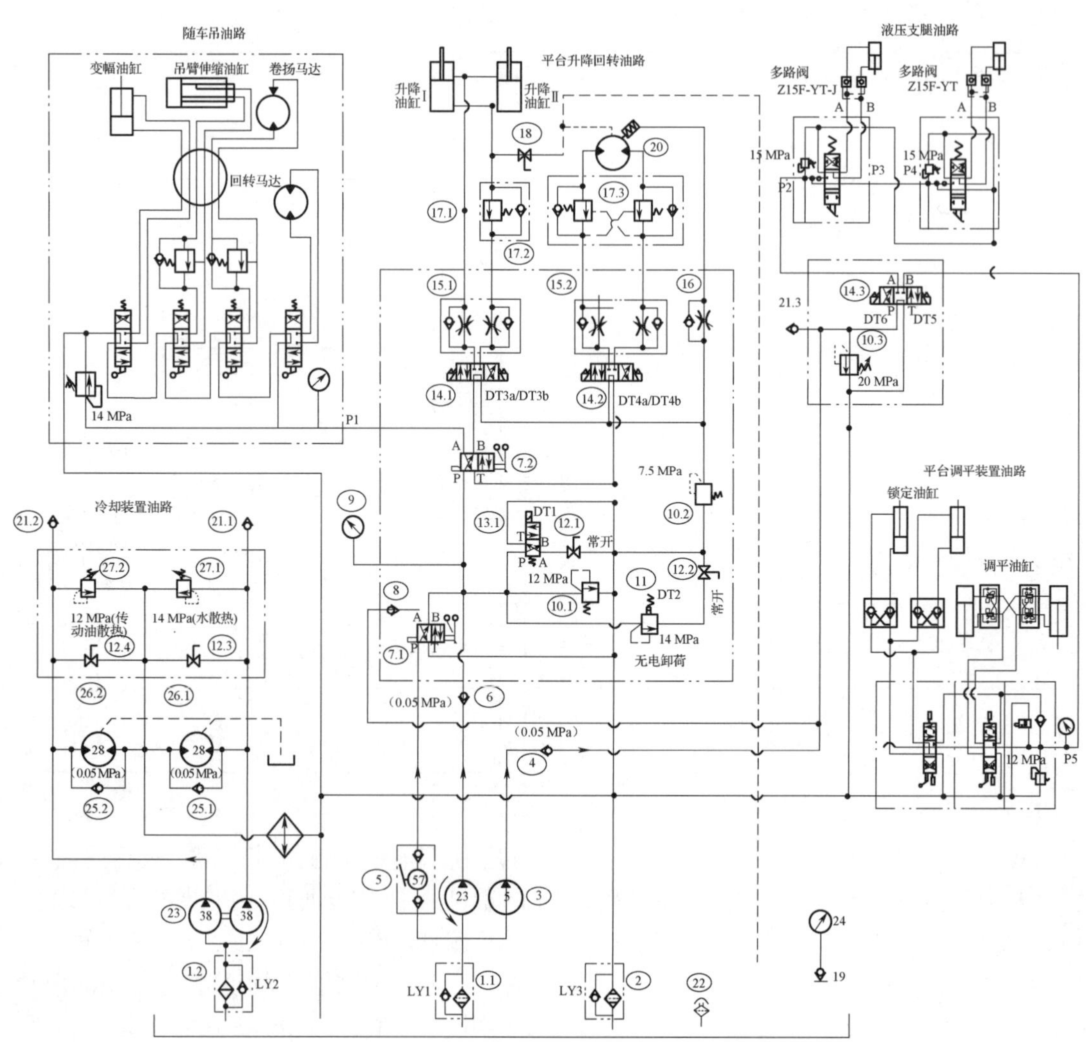

图 2-78 JW-4G 型接触网作业车液压系统原理图

通过该油口将压力油引到右位液压支腿 Z15F-YT 多路阀的 P4 进油口上，同样从多路阀 A、B 口经过双向液压锁进入右位液压支腿油缸的无杆腔和有杆腔。操作两个多路阀手柄完成支腿油缸的伸出和回缩，左右位的多路阀分别安装靠近液压支腿装置的车架下方。

左右位支腿油缸的最大压力由各个手动换向阀上溢流阀设定，压力设定为 15 MPa。

3. 调平装置油路

调平装置油路与支腿油路是通过三位四通电磁换向阀 14.3 来进行切换，将阀件柜操作台面板上“调平、支腿”三位钥匙关置于“调平”位，该阀的电磁铁 DT6 得电，油泵 3 出来的压力油经过阀 14.3 的 B 口后向调平装置多路阀的进油口 P5 供油。在调平装置控制台上的“自动调平、手动调平”开关置“自动调平”位时，通过角度传感器输出控制信号使调平油缸电磁阀得电，平台立柱就可以进行自动调平，在调平油缸油口上设置有双向平衡阀，作用是油缸在调平过程中动作平稳。调平装置的锁定和解锁是通过锁定油缸来完成的，锁定油缸上设置有双向液压锁，能使调平装置锁定可靠或解锁可靠，保证了行车安全和作业安全。

调平装置的压力设置是通过调平装置多路阀上的溢流阀设定的，设定压力为 12 MPa。

4. 应急回路

当液压系统或动力系统出现故障时，为了保证支腿及随车起重机能恢复到安全行车状态，设置有一个应急手动泵5。应急手动泵通过手动换向阀7.1切换，分别将油液送到平台作业系统回路和支腿、调平系统回路中，通过单向阀6、4分别与泵3中排量23 mL/r和排量5 mL/r油泵相互隔开，避免应急泵油通过损坏的油泵进入油箱。

5. 作业平台回路

升降回转作业平台回路工作过程为：由油泵3中排量23 mL/r油泵出来的工作油经手动换向阀7.2左位进入电磁换向阀14.1和电磁换向阀14.2，平台油缸升降由电磁换向阀14.1控制，平台回转由电磁换向阀14.2控制。升降油缸无杆腔端设置有单向平衡阀17.1，以保持升降动作平稳和停止状态不致失控。回转马达进出油路上设置有双向平衡阀17.2、17.3，防止车辆在外轨超高位置作业时平台回转超速。制动器油缸回路上设有单向节流阀16，节流阀开度已设好。单向节流阀的作用是使制动缸缓慢松开快速制动，保证作业安全。

为了避免制动油缸承受过高压力，将回转油路上溢流阀10.2设定为7.5 MPa。系统主溢流阀10.1设定压力为12 MPa。

电磁溢流阀11在高速运行时失电，系统处于卸荷状态，此电磁溢流阀的得失电是通过操纵台上的取力钥匙开关控制，压力设置为14 MPa。

6. 冷却回路

冷却装置采用液压马达26.1和26.2驱动，为发动机工作的水汽、液力传动油以及液压油散热装置提供动力，每台液压马达排量为28 mL/r。由于停机后风扇惯性带动马达继续旋转，在每个马达的进口油口上并联一个单向阀25，用以防止马达吸空。同时，马达进出油口上并联的球阀13，可防止出现的瞬间过高压力对系统的冲击。根据实际温度高低来开启或关闭球阀，使液压马达不工作或工作，从而控制发动机水温、液力传动油油温以及液压系统油温在适宜的温度下。

冷却系统压力通过溢流阀27来调整，水散热的回路溢流阀27.1压力调定为14 MPa，压力可通过测压接头21.1测量。传动油回路溢流阀27.2压力调定为12 MPa，压力可通过测压接头21.2测量。压力测量方法为：

拧开测压接头21.1、21.2、21.3上的防尘帽后与测试胶管19对接，观察与测试胶管另一端连接的压力表24显示的压力可知各溢流阀调定压力的大小。溢流阀压力设定完毕后需重新拧上测压接头和测试胶管的防尘帽。

（三）主要技术参数及性能特点

1. 液压系统主要技术参数（表2-9）

表2-9　液压系统主要技术参数表

发动机额定转速：2 100 r/min			
散热风扇驱动系统		作业平台系统	
高速运行时油泵转速	2 100 r/min	油泵工作转速	1 100 r/min
散热油泵排量	38 mL/r	油泵排量	23 mL/r
散热马达排量	28 mL/r	油泵输出流量	25 L/min
水散热风扇转速	1 650～1 800 r/min	主溢流阀设定压力	12 MPa
系统设定压力	14 MPa	支腿、调平装置系统	
传动油风扇转速	1 500～1 700 r/min	液压支腿溢流阀设定压力	15 MPa
系统设定压力	12 MPa	液压调平装置溢流阀设定压力	12 MPa

续上表

发动机额定转速:2 100 r/min			
油泵旋向	右旋	油泵排量	5 mL/r
		油泵输出流量	5 L/min
		油泵旋向	左旋

2. 液压系统性能特点

为了适应铁路产品节能降耗,液压系统设置有常开式电磁溢流阀和选用中位机能卸荷的电磁换向阀、多路阀。这样既保证车辆运行安全性,又起到节能作用。

作业平台回路设置有一条急停电控卸荷回路,急停控制按钮设在平台控制面板上。急停电磁换向阀 13.1 后设有一手动球阀 12.1(KHP-10),其作用是在急停电磁换向阀 13.1 发生故障而使整个液压系统建立不起压力时,可关闭此球阀切断急停卸荷回路即可建立起压力。电磁换向阀故障排除后应立即打开该球阀。

系统卸荷溢流阀 11 后设有一手动球阀 12.2(KHP-10),其作用是在系统卸荷溢流阀 11 发生故障而使整个液压系统建立不起压力时,可关闭此球阀切断系统卸荷回路即可建立起压力。卸荷溢流阀故障排除后应立即打开该球阀。

当平台升降油路中出现故障后,扳动回转马达旁的球阀 18 可将升降油缸的无杆腔油液排放回油箱,平台就可以下降,下降速度由该球阀的开口度决定。

思考题

1. 简述液压系统的基本组成及各部分作用。
2. 简述液压系统的基本工作原理。
3. 液压油的选用要求有哪些?
4. JW-4G 型接触网作业车液压系统主要由哪些回路组成?
5. JW-4G 型接触网作业车液压系统中,平台急控卸荷回路主要起什么作用?

第六节 高速铁路接触网作业车作业平台调平装置

一、作业平台调平装置基本结构及参数

为了适应外轨超高 125 mm 以上的高速铁路接触网检修作业,提高检修作业的安全性,JW-4G 型接触网作业车升降回转作业平台设计了自动调平装置(图 2-79)。调平装置与立柱共用一个安装平台,可根据外轨超高情况自动调整立柱,使作业平台处于水平状态作业。

(一)基本结构及工作原理

如图 2-80 所示,作业平台调平装置由调平机构、调平液压系统、调平电气控制系统、锁定机构等组成,整个机构安装在一个公用平台上,与主车架焊为一体,通过与主车液压系统、电气系统连接后即可工作。该装置具有良好的微动性能和较高的安全系数,同时具有自动和手动功能,在电磁阀失效时还可通过手动进行复位。其锁定机构可液压和机械双重锁定,具有足够的强度,可满足调平油缸失效的情况下的不调平作业的工况。

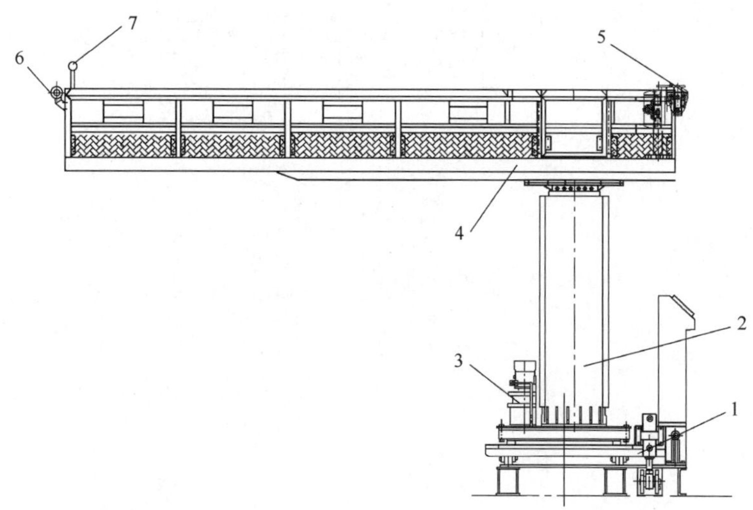

图 2-79　带自动调平装置的升降回转作业平台结构图

1—调平装置;2—立柱及升降机构;3—回转驱动装置;4—作业平台;
5—拨线装置;6—导线支撑装置;7—导线测量装置

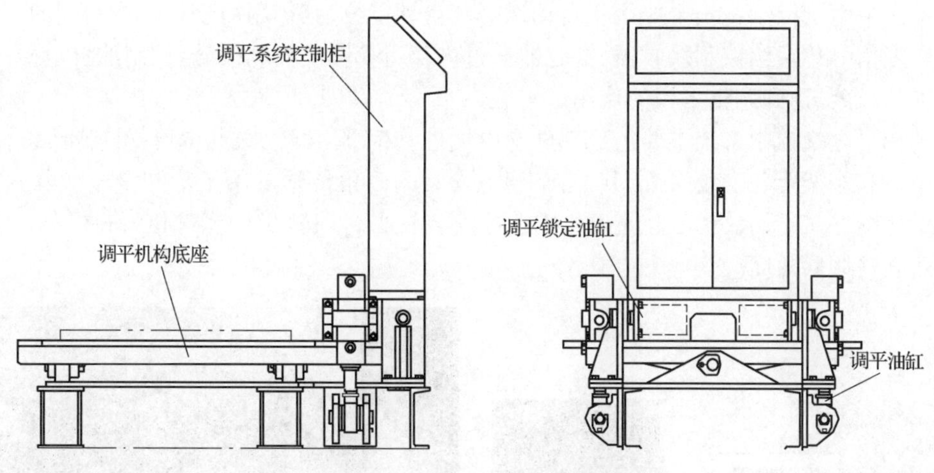

图 2-80　自动调平装置结构图

1. 调平机构

调平机构主要由调平底座、调平油缸、油缸安装座等组成。调平油缸垂直安装于调平机构两侧,油缸为双作用油缸。调平动作是依靠压力油经调平油缸的换向阀进入平衡阀后,使调平油缸的活塞杆稳定地处于某一位置。

2. 调平液压控制系统

作业平台调平液压控制系统主要由油泵、油缸、平衡阀、换向阀和液压锁等组成。液压油泵为齿轮油泵,安装在分动箱上,液压控制系统的动力源是由发动机自由端输入轴带动分动齿轮箱,分动齿轮箱驱动液压油泵对控制系统进行压力油的供应,再由两个换向阀分别控制两个调平油缸和两个锁定油缸,进行调平、锁定作业。调平装置液压控制系统原理图如图 2-81 所示。

3. 自动调平电气控制系统

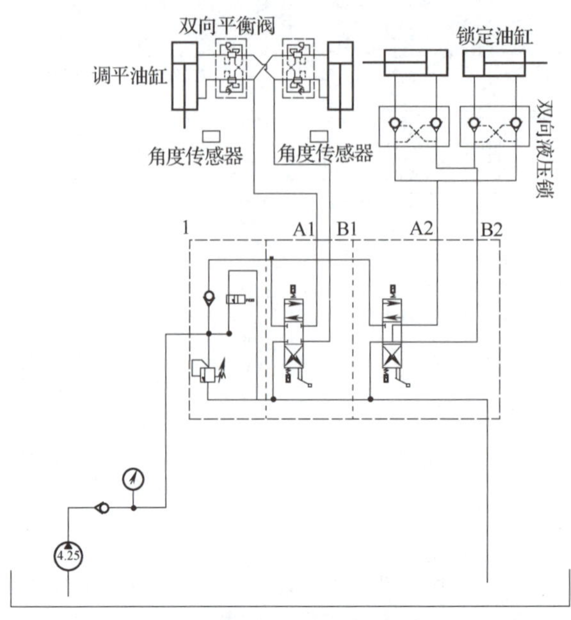

图 2-81　调平装置液压系统工作原理图

自动调平电气控制系统主要用于自动调平和自动复位，其作用原理是将检测到的车体、立柱倾斜角度信号传输给控制接收器，接收器通过内部运算输出控制信号，控制油缸电磁阀来调整油缸伸缩长度，达到调整平台的作用。

自动调平电气控制系统主要组成部件有电气控制柜、倾角传感器、电磁换向阀等。倾角传感器在平台和车架上各安装一个，其中：车架上安装的倾角传感器用于检测整车倾斜角度的，安装位置如图 2-82 所示；平台上的倾角传感器安装在平台回转机构底部位置（图 2-83），用于检测作业立柱倾斜角度。

图 2-82　车架倾角传感器

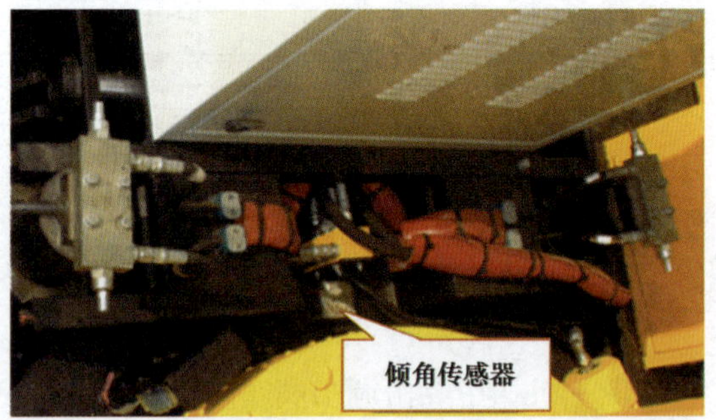

图 2-83　平台倾角传感器

自动调平装置的电气控制原理图如图 2-84 所示，其电气控制原理为：

（1）系统校准：首先在水平仪上校准安装在平台上的倾角传感器，进行初始化，再将安装在车架上的倾角传感器与安装在平台上的倾角传感器匹配校准，保证两者在同一工作面上检测的角度相同；

（2）当调平装置解除锁定系统开始自动调平时，由安装在平台上的倾角传感器检测平台偏斜角度（安装在车架上的倾角传感器不工作），并通过控制器向电磁阀发出指令，控制调平油缸动作，使作业平台处于水平位置；

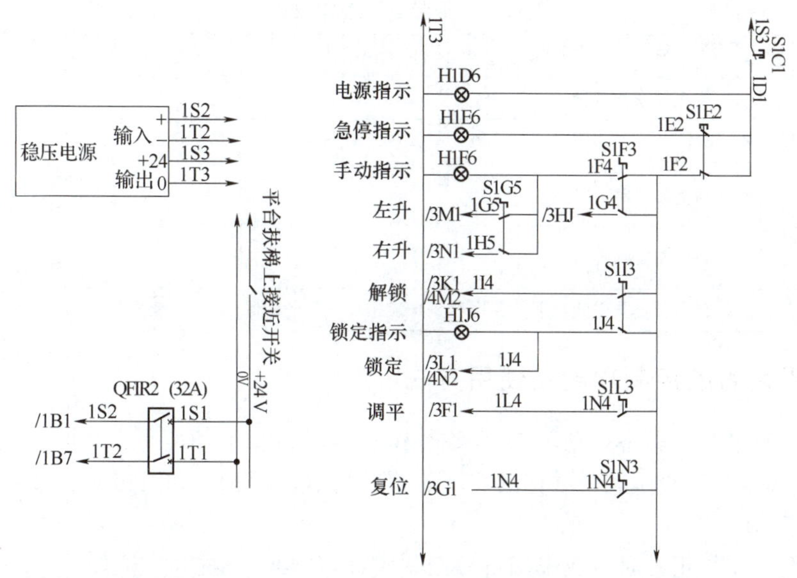

图 2-84 调平装置电气控制原理图

(3)调平精度的设定一般为0.5°～1.0°，以人觉察不到为宜，同时避免平台负载变化，造成机构角度微小变化从而出现频繁调平而造成平台抖动；

(4)调平复位时，由安装在平台上和安装在车架上的倾角传感器检测角度对比后通过控制器给电磁阀发出指令，控制调平油缸动作，使作业平台的倾斜角度和车架的倾斜角度相同即可进行锁定。

4. 锁定机构

锁定机构安装在调平装置电气控制柜下方，主要由锁定油缸、油缸安装底座、油缸锁定耳座组成，锁定油缸为双作用油缸，水平安装。车辆走行时，锁定油缸可将调平装置与车体连接为一体，使车辆走行平稳。其锁定动作的实现是压力油经锁定油缸的换向阀进入锁定油缸的无杆腔后推动活塞杆伸出至锁定耳座孔内；解锁动作的实现是压力油经锁定油缸的换向阀进入锁定油缸的有杆腔后推动活塞杆缩回至油缸无杆腔内。

(二)自动调平装置性能参数

JW-4G 接触网作业车所用自动调平装置型号为 ZDTP10，主要技术参数如下：

1. 工作性能参数(表 2-10)

表 2-10 调平装置工作性能参数表

序号	项　目	单位	参数值	序号	项　目	单位	参数值
1	最大调平外轨超高	mm	200	5	调平精度	°	±0.5
2	最小工作曲线半径	m	90	6	自动调平装置自重	kg	1 010
3	最大调平阻力矩	kN·m	90	7	左右倾摆角度	°	8
4	最大承载载荷	kg	6 000				

2. 系统作业参数(表 2-11)

表 2-11 调平装置系统作业参数表

序号	项 目	单 位	参数值
1	系统推荐流量	L/min	20
2	液压系统额定压力	MPa	20
3	调平油缸调平时间	s	17(左调平时间) 17(右调平时间)
4	插销油缸到位时间	s	5(锁定) 3(解锁)
注:表中的数值是指自动调平装置空载状态下及在推荐系统流量情况下的时间			

二、调平装置的控制功能及使用方法

作业平台调平装置具备自动调平、自动复位、自动锁定、手动调平、手动复位、手动锁定等自动和手动控制功能,整车调平动作的实现需要经由解锁、调平、复位和锁定四个环节。

1. 自动控制模式

系统各部工作均正常时一般采用自动控制模式,其操作流程和方法如下:

(1)车辆启动后,待回转立柱处于中位时升起至一定高度,方可进行调平作业,以确保调平时不与相关部件干涉。在调平作业工况下,将液压系统阀件柜控制面板上的"调平/支腿"钥匙开关置于"调平"位。

(2)将调平控制柜内电源开关打开,将"手动/自动"开关置于"手动"位,"锁定/解锁"开关置于"解锁"位,解锁锁定机构。

(3)解锁完成后,将"锁定/解锁"开关置于"中间"位,"手动/自动"开关置于"自动"位,自动调平开关置于"工作"位,此时调平油缸开始自动调平,同时自动调平开关上方的调平指示灯亮,表示调平油缸处于调平工作状态;待调平指示灯灭时,表明调平油缸已经完成调平动作,作业平台处于水平位置。此时,可将自动调平开关置于"关闭"位,操作人员上平台进行各项作业操作。

(4)作业结束后,进行调平复位操作。首先将自动复位开关置于"工作"位,此时,调平油缸开始复位动作,同时自动复位开关上方复位指示灯亮,表示调平油缸处于复位工作状态;待指示灯灭时,表示调平油缸已经完成复位动作,然后锁定油缸自动进行锁定动作,待锁定油缸活塞杆伸出至锁定耳座孔内不再动作,即完成调平装置锁定。

2. 手动控制模式

手动控制模式主要是手动调平、手动复位、手动锁定功能,一般在自动调平 PLC 控制中心发生故障时使用。其操作流程和方法如下:

(1)将调平控制柜内电源开关打开,将"手动/自动"开关置于"手动"位,将"锁定/解锁"开关置于解锁位,解锁锁定机构。

(2)解锁完成后,将"锁定/解锁"开关置于"中间"位;控制"手动左升/右升"开关调整油缸左升或者右升,使作业平台手动调到水平状态。作业平台调至水平状态后,将"手动左升/右升"开关置于"中间"位,操作人员上平台进行各项作业操作。

(3)作业结束后,先操作"手动左升/右升"开关,调整油缸左升或者右升,将作业平台和车体调到一致角度进行复位。

(4)复位完成后,将"手动锁定/解锁"开关置于"锁定"位,锁定油缸活塞杆伸出,此时注意观察锁定油缸活塞杆伸出方向是否在锁定耳座孔内,如不在应立即将"锁定/解锁"开关置于

"中间"位，重复上述操作直至锁定油缸活塞杆伸出方向在锁定耳座孔内，方可将"手动锁定/解锁"开关置于"锁定"位，使锁定油缸活塞杆伸出至锁定耳座孔内。

思考题

1. 简述 JW-4G 型接触网作业车平台调平装置的结构组成与特点。

2. 简述 JW-4G 型接触网作业车平台调平装置的调平电气控制过程。

3. 简述 JW-4G 型接触网作业车平台调平装置自动控制模式的操作流程和方法。

4. JW-4G 型接触网作业车平台调平机构的组成及作用原理是什么？

5. JW-4G 型接触网作业车平台调平装置具备什么功能？整车调平动作的实现需要经过哪几个环节？

复 习 题

1. JW-4G 型接触网作业车在车架与转向架、转向架与轮对之间设有连接装置，有什么作用？

2. JW-4G 型接触网作业车的轴箱设置有防倾覆装置，有什么作用？

3. 简述 JW-4G 型接触网作业车动力转向架的基本组成。

4. 与普速接触网作业车车轴轴承箱相比，JW-4G 型接触网作业车车轴轴承箱增设了哪些部件，各有什么作用？

5. JW-4G 型接触网作业车车轴轴承箱中，起吊挂板主要起什么作用？

6. WP12.480 型发动机润滑油的选用和更换应注意哪些事项？

7. 简述 WP12 系列发动机采用的电子控制单元(ECU)的主要组成与特点。

8. T211 型液力传动箱的主要性能特点有哪些？

9. 简述 JW-4G 型接触网作业车 DC 24 V 直流控制系统的基本工作过程。

10. JW-4G 型接触网作业车操纵台操作手柄主要起什么作用？

11. 当 JW-4G 型接触网作业车换挡控制器出现故障无法工作时，其调速和换挡如何实现？

12. 液压油的选用要遵循哪些原则？

13. JW-4G 型接触网作业车液压系统中，应急回路具有什么作用？

14. JW-4G 型接触网作业车平台调平装置的锁定和解锁是如何实现的？

15. JW-4G 型接触网作业车平台调平装置手动控制模式一般在什么情况下使用？有什么具体功能？

第三章 相关知识

高速铁路接触网作业车司机在掌握高速铁路接触网作业车安全知识和车辆构造与运用知识基础上，还应了解高速铁路行车组织和调度系统、高速铁路线路、列车运行控制系统、高速铁路防灾安全监控系统等相关知识，以促进行车安全。

第一节 高速铁路行车组织和调度系统

一、铁路列车调度指挥系统

铁路列车调度指挥系统(Train Operation Dispatching Command System，简称 TDCS)原名为铁路运输调度指挥管理信息系统(Dispatching Management Information System，简称 DMIS)。TDCS 系统是铁路运输调度指挥的基础设施，是铁路各级列车调度实现透明指挥、实时调整、集中控制的现代化信息系统，是保证行车安全、提高运输效率、改善行车指挥人员工作条件的重要行车指挥设备。

(一)系统组成与功能

TDCS 系统是全路联网的调度指挥系统，由铁道部中心 TDCS 系统、各铁路局调度所 TDCS 系统及参与联网车站 TDCS 系统三级构成。TDCS 系统能实时自动采集列车运行及现场信号设备状态信息，并传送到铁道部调度指挥中心和相应铁路局调度所，完成列车运行实时追踪、无线车次校核、自动报点、正晚点统计分析、交接车自动统计、列车实际运行图自动绘制、阶段计划人工和自动调整、调度命令及行车计划下达、站间透明、行车日志自动生成等功能，实现各级运输调度的集中管理、统一指挥和实时监督。

TDCS 系统整体结构示意图如图 3-1 所示。

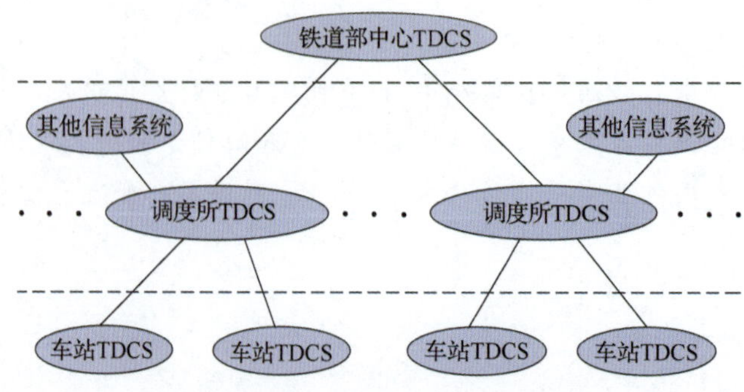

图 3-1 TDCS 系统整体结构示意图

图中的其他信息系统主要指现有的如铁路运输管理系统(TMIS)、车辆管理信息系统(CMIS)、集装箱系统、车次号自动识别系统(ATIS)等，目前主要指 TMIS。TDCS 系统在各铁路局调度所 TDCS 这一级与其他信息系统结合，向各级 TDCS 移设或互联，以便实现系统间的信息互通，数据共享，防止重复建设。如 TMIS 和 TDCS 的结合；相邻铁路局间（分界口）的信息交换；向其他信息系统提供列车运行调整计划、列车运行实际状况及列车运行早晚点情况等信息，接收列车运行计划、列车编组情况、站存车等信息。

（二）系统特点

1. 调度办公无纸化

以前大量使用的运行图、部分报表、调度命令本以及车站行车日志等逐渐停止使用，不同专业调度之间信息的传递也在网上完成。调度员不用纸张，只通过简单地点击鼠标即可实现运行图的自动绘制、调整、下达阶段计划和调度命令等操作。

列车运行的到发点由系统自动采集，实际运行线自动生成。每班的运行图一般均存放在计算机的存储器中，只在需要时才打印输出。

2. 流程管理程序化

通过详细描述列调工作中的设备、规则、方式、流程等条件，由程序智能控制作业流程，规范作业过程管理。

3. 安全检测智能化

强大的防火墙系统和入侵检测系统保证了 TDCS 系统作为行车设备要求的高度安全性，有效防止了黑客的非法入侵和病毒的侵入。

4. 信息交换网络化

调度员和车站值班员的信息交换全部采用网络传输，替代了原有的电话交流模式，包括计划的下达、到发点的上报、调度命令的下达等信息。采用电话下达的方式工作强度大，容易造成误报、错报的情况，网络下达高速、准确，很受调度员欢迎。以信息和网络技术替代既有的信息采集、交换方式，提高信息交换的效率和质量，提高了工作效率，保证了系统的高实时性和高可靠性。

5. 机车地面一体化

TDCS 系统利用无线列调系统为基础，开发了调度命令无线传输系统，实现了机车和地面的信息交换。

6. 调度指挥无声化

有了 TDCS 系统，调度员通过计算机网络来下达和获取相关的行车信息，实现行车信息共享，不再以电话联系为主要方式，改善了调度所原来嘈杂的工作环境。

7. 计划调整智能化

TDCS 系统采用人工智能技术编制了专家系统数据库，汇集了众多调度员多年实践经验，可以根据现场的实际情况、列车的运行状况、规定的原则，通过决策制定出列车运行调整方案，供调度员参考。调度员确认后可通过系统下达到车站并传送到其他相关调度员。

8. 系统设备综合化

TDCS 系统在铁路局层实现了不同设备之间的资源共享，优势互补，节约了投资，而且简化了现场设备，便于维护管理。

9. 设备维护远程化

TDCS 系统可以设备内置远程维护软件，使获得授权的系统维护人员通过计算机网络或电话拨号网可以在异地登录系统，对分布在全局范围内的设备进行远程维护。

（三）系统发展方向

随着高速铁路和客运专线的建设，针对高速度、高密度、高安全的运营需要，强调铁路运输生产各方面、各环节快速协调配合、高速运转的综合型运营调度指挥系统建设成为运输生产的迫切需要，根据铁道部铁路建设发展的总体思路，我国铁路以 TDCS 为平台，以调度集中（CTC）为核心，组建分散自律、智能化、高安全、高可靠的新一代调度集中系统，是实现铁路提速、高速以及减员增效的快速发展的根本保证。

二、分散自律调度集中系统

分散自律调度集中系统（Centralied Traffic Control，简称 CTC），也称列车集中控制，是控制中心（调度员）对某一调度区段的信号设备进行集中控制，对列车运行进行直接指挥、管理的技术设备。

（一）系统组成与功能

CTC 系统是在列车调度指挥系统基础上构建的，由铁路局 CTC 中心、车站子系统两级构成。分散自律调度集中除能实现列车调度指挥系统的全部功能外，还实现列车编组信息管理、调车作业管理、综合维修管理、列/调车进路人工和计划自动选排、分散自律控制等功能。

我国利用分散自律来解决行车和调车相互干扰的问题，实现在不影响列车运行的原则下，允许控制中心和车站通过调度集中系统自主进行调车的功能。在车站设立自律机，完成按照列车调整计划和《车站行车工作细则》（简称《站细》）正常接发列车以及协调列车运行、调车作业冲突的功能，实现列车和调车的统一控制，这一原则叫做“分散自律”控制原则。

分散是相对于控制中心集中控制而言，将过去由控制中心集中控制所有车站的列车作业方式改为由各个车站设备独立地控制各自的列车运行和调车作业。自律是依据各站的特点，系统按照《技规》、《铁路运输调度规则》（简称《调规》）、《行规》和《站细》等规则自动协调列车运行和调车作业的矛盾，自动控制列车进路和调车进路。其实质是比照铁路运输指挥的模式，将列车调度员指挥列车运行的过程和车站值班员指挥控制本站列车运行及调车作业的过程以形式化的描述纳入计算机处理。系统遵守的基本原则是列车运行优于调车作业，调车作业不得干扰列车运行。系统自动评判冲突并及时给予报警。

1. 铁路局 CTC 中心子系统

CTC 中心子系统一般设在铁路局调度所，负责指挥整个调度区段内列车的运行。包括：服务器、工作站及网络通信设备。

2. 车站子系统

车站子系统根据计划完成进路的选排、冲突检测、控制输出、调度作业计划单编制及调车作业进路控制功能。主要由自律机、车务终端、综合维护终端、电务维护终端、打印机、网络设备、联控系统接口设备和无线通信系统接口设备。

分散自律调度集中系统框图如图 3-2 所示。

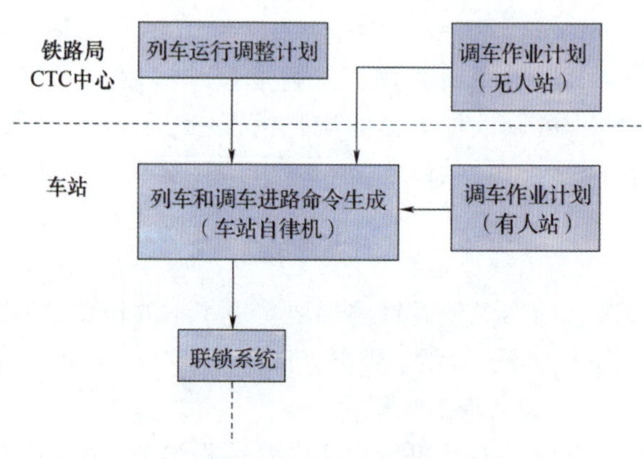

图 3-2　分散自律调度集中系统框图

(二)系统控制模式

CTC系统在信号设备控制与行车指挥方式上设有分散自律控制与非常站控两种模式。

1. 分散自律控制模式

分散自律控制模式是用列车运行调整计划自动控制列车进路,并具备人工办理进路的功能。

2. 非常站控模式

非常站控模式是当调度集中设备故障、发生危及行车安全的情况或行车设备施工、维修需要时,转换为车站控制台人工控制的模式,调度中心不具备直接控制权,系统完好时应具备TDCS功能。

在调度终端、车务终端、车站控制台上设置CTC控制模式状态表示灯:

(1)红灯亮:表示非常站控模式;

(2)绿灯亮:表示分散自律控制模式;

(3)黄灯亮:表示允许转回分散自律控制模式。

3. 模式转换

分散自律控制模式转向非常站控模式不检查任何条件,但需向列车调度员进行提示报警。分散自律控制模式下,当发生紧急情况时,按下联锁操表机上的"非常站控"按钮,可将CTC控制模式转为非常站控模式。

非常站控模式在满足下列两个条件时,可通过再次按下联锁操表机上的"非常站控"按钮,转换回分散自律控制模式:

(1)CTC设备正常;

(2)非常站控模式下无正在执行的按钮操作。

三、高速铁路的运输组织

(一)高速铁路运输组织模式

高速铁路的运输组织模式是指高速铁路是客运专线还是客货共线,列车运行方案是采取本线全高速旅客列车运行还是本线高速与跨线旅客列车共线运行。目前,高速铁路的运输组织模式主要有:

(1)既有线改造,客货列车共线运行模式。

(2)全部新建客运专线,全部运行高速旅客列车模式。

(3)高速线与既有线并行修建,本线全部开行高速旅客列车或本线与跨线旅客列车共线运行模式。按高速线与既有线的分工不同,其运输组织模式又分为两种:

① 高速线全部开行高速旅客列车,本线客流一律乘坐高速列车,跨线客流在接轨站换乘。既有线除开行全部货物列车外,还开行旅客列车,高速列车不下高速线,既有线旅客列车也不上高速铁路运行。

② 本线与跨线旅客列车共线模式。在高速线上既开行本线的高速旅客列车,又开行跨线旅客列车。既有线除开行全部货运列车外,还开行少量旅客列车,跨线客流可不必在接轨站换乘。

(二)高速铁路运输组织特点

世界各国的高速铁路,根据本国的具体情况,在运输组织工作上采用了不同的模式,其基本特点为：

(1)运输服务系统覆盖旅客旅行服务的全过程，最大限度地满足不同层次的旅客出行需求。

(2)充分满足旅客出行需求，适应客流变化，制定运输计划和旅客列车开行方案。

高速铁路主要为满足旅客快速旅行需求服务，因此列车运行图规定的列车种类、数量、始发终到和途中停靠车站及其停站时分，都要从最大限度满足不同层次的旅客出行需求出发，统筹兼顾，合理安排，做到：

① 认真调研并确定高速铁路网沿线范围内的基本旅客群体及其出行的“黄金时间带”，在该时间带提供高频率、高质量的列车服务。

② 调整和优化列车开行方案。除开行适应季度客流、星期客流和日间客流变化规律的国内和管内各类不同速度、不同行程和不同停站的高速列车外，还发展了高速线与既有线以及国际高速铁路之间的联程运输，甚至开行挂有运送小轿车的专门车辆的高速穿梭旅行列车。

③ 重视与既有铁路和其他交通方式的协调配合，方便旅客换乘。

除了上述共性之外，各主要国家的高速铁路列车开行方案也具有各自的特性：

日本高速铁路与既有线不联轨，高速铁路的列车开行方案具有统筹优化高速铁路与既有线、高速铁路与其他交通方式在各换乘地点和时间配合的特点。

与日本不同，法国高速铁路一般在铁路枢纽与既有线联轨，为减少旅客换乘而发展了高速列车下高速线、沿既有线运行至客流终到站的延伸服务模式。因此特别重视与既有线运行图在联轨站的协调配合和高速列车下线后在既有线的停靠方案及其时间安排。

德国高速铁路采用昼夜分区的客货混行模式，昼间运行旅客列车，夜间运行货物列车，在昼夜交替的时间段则为客货混行。因此除重视昼间高速列车与普通城间列车的配合外，还特别重视在客货混行时间段的客货列车时间安排，尤其注意避免客货列车在区间隧道中交会，以保证行车安全。

(3)建立以高新技术为基础的安全保障体系

由于列车运行速度的提高和行车密度的增大，行车安全成了一个非常突出的、受到特别关注的问题。因此，对技术设备提出了必要的安全要求，如保证轨道的稳定性，改进车辆结构与材料，采用复合制动技术，建立电力牵引供电系统的检测、监控和保护装置以及高速铁路正线采用全封闭、全立交方式等。特别是建立了以人为核心的人—机—环检测、控制和管理系统，包括列车控制与行车指挥自动化系统，技术设备的检测、控制、整备与维修系统，故障自动诊断、报警和防护系统，环境检测与报警，事故和灾害的应变、救援和恢复系统，自然灾害的预报、监测、报警、防护与减灾等。高速安全技术是与一系列高新技术互相融合、彼此渗透、不可分割的前导技术和综合集成技术，是铁路现代化的标志。

(4)建立以调度中心为中枢的运营管理总体系统

铁路调度指挥系统是组织铁路日常运输活动的管理中枢，又是对运输过程进行实时监督调整的指挥中心。它在协调各部门工作，提高列车运行质量，确保行车安全，保持运输系统整体有序运行方面起着重要的核心作用。调度指挥系统的主要任务是制定和执行运输工作日常计划，进行实时的生产调度指挥工作。

为提高生产的有序性、实现各部门间联合生产的协同性以及对外界干扰的适调性，调度指挥系统具有约束控制、协调配合和应变调整三项基本功能。而要充分发挥这三项基本功能，必须在调度指挥工作中坚持集中领导和统一指挥的基本原则，并构建与之相适应的组织机构。

高速铁路的调度指挥系统，最典型的是以日本为代表的，根据高速客运专线特点和需要，按照新的思路构成的综合型调度指挥系统，简称“综合型”系统。这种系统的主要特点在于其构建思路充分考虑了高速运行、高新技术含量所伴随的高风险性及运输安全保障对调度指挥系统的高度依赖性，突出了安全的重要地位；并从广义的运输系统概念出发，即将运输系统视为包含多部分的庞大复杂的人—机—环境动态系统，以保证运输安全和稳定有序为首要目标，构建信息化、集成化和智能化的综合调度指挥系统。日本新干线的“综合调度中心”所设置的智能结构、业务范围，除传统的各种调度业务以外，还设立有关线路设备管理、维修、保养，供电系统的监视、遥控，通信设备的监控、检修以及发生灾害、事故抢修处理等业务调度，如图 3-3 所示。

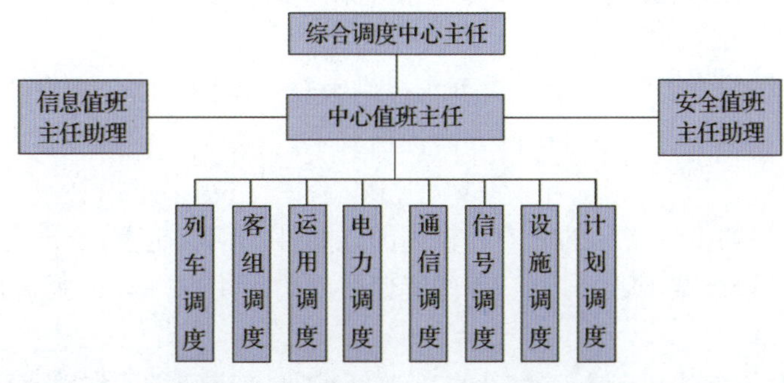

图 3-3 综合调度中心职能结构示意图

思考题

1. 简述铁路列车调度指挥系统(TDCS)的组成与功能。
2. 简述分散自律调度集中系统 CTC 的组成与功能。
3. 分散自律调度集中系统 CTC 的控制模式有哪些?
4. 简述我国目前高速铁路运输组织模式的特点。
5. 简述铁路调度指挥中心的作用和基本功能。

第二节 高速铁路线路基础

新建铁路最高运行速度达到 250 km/h 及以上，或既有线改造最高运行速度达到 200 km/h及以上的铁路称为高速铁路。

一、高速铁路轨道结构组成及特点

(一)高速铁路轨道结构

高速铁路轨道结构主要类型有有砟轨道和无砟轨道两种。

有砟轨道是铁路的传统结构，具有弹性良好、价格低廉、更换与维修方便、吸噪特性好等优点。但随着行车速度的提高，有砟轨道不均匀下沉产生的 120 Hz 以下频率范围的严重激振，使轨道破损和变形加剧，维修工作量明显增加，维修周期明显缩短。

无砟轨道具有使用寿命长、线路状况良好、不易胀轨跑道、高速行车时不会有石砟飞溅等优点，因此在高速铁路获得了越来越广泛的应用。无砟轨道结构在高速铁路上的大量铺设已成为发展趋势。

（二）高速铁路对轨道结构的要求

高速铁路有砟轨道在结构上与普通线路有砟轨道无本质区别，只是在部件性能、技术水平和养护维修等方面标准更高、要求更严。

1. 稳定的轨道结构

高速铁路采用由 60 kg/m 强韧化钢轨、重型预应力混凝土轨枕、优质弹性钢轨扣件和硬质道砟道床组成的重型轨道，不仅可以使轨道变形小、结构稳定、使用可靠、轨面平顺，而且可以起到减少振动的作用。从高速铁路轨道承受的载荷看，采用重型轨道结构不仅可以减少线路的垂直沉降，而且可以增大轨道横向推移阻力，保持线路的方向顺直。

2. 平顺的运行表面

为保证高速行车的需要，轨道必须为列车提供平顺的运行表面。为保证运行表面的平顺，高速铁路轨道主要从钢轨和轨下基础两方面提出要求。

（1）钢轨

钢轨应具有足够的抵抗变形的能力和较高的强韧性。钢轨越重，抵抗变形的能力越强，因此，高速铁路要铺设较重型钢轨。目前，我国提速线路均采用 60 kg/m 强韧化钢轨。

（2）轨下基础

混凝土、扣件和道床构成了有砟轨道的基础，而整体道床则是无砟轨道的基础。

对有砟轨道，影响基础稳固的主要因素是道床。除道砟本身材料的质量外，道床顶面承受的应力是造成道床破坏的主要因素。减少道床应力最简便的方法就是铺设重型钢轨和支承面较大的混凝土枕。我国高速铁路普遍采用长度为 2.6 m 的Ⅲ型混凝土轨枕及与之配套的弹条扣件。

3. 良好的轨道弹性

轨道具有良好的弹性，不仅可以使轨道具有较强的抗振动与抗冲击能力，而且有利于减少噪声干扰。高速铁路轨道结构弹性良好包括两方面的含义：一是为高速行车引起的振动提供“吸振”作用足够的弹性；二是沿轨道纵向弹性的均匀性。

有砟轨道的弹性主要由散粒道砟道床和轨下垫层提供；无砟轨道的弹性主要由混凝土基床与轨道板之间的乳化沥青水泥砂浆和轨下垫层提供。

对高速铁路而言，除轨道结构本身应具有良好的弹性外，轨道结构弹性的均匀性也是十分重要的。对此，要注意如下问题：（1）采用硬质道砟；（2）采用同样材质道砟；（3）道床密实度均匀；（4）枕下垫层厚度一致，弹性均匀。

4. 可靠的轨道部件

轨道结构在运行中除要确保轨道部件的可靠性外，各部件的良好整合也是十分重要的。轨道结构是由不同形状、不同材料组成的，在承受各种力的作用时表现出不同的功能，但它们的工作状态又是互相关联的。例如钢轨扣件是把钢轨固结在轨枕上的部件，它既有足够的扣压力使钢轨和轨枕形成整体，同时又要与轨下垫层有良好的配合，两者之间的弹性必须一致。如果工作性能不匹配或任何一个部件损坏，都会改变其他部件的受力状态，从而破坏轨道结构的整体性和工作性能。

（三）高速铁路轨道结构组成

和普通轨道结构一样，高速铁路轨道结构也由钢轨、轨枕、扣件、道床、道岔等部分组成。

但由于列车速度的提高，为了保证高速铁路轨道的安全性、可靠性和平顺性，其轨道各部件的力学性能、使用性能和结构性能均比普通轨道部件高得多。

1. 钢轨

高速铁路的钢轨要有足够的强度、韧性、耐磨性、稳定性和平顺性，这样才能满足列车在高速运行时对平顺性的要求。另外在经济上要能保证合理的大修周期，以减少养护维修工作量。

2. 无砟轨道

无砟轨道是用整体混凝土结构代替传统有砟轨道中的轨枕和散粒体碎石道床的轨道结构。这种轨道结构能保持线路的稳定和平顺，提高了轨道的稳定性。同时由于取消了道砟层，不仅大大减少了线路养护维修工作量，而且在很大程度上减轻了工人的劳动强度。我国高速铁路广泛采用无砟轨道，主要结构形式有：CRTSⅠ型板式（图 3-4）、CRTSⅡ型板式、CRTSⅠ型双块式、CRTSⅡ型双块式、轨枕埋入式岔区无砟轨道和板式岔区无砟轨道（也称板式道岔）等。

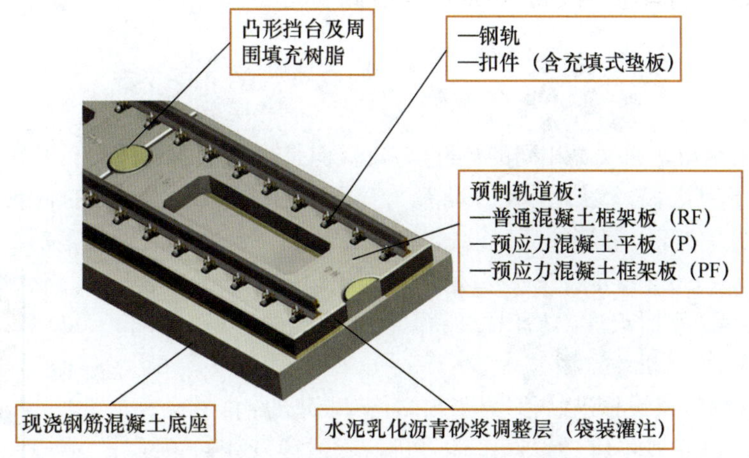

图 3-4　CRTSⅠ型板式无砟轨道结构

3. 轨枕

高速铁路全部采用混凝土轨枕，其主要优点是：纵横向阻力大，能提供足够的稳定性，可满足高速铁路的要求。我国高速铁路选用长度为 2.6 m 的Ⅲ型轨枕。

4. 扣件

高度铁路扣件除了应具有普通铁路钢轨扣件具有的一切性能外，还应具有许多特殊的功能：保持轨距能力强、足够的防爬阻力、良好的减振性能、零部件精度高、可靠性好、结构简单、绝缘性能好。

5. 道岔

道岔是机车车辆从一股道转入或越过另一股道的线路设备，是影响列车行车速度和安全的关键线路设备之一。高速铁路正线道岔应采用 18 号及以上的可动心轨道岔，正线与到发线连接应采用 18 号可动心轨道岔，两正线间的渡线应按功能需要选用 18 号及以上可动心轨道岔，始发或终到车站以及改、扩建车站，在特别困难条件下，可采用 12 号道岔。

6. 道床

道床是轨道结构的重要组成部分。散粒体道床不仅要承受轨枕传递的各种力的作用，保持轨道结构的稳定，而且要便于进行养护，主要具有如下功能：

承受轨枕传递的各种作用力，并均匀传到较大的路基面上，使之不能超过基本面的容许应力；保持轨道在横向、竖向、纵向的稳定，提供平直的行车轨道；能减缓和吸收轮轨间的冲击和振动。

7. 无缝线路

无缝线路是由许多根标准长度的钢轨焊接成为一定长度的钢轨线路。与普通线路相比，无缝线路在相当长的一段线路上消灭了钢轨接头，因此具有行车平稳、旅客舒适、节省接头材料、降低维修费用、延长线路设备和机车车辆使用寿命等优点，可以适应高速行车的需要，是铁路轨道的发展方向。

无缝线路可以阻止钢轨随温度影响产生长度变化。焊接长钢轨的温度应力与轨温变化幅度有关，而与焊接钢轨长度无关，因此无缝线路可以无限延长，形成跨区间无缝线路。跨区间无缝线路最大限度地减少了钢轨接头，取消了缓冲区，线路防爬能力强，钢轨的纵向力分布均匀，锁定轨温容易保持，进一步改善了行车工况。

二、高速铁路行车信号、行车标志和线路标志

（一）行车信号与行车标志

1. 信号机

高速铁路采用与普通铁路相同的色灯信号机，但是根据不同的情况信号机的设置不尽相同。在既有线提速区段，其信号机的设置与显示仍采用原有方式；在兼顾货运的200～250 km/h高速铁路区段，其信号机的设置与显示同既有线；在不兼顾货运的200～250 km/h高速铁路和300～350 km/h高速铁路区段，区间不设通过信号机，车站的进、出站信号机平时灭灯，只有对以隔离模式运行的动车组列车和施工路用列车，信号机才点亮。

在CTCS-3级区段设置进站信号机、出站信号机、进路信号机、进站预告标；正线、到发线不宜设置调车信号机，岔线、段管线与正线、到发线相衔接时，根据需要设置调车信号机；区间不设通过信号机，在闭塞分区分界处设置区间信号标志牌（图3-5）。

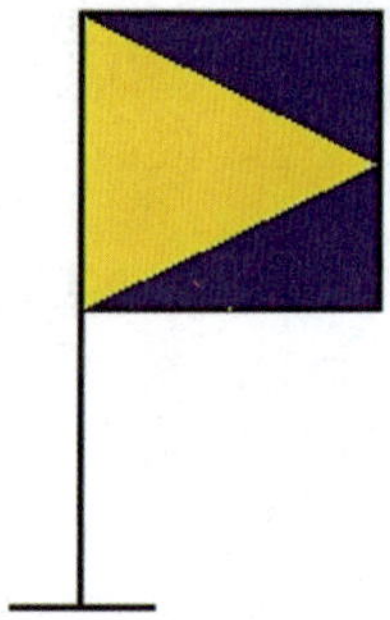

图3-5 区间信号标志牌

2. 轨道电路

轨道电路在高速铁路中主要起两个作用。一是监督列车的占用，二是传递行车信息。

在既有线提速区段，区间采用ZPW-2000A型无绝缘轨道电路，站内采用25 Hz相敏轨道电路。在新建高速铁路区段，区间采用ZPW-2000A/K型无绝缘轨道电路，中间站站内和大站的正线及到发线采用ZPW-2000A/K型无绝缘轨道电路，只有大站的站内其他轨道电路区段才采用25 Hz相敏轨道电路。站内与区间轨道电路相同时，称为一体化轨道电路。

ZPW-2000A型无绝缘轨道电路分主轨道和调谐区两个部分，调谐区标志分为Ⅰ型、Ⅱ型和Ⅲ型三种：

Ⅰ型为反向区间停车位置标，涂有白底色、黑框、黑"停"字、斜红道，标明调谐区长度的反光菱形板标志，如图3-6(a)所示。

Ⅱ型为反方向行车困难区段的容许信号标，涂有黄底色、黑框、黑"停"字、斜红道，标明调谐区长度的反光菱形板标志，如图3-6(b)所示。

Ⅲ型用于反方向运行合并轨道区段之间的调谐区或因轨道电路超过允许长度而设立分隔点调谐区标志，涂有蓝底色、白"停"字、斜红道，标明调谐区长度的反光菱形板标志，如图3-6

(c)所示。

(a)

(b)

(c)

图 3-6 轨道电路调谐区标志

以上三种调谐区标志均使用黑白相间的立柱。

高速铁路接触网作业车正常运行中(非封锁区间进入),一旦停入调谐区,必须立即短接轨道电路,防止行车事故的发生。

3. 转辙设备

转辙设备包括转辙机、外锁闭装置、密贴检查器、下拉装置和融雪设备,用来对道岔进行转换和锁闭,并给出道岔表示。

提速道岔均采用外锁闭方式,由交流转载机牵引,有 S700K 型、ZYJ7 型、ZDJ9 型。其他道岔均采用 ZD6 型系列电动转载机。

4. 应答器

应答器是一种采用电磁感应原理构成的高速点式数据传输设备,用于在特定地点实现地面与列车间的相互通信。应答器是列控系统中车地信息传输的主要设备之一,可向列控车载设备传送线路基本参数(如线路坡度、区段长度等)、线路速度信息(如线路最大允许速度、列车最大允许速度等)、临时限速信息、车站进路信息、道岔信息和其他信息(如固定障碍物信息、列车运行目标数据等)。

应答器以报文的形式发送信息,根据所传输报文是否可变,可分为固定信息应答器(无源应答器)和可变信息应答器(有源应答器)。

应答器一般设置在进站信号机(含反方向进站信号机)、进路信号机、到发线两端、上下行线路靠近区间中继站的位置、闭塞分区入口处和区间与站内的适当地点。

在上下行线路靠近区间中继站控制的第一个有源应答器位置处设置中继站标志牌(图 3-7)。该标志采用白底色、写有黑"××号中继站"标记的反光长方形板,装设于邻近的接触网支柱上。

图 3-7 中继站标志牌

5. 级间转换标志

在 CTCS-2 级区段与 CTCS-0/1 区段的分界处,设置级间转换应答器组,以实现列控车载设备与列车运行监控装置之间的转换。在级间转换应答器组对应的线路左侧设级间转换标志。该标志采用白底色、黑框、写有黑"C2"或"C0"标记的反光菱形板及黑白相间的立柱，如图3-8(a)所示。

图 3-8　级间转换标志

在CTCS-3级区段与CTCS-2级区段转换边界一定距离前设置GSM-R连接、无线闭塞中心连接、转换预告、转换执行、转换取消应答器组，以实现CTCS-3级与CTCS-2级的级间转换。在级间转换应答器组对应的线路左侧设级间转换标志。该标志采用涂有白底色、黑框、写有黑"C3"或"C2"标记的反光菱形板及黑白相间的立柱，如图3-8(b)所示。

（二）线路标志

线路标志包括公里标、半公里标、曲线标、桥梁标、隧道标、涵渠标、坡度标及设备管理单位的界标等。

线路标志应设置在最近的接触网支柱上，实际位置应在钢轨轨腰或无砟轨道底座上标注。公里标、半公里标的标志牌底边距轨面距离为3.0 m，曲线标、坡度标、桥梁标的标志牌底边距轨面距离为0.5 m。

桥梁地段的曲线标、坡度标、桥梁标可设置在线路一侧的防护墙上，标志牌顶边距防护墙顶面距离为0.1 m。隧道地段的标志应设在边墙上，高度距轨面距离为3.0 m。

车站无接触网支柱地段，线路标志的相关内容应标注在站台侧面。

思考题

1. 与有砟轨道相比，高速铁路无砟轨道有什么优点？
2. 高速铁路对轨道结构主要有哪些要求？
3. 与普通线路相比，无缝线路具有哪些优点？
4. 既有提速线路和新建高速铁路轨道电路各有什么特点？
5. 应答器的设置位置和作用是什么？

第三节　列车运行控制系统

列车运行控制系统（简称为列控系统）是铁道智能化的重要组成部分，它根据与先行列车之间的距离及进路条件，在车内连续地显示出容许的运行速度，列车按速度的显示自动或人工控制其运行。在该系统中，车载信号直接指示列车应遵守的速度，可靠地防止由于人为因素所造成的事故。列控系统已普遍应用于高速铁路、既有线路及城市轨道交通。

为了适应中国高速铁路、客运专线的迅速发展和保证铁路运输安全的需要，在参考欧洲列车运行控制系统 ETCS(European Train Control System)规范基础上，我国逐步形成了中国列车运行控制系统 CTCS(Chinese Train Control System)标准体系。

一、CTCS 基本功能

(一)安全防护

在任何情况下可防止列车无行车许可运行和超速运行，包括：列车超过进路允许速度；列车超过线路结构规定的速度；列车超过机车车辆构造速度；列车超过临时限速及紧急限速；列车超过铁路有关运行设备的限速。

(二)人机界面

为司机提供必须的显示、数据输入及操作装置。

(1)能够以字符、数字及图形等方式显示列车运行速度、允许速度、目标速度和目标距离。

(2)能够实时给出列车超速、制动、允许缓解等表示以及设备故障状态的报警。

(3)司机输入装置应配置必要的开关、按钮和有关数据输入装置。

(4)标准的列车数据输入界面，可根据运营和安全控制要求对输入数据进行有效性检查。

(三)检测功能

(1)具有开机自检和动态检查功能。

(2)具有关键数据和关键动作的记录功能及检测接口。

(四)可靠性和安全性

(1)按照信号故障导向安全原则进行系统设计。

(2)采用冗余结构。

(3)满足电磁兼容性相关标准。

二、CTCS 系统分级

CTCS 系统由地面子系统和车载子系统组成，根据系统配置按功能划分为 5 级。

(一)CTCS-0 级

CTCS-0 级(简称 C0 级)由通用机车信号+列车运行监控记录装置组成，为既有系统。适用于列车最高运行速度 160 km/h 以下的区段。

(二)CTCS-1 级

CTCS-1 级(简称 C1 级)由主体机车信号+安全型运行监控记录装置组成，点式信息作为连续信息的补充，可实现点边式超速防护功能。

1. 地面子系统

(1)轨道电路

完成列车占用检测及完整性检查，连续向列车传送控制信息。车站正线采用与区间同制式的轨道电路，侧线采用与区间同制式的叠加电码设备。

(2)点式信息设备

设置在车站附近，主要用于向车载设备传输定位信息。

2. 车载子系统

(1)主体机车信号

完成轨道电路信息的接收与处理。

(2)点式信息接收模块

完成点式信息的接收与处理。

(3)安全型运行监控记录装置

实时监测列车运行速度,对列车运行控制信息进行综合处理,控制列车按命令运行。

(三)CTCS-2 级

CTCS-2 级(简称 C2 级)是基于轨道电路和点式应答器传输控车信息,并采用一体化设计的列车运行控制系统。系统面向提速干线和客运专线,适用于各种线路速度区段,地面可不设通过信号机。CTCS-2 级列车运行控制系统构成图如图 3-9 所示。

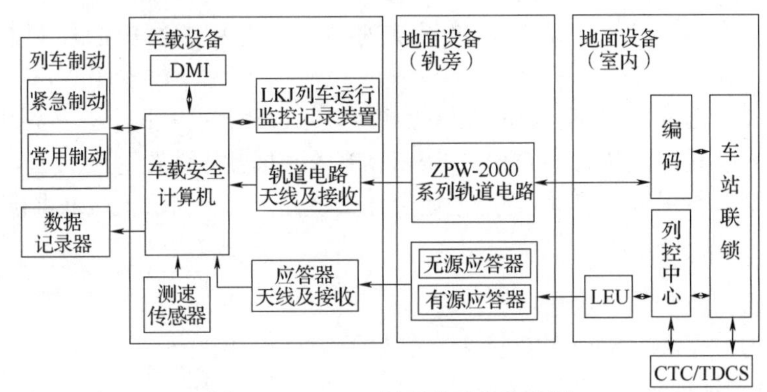

图 3-9　CTCS-2 级列控系统构成图

1. 地面子系统

(1)列控中心

根据列车占用情况及进路状态计算行车许可及静态列车速度曲线并传送给列车。

(2)轨道电路

完成列车占用检测及完整性检查,连续向列车传送控制信息。车站与区间采用同制式轨道电路。

(3)点式信息设备

用于向车载设备传输定位信息、选路参数、线路参数、限速和停车信息等。

2. 车载子系统

(1)连续信息接收模块

完成轨道电路信息的接收与处理。

(2)点式信息接收模块

完成点式信息的接收与处理。

(3)测速模块

实时监测列车运行速度并计算列车走行距离。

(4)设备维护记录单元

对接收信息、系统状态和控制动作进行记录。

(5)车载安全计算机

对列车运行控制信息进行综合处理,生成控制速度与目标距离模式曲线,控制列车按命令运行。

(6)人机界面

车载设备与司机交互的设备。

(7)运行管理记录单元

规范司机驾驶，记录与运行管理相关的数据。

(8)预留无线通信接口

(四)CTCS-3 级

CTCS-3 级(简称 C3 级)是基于无线传输信息，并采用轨道电路等方式检查列车占用的列车运行控制系统，点式设备主要传送定位信息。C3 级列控系统可以叠加在 C2 级控制系统上。系统面向客运专线，地面可不设通过信号机，司机凭车载信号行车。

1. 地面子系统

(1)无线闭塞中心(RBC)

使用无线通信手段的地面列车间隔控制系统。它根据列车占用情况及进路状态向所管辖列车发出行车许可和列车控制信息，所使用的安全数据通道不能用于话音通信。

(2)无线通信(GSM-R)地面设备

作为系统信息传输平台完成地—车间大容量的信息交换。

(3)点式设备

主要提供列车定位信息、选路参数、线路参数、限速和停车信息等。

(4)轨道电路

主要用于列车占用检测及完整性检查，并连续向列车传送信息。

2. 车载子系统

(1)无线通信(GSM-R)车载设备

作为系统信息传输平台完成车—地间大容量的信息交换。

(2)点式信息接收模块

完成点式信息的接收与处理。

(3)测速模块

实时监测列车运行速度并计算列车走行距离。

(4)设备维护记录单元

对接收信息、系统状态和控制动作进行记录。

(5)车载安全计算机

对列车运行控制信息进行综合处理，生成目标距离模式曲线，控制列车按命令运行。

(6)人机接口

车载设备与司机交互的接口。

(7)运行管理记录单元

规范司机驾驶，记录与运行管理相关的数据。

(五)CTCS-4 级

CTCS -4 级(简称 C4 级)完全基于无线传输信息的列车运行控制系统。地面可取消轨道电路，由无线闭塞中心和列控车载设备共同完成列车定位和完整性检查，实现虚拟闭塞或移动闭塞。

1. 地面子系统

(1)无线闭塞中心(RBC)

使用无线通信手段的地面列车间隔控制系统。它根据列车占用情况及进路状态向所管辖列车发出行车许可和列车控制信息,所使用的安全数据通道不能用于话音通信。

(2)无线通信(GSM-R)地面设备

作为系统信息传输平台完成地—车间大容量的信息交换。

2. 车载子系统

(1)无线通信(GSM-R)车载设备

作为系统信息传输平台完成车—地间大容量的信息交换。

(2)测速模块

需要时,实时监测列车运行速度并计算列车走行距离。

(3)设备维护记录单元

对接收信息、系统状态和控制动作进行记录。

(4)车载安全计算机

对列车运行控制信息进行综合处理,生成目标距离模式曲线,控制列车按命令运行。

(5)人机接口

车载设备与司机交互的接口。

(6)全球卫星定位或其他设备

提供列车定位及速度信息。

(7)列车完整性检查设备

(8)运行管理记录单元

规范司机驾驶,记录与运行管理相关的数据。

(六)CTCS 系统级间关系

符合 CTCS 规范的列车超速防护系统应能满足一套车载设备全程控制的运用要求:

(1)系统车载设备向下兼容。

(2)系统级间转换应自动完成,且不影响列车正常运行(级间转换标志见图 3-9)。

(3)系统地面、车载设备如具备条件,在系统故障条件下应允许降级使用。

(4)系统各级状态应有清晰的表示。

三、CTCS 控制模式

CTCS-3 级的控车模式有完全监控、引导、目视行车、调车、隔离、待机等模式;CTCS-2 级为后备控车模式,有完全监控、部分监控、目视行车、调车、隔离、待机和机车信号等模式。

(1)完全监控模式是列车的正常运行模式。列车按高于允许速度 2 km/h 报警、5 km/h 常用制动、10 km/h 紧急制动(250 km/h 以下)或 15 km/h 紧急制动(250 km/h 及以上)设置。列控车载设备根据控车数据自动生成目标距离模式曲线,司机依据人机界面显示的列车运行速度、允许速度、目标速度和目标距离等信息控制列车运行。

(2)引导模式是在进站或出站建立引导进路后,列控车载设备按照最高限速 40 km/h 控车模式。CTCS-3 级控车时,引导模式下列控车载设备显示动态速度曲线和目标距离。

(3)目视行车模式是司机控车的固定限速模式,限速值为 40 km/h。列控车载设备显示停车信号或位置不确定时,在停车状态下司机按压专用按钮使列控车载设备转入目视行车模式。

(4)调车模式是动车组进行调车作业的固定限速模式，限速值为 40 km/h。司机按压专用按钮使列控车载设备转入调车模式。只有在列车停车时，司机才可以选择进入或退出调车模式。CTCS-3 级控车时，只能在车站内转入调车模式。

(5)隔离模式是列控车载设备制动功能停用的模式。列车停车后，根据调度命令，司机操作隔离手柄使列控车载设备转入隔离模式。

(6)待机模式是列控车载设备上电后的默认模式。列控车载设备自检和外部设备测试后，自动处于待机模式。在待机模式下，列控车载设备正常接收轨道电路及应答器信息，同时输出制动，司机不得移动列车。

CTCS-3 级列控车载设备六种模式之间的转换见表 3-1。

表 3-1　列控车载设备六种模式之间的转换

当前模式 \ 转换模式	完全监控模式	引导模式	目视行车模式	调车模式	隔离模式	待机模式
完全监控模式	—	人工	人工/停车	人工/停车	人工	人工
引导模式	自动	—	人工/停车	人工/停车	人工	人工
目视行车模式	自动	人工	—	人工/停车	人工	人工
调车模式	—	—	—	—	人工	人工
隔离模式	—	—	—	—	—	人工
待机模式	—	人工	人工/停车	人工/停车	人工	—

(7)部分监控模式仅适用于 CTCS-2 级控车，是列控车载设备接收到轨道电路允许行车信息，而缺少应答器提供的线路数据或限速数据时使用的模式。列车侧线发车时使用部分监控模式，在列车通过出站信号机应答器组后自动转为完全监控模式。列车正线停车后，经道岔侧向发车时使用部分监控模式，在列车通过出站应答器组后自动转为完全监控模式。

在部分监控模式下，列控车载设备给出如下限速值：

①侧线发车，列控车载设备接收到的轨道电路信息为 UU 码时，人机界面显示固定限速值 45 km/h；接收到轨道电路 UUS 码时，人机界面显示固定限速值 80 km/h。

②引导接发车，列控车载设备接收到的轨道电路信息为 HB 码时，人机界面显示固定限速值 40 km/h。

③当列控车载设备接收到轨道电路允许行车信息，而缺少应答器提供的线路数据或限速数据时，最高限速值为 45 km/h。

(8)机车信号模式是装备 CTCS-3 级列控车载设备的动车组在 CTCS-0/1 级区段运行时使用的模式。经司机操作后，列控车载设备转为最高限速 80 km/h 控车模式。在机车信号模式下，地面信号显示为行车凭证。

(9)装备 CTCS-3 级列控车载设备的动车组列车，完全监控模式下根据无线闭塞中心或应答器提供的过分相长度、位置等信息，结合动车组运行速度，向动车组提供自动过电分相信息。

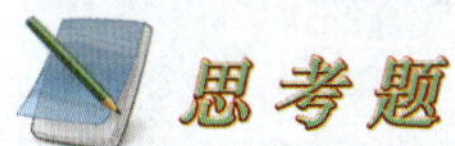

思考题

1. 简述列车运行控制系统(CTCS)的基本功能。
2. 列车运行控制系统(CTCS)根据系统配置，按功能划分为几级？

3. 简述 CTCS-3 级的基本组成。

4. 试述 CTCS 人机界面的作用。

5. CTCS-2 级的部分监控模式对侧线发车和引导接发车是如何规定的?

第四节 高速铁路防灾安全监控系统

一、高速铁路防灾安全监控系统基本知识

高速铁路由于列车高速度、高密度运行,一旦发生事故,后果相当严重。因此,高度铁路对行车安全保障体系提出了更高的要求。除了要求保证线路、机车车辆、牵引供电以及通信信号等设备安全性外,对各种可能发生的灾害,如强风、暴雨、大雪、地震及火灾等自然灾害,坍方落石、异物侵入限界、非法侵入等突发性灾害,都要实施全面监测,即建立防灾安全监控系统,实施全面、准确、实时的安全监控,提供经处理后的灾害预警、限速、停运等信息,为列车调度员调整列车运行计划,发布行车限速、抢险救援等命令提供依据,保证列车运行安全。

高速铁路防灾安全监控系统应根据沿线的风速、降雨量、降雪量、地震烈度、地质条件以及线路环境、设计速度等情况,建立相应的防灾安全监控系统,对风雨雪、地震灾害和异物侵限、轨温(预留)等实时监测报警、预警、控制列车停车;并可实现与 CTC、运营调度、监控及数据采集系统(SCADA)等系统接口,传送相关信息。

防灾安全监控系统一般包括信息采集、信息传输和信息处理三部分,对自然灾害(风、雨、洪水及地震)、轨温及火灾、突发事故、异物侵限及非法侵入等内容进行监测或控制。我国高速铁路防灾安全监控系统总体构成如图 3-10 所示。

下面分别对高速铁路防灾安全监控系统中常用的雨量及洪水监测子系统、风监测子系统和异物侵限监测子系统进行介绍。

二、雨量及洪水监测子系统

铁路洪水灾害不像地震、风灾那样具有突发性,而是按积少成多、循序渐进的规律,因汛期雨水多而形成灾害的。为防止洪水对高速铁路带来的灾害,需要建立雨量及洪水监测子系统。该系统根据高速铁路沿线气象、水文、灾害历史以及线路的路基、桥梁等设计状况,有针对性地设置监测终端,有效地制定运营及防洪措施。

图 3-11 为雨量及洪水监测子系统结构图。该系统由水文气象数据采集终端、数据处理与预报(中央装置)、数据传输与控制三大部分组成。

降雨警报标准的确定是非常复杂的问题,报警限速虽然保证了灾害发生时的安全,但如果灾害没有发生就会使列车误点或停运,破坏了正常运输。为此,设定限速标准时,要确实把握现场情况,结合高速铁路水害类型制定雨量报警方式及警戒值,既要保证安全,又要使运输损失控制在最低程度;同时还要根据恢复整治加固、环境变化,经常予以调整。

遇有降雨天气,重点防洪地段 1 小时降雨量达到 45 mm 及以上时,列车限速 120 km/h;1 小时降雨量达到 60 mm 及以上时,列车限速 45 km/h。1 小时降雨量降至 20 mm 及以下,且持续 30 mm 以上,可逐步解除限速。沿线雨量信息由防灾安全监控系统提供,当降雨量达到警戒值时,防灾安全监控系统自动报警,列车调度员应根据报警信息和限速提示立即向相关列车发布限速调度命令。对来不及发布调度命令的列车,应立即通知司机限速运行,司机应按相

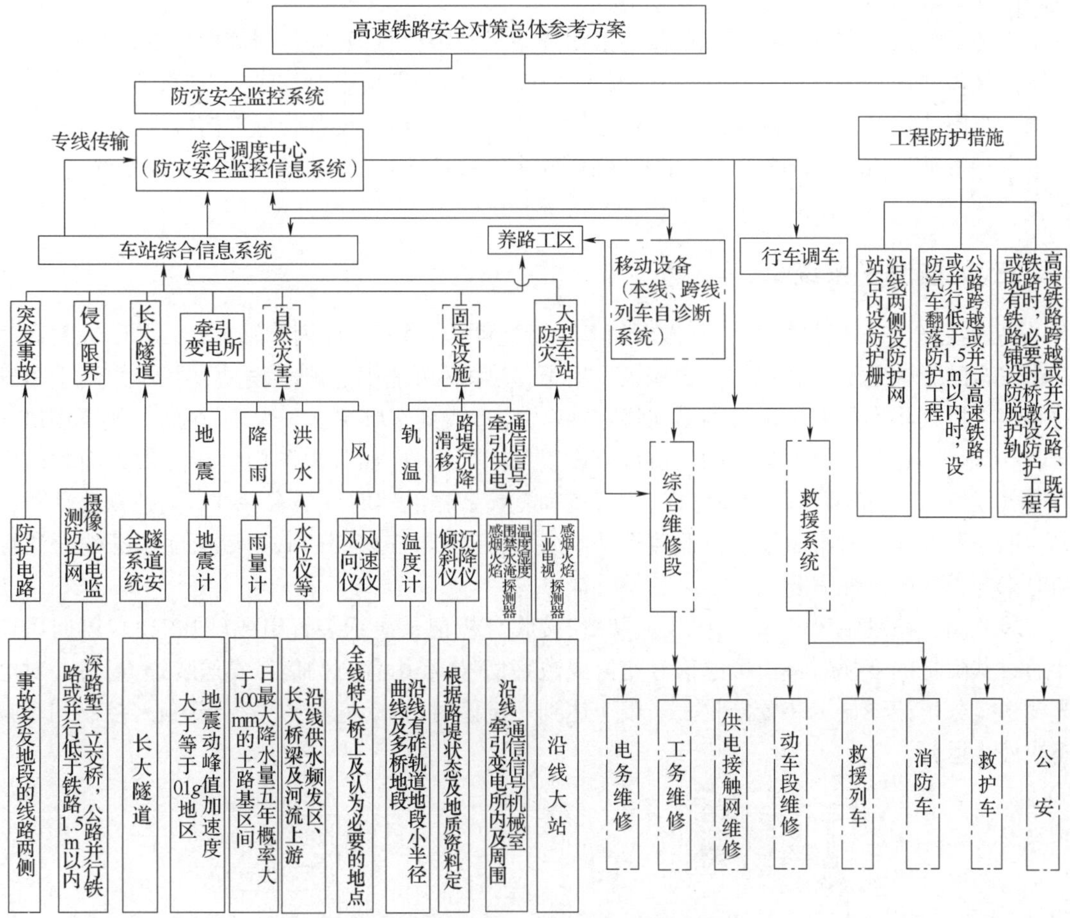

高速铁路安全对策总体参考方案
防灾安全监控系统
专线传输
综合调度中心（防灾安全监控信息系统）
工程防护措施
车站综合信息系统
养路工区
移动设备（本线、跨线列车自诊断系统）
行车调车
沿线两侧设防护网站台内设防护栅
公路跨越或并行高速铁路，或并行低于1.5 m以内时，设防汽车翻落防护工程
高速铁路跨越或并行公路、既有铁路时，必要时桥墩设防护工程或既有铁路铺设防脱护轨
突发事故
侵入限界
长大隧道
牵引变电所
自然灾害
固定设施
大型车站防灾
地震
降雨
洪水
风
轨温
路堤沉降滑移
通信信号牵引供电
综合维修段
救援系统
防护电路
摄像、光电监测防护网
全隧道安全系统
地震计
雨量计
水位仪等
风速风向仪
温度计
沉降倾斜仪
温度湿度围禁水淹感烟火焰探测器
感烟火焰工业电视探测器
事故多发地段的线路两侧
深路堑、立交桥，公路并行铁路或并行低于铁路1.5 m以内
长大隧道
地震动峰值加速度大于等于0.1g地区
日最大降水量五年概率大于100 mm的土路基区间
沿线供水频发区、长大桥梁及河流上游
全线特大桥上及认为必要的地点
沿线有砟轨道地段小半径曲线及多桥地段
根据路堤状态及地质资料定
沿线通信信号机械室牵引变电所内及周围
沿线大站
电务维修
工务维修
供电接触网维修
动车段维修
救援列车
消防车
救护车
公安

图 3-10　我国高速铁路防灾安全监控系统总体构成图

综合调度中心（防灾安全监控系统）
车站综合信息系统
雨量及洪水监测子系统中央装置
设于综合维修段或综合工区内
RTU数据终端
设于综合工区或监测站内
风速、风向
气压
大气温度
雨量
…
水位
…
洪水测量
…
冲刷仪
…
防撞监视仪
…

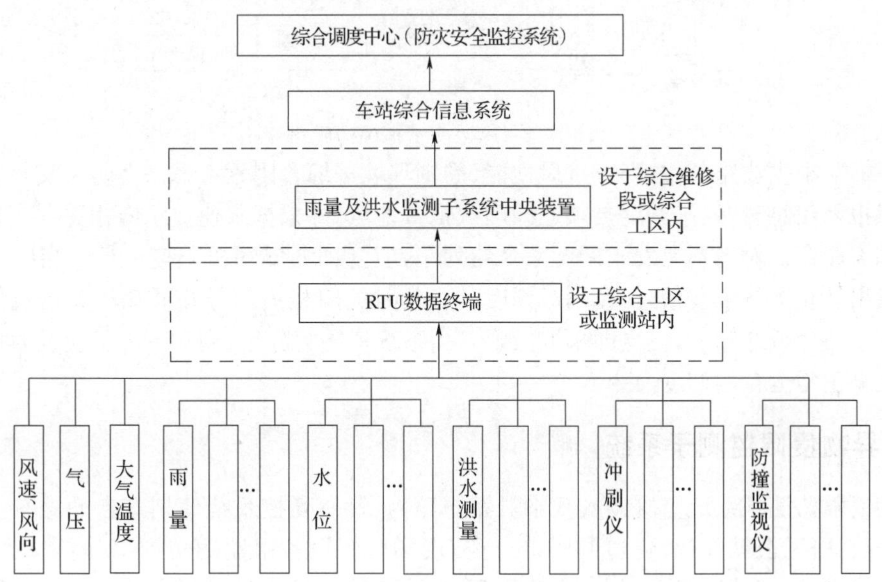

图 3-11　雨量及洪水监测子系统结构图

应的限速要求运行。

工务、电务、供电等设备管理单位要根据降雨量报警信息,及时进行雨中检查,特别要加强对重点区段和设备的检查,并将检查情况报告相关部门。发现影响行车安全时,须及时通知列车调度员限速运行或封锁线路。需开行接触网作业车检查时,设备管理部门应提出申请,调度值班主任批准后,由列车调度员发布调度命令(内容包括运行区段、停车地点及安全注意事项)实施。

三、风监测子系统

高速铁路与普速铁路相比,一方面列车运行速度快,另一方面列车轴重轻,因此,风对高速铁路安全的影响是不容忽视的。强横风作用下,接触网可能引起剧烈摆动、翻转;作用于车辆的侧向大风则将影响列车运行的横向稳定性,可能造成列车倾覆。长大桥、车站一般要设风速计,空旷地带风期长、风力强劲的风口也应设置风向风速计,而气象部门只能提供大面积范围内的气候概况,不能满足高速铁路点、线特点和具体数据的实时性要求,所以,高速铁路针对风灾害所采取的安全对策是建立风监测子系统(系统还需与气象部门联网以保证数据的合法性和对未来天气的预测需要)。

风监测子系统由风向风速计、发送装置、接收分析记录显示装置组成(图 3-12),风向风速计通过其附带的变换器将模拟电信号变换成数字信号,经由各自的信号发送装置,通过一对电缆发送至分析记录显示装置接收。当风速达到一定值时,自动通知中央控制中心,控制列车减速或停止运行。

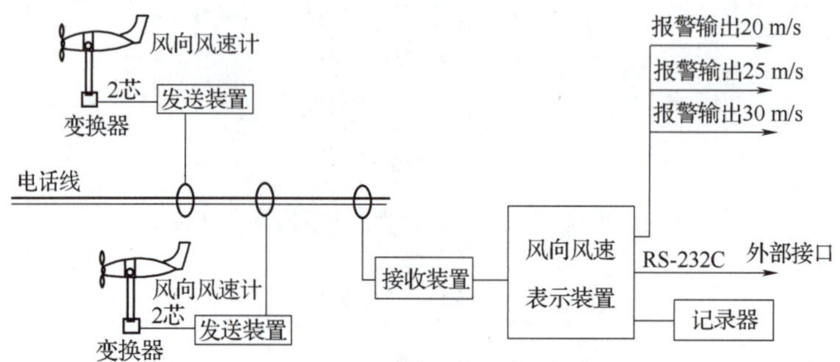

图 3-12 风监测子系统构成图

警报标准根据线路条件、列车抗风性能、周围环境等综合因素考虑。遇防灾安全监控系统提示大风报警信息时,列车调度员须立即确认报警地点,并根据限速提示向相关列车发布限速运行的调度命令。对来不及发布调度命令的列车,应立即通知司机限速运行。当防灾安全监控系统发出禁止运行报警信息时,列车调度员应及时关闭相关信号并通知相关司机停车。司机接到调度命令或通知后,应立即采取措施。当系统报警解除后,列车调度员应及时向相关列车发布恢复正常运行的调度命令。

四、异物侵限监测子系统

异物侵限监测子系统监测侵入铁路限界的异物,触发列控系统使列车自动停车。异物侵限包括公跨铁桥、公铁并行、隧道洞门口三类,现场监测设备由监测防护网(内嵌双电网传感器)、轨旁控制器、安装附件和传输线缆等组成,轨旁控制箱安装在接触网支柱上(距地面约 400 mm)或线路外侧(混凝土基础固定),监测信息通过电缆传送至离监测点最近的通信基站防灾监控单元内。

列车调度员接到防灾监控终端异物侵限灾害报警信息后，应立即通知已进入区间的列车禁止通过异物侵限报警点线路，并不再向区间放行列车。待线路具备开通条件后，列车调度员将防灾安全监控系统复原按钮解锁，并通知进入区间的列车恢复正常行车。

当视频监控系统不能显示、显示不清或显示无异状时，列车调度员应立即向开往异物侵限灾害报警地段的第一趟列车发布以目视行车速度接近报警点的调度命令。列车司机改按目视行车模式，查清线路情况，向列车调度员报告。

列车调度员接到持有限速调度命令的列车司机通过线路无异常的报告后，应将防灾安全监控系统复原按钮解锁，并通知进入区间的列车恢复正常行车。

思考题

1. 简述高速铁路防灾安全监控系统的作用。
2. 当降雨量达到警戒值防灾安全监控系统报警时，列车运行应注意什么事项？
3. 遇防灾安全监控系统提示异物侵限灾害报警信息时，列车运行应注意什么事项？
4. 试述降雨量与限速值的关系。
5. 列车调度员接到异物侵入灾害报警信息时的工作处理要求有哪些？

复 习 题

1. 铁路列车调度指挥系统(TDCS)的特点有哪些？
2. 分散自律调度集中系统 CTC 的控制模式是如何转换的？
3. 目前，高速铁路的运输组织模式主要有哪些？
4. 为保证高速铁路运行表面的平顺，从钢轨和轨下基础两方面分别提出了哪些要求？
5. 高速铁路设置的信号主要有哪些？
6. 简述 CTCS 级间转换应设置什么标志。
7. 高速铁路接触网作业车正常运行中停入调谐区时，司机应如何处理？
8. 简述 CTCS-2 级的基本组成。
9. 简述列车运行控制系统(CTCS)的级间关系。
10. 列车运行控制系统(CTCS)的控车模式主要有哪些？
11. 遇降雨量报警，需开行接触网作业车检查时，应如何办理行车？
12. 遇防灾安全监控系统提示大风报警信息时，列车运行应注意什么事项？

实作技能

ShiZuo JiNeng

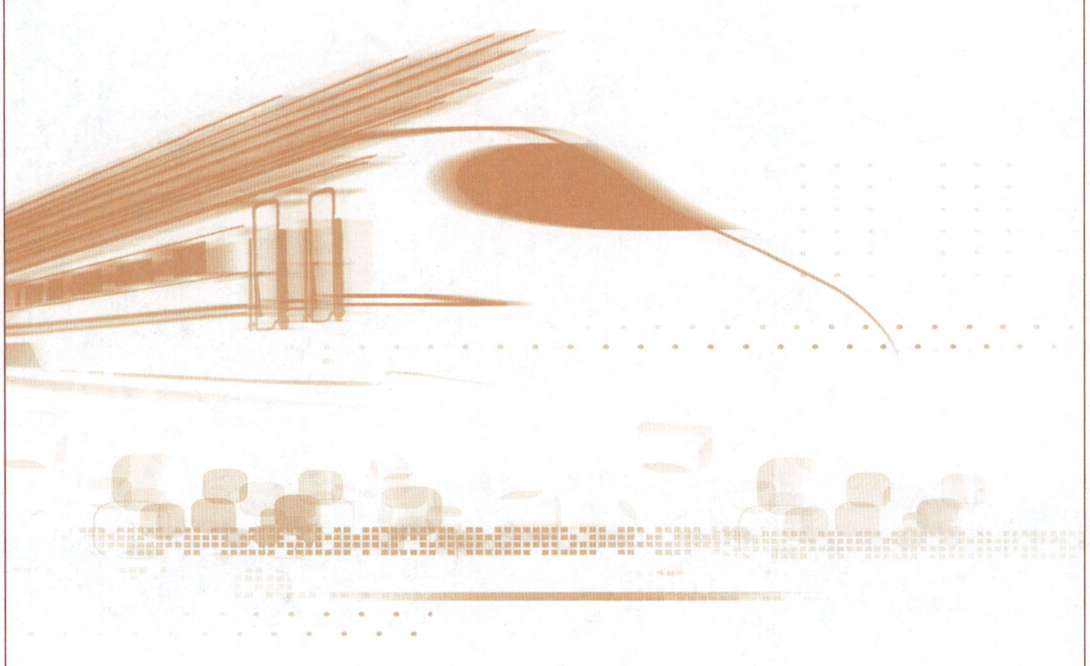

第四章　基 本 技 能

高速铁路接触网作业车上线运行时,必须配备轨道车运行控制设备(GYK)、机车综合无线通信设备(CIR)、GSM-R手持终端等行车安全装备;对车载行车安全装备,司机应掌握其操作方法和运行数据的处理。同时,为保证高速铁路接触网作业车施工作业安全,对作业车的随车设备、机具等,司机也应掌握其使用与保养要求。

第一节　行车安全装备运用

一、轨道车运行控制设备(GYK)

(一)GYK组成

如图4-1所示,GYK由主机、人机界面单元(DMI)、机车信号接收线圈、机车信号机、速度传感器和外部接口(主机与压力传感器、电磁阀、熄火装置、轴温监测、无线列调的接口)等组成。

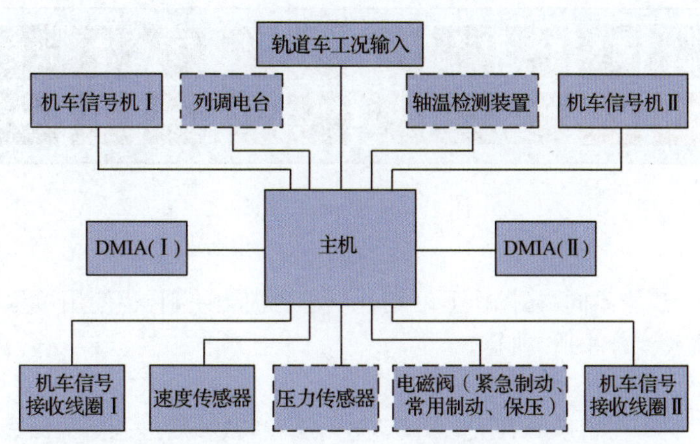

图4-1　轨道车运行控制设备组成结构示意图

(二)GYK显示界面与按键

1. GYK显示界面

如图4-2所示为GYK地面数据模式的界面。

(1)屏幕最上方显示车载信号当前的信号状态,其显示内容分别为:“速度窗口”、“限速窗口”、“距离窗口”、“信号上下行窗口”、“公里显示窗口”、“日期和时间窗口”。

(2)屏幕右侧的状态窗口指示车辆状态,其显示内容分别为:“故障”、“紧急”、“常用”、“熄火”、“解锁”、“对标”、“控制权(有权/无权)”、“交路”、“上行/下行”、“支线”、“前进/后退”、“空挡”、“轴温”、“本务/补机”、“Ⅰ/Ⅱ端”、“制式”。

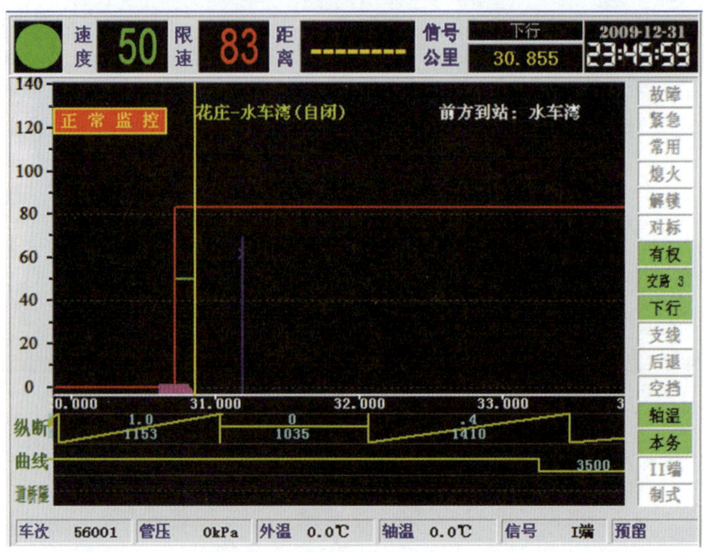

图 4-2 地面数据模式界面

(3)屏幕下侧窗口分别显示以下内容："车次"、"管压"、"外温"、"轴温"、"信号"、"预留"、"线路纵断面、曲线、道桥隧"。

2. DMI 面板按键

如图 4-3 所示为 GYK 的 DMI 面板按键，其中：带有数字的按键在显示状态作为功能键使用，在修改参数状态时作为数字键使用。

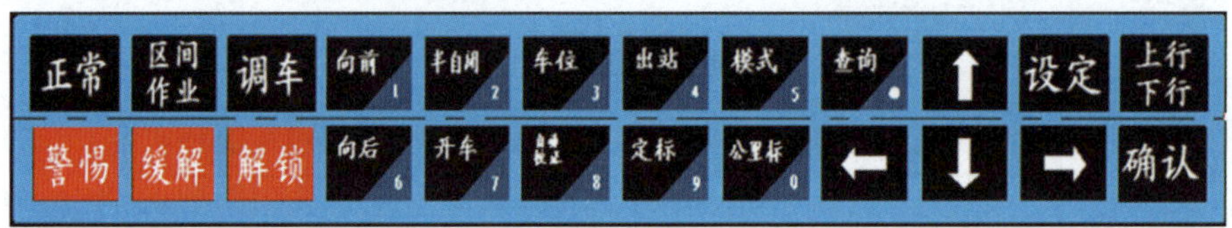

图 4-3 DMI 面板按键

(三)GYK 操作

GYK 由于生产厂家不同，在操作上可能有一定的细微差别，各使用单位应按照铁路局主管部门下发的《GYK 操作手册》执行。

1. 出库操作

(1)开机操作：打开主机电源开关后，设备进行自检，数秒后进入主界面显示状态。

(2)操作权确认：设备上电自检后，自动进入目视行车状态。在此状态下，显示屏右侧显示绿色"有权"字样，表示该端有操作权；显示屏右方显示红色"无权"字样，表示该端无操作权。若在无权端开车请先夺取操作权(直接按【车位】+【开车】键)。

(3)时钟确认：司机必须确认显示屏日期、时间显示与实际日期时间相符(时钟误差不得超过±30 s)。

(4)出库前自检操作：按压【查询/·】键 3 s，GYK 进入查询选择界面(图 4-4)。再按数字 6 选择"6. 设备自检"，按压确定键进入系统自检界面(图 4-5)，进行设备信号自检、常用自检、紧急自检、键盘自检等操作。

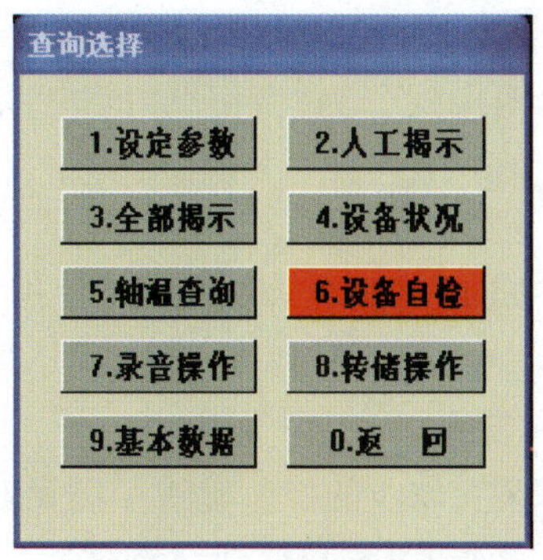

图 4-4 查询选择界面

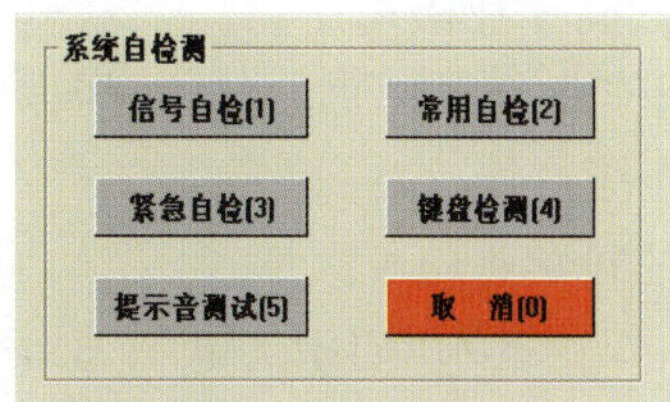

图 4-5 系统自检界面

(5)出库操作:出库动车前,司机应先确认调车信号开放(显示道岔开通),进入“目视行车”监控模式,限速 20 km/h,方可动车。

2. 开车前操作

(1)参数设定:按压【设定】键,GYK 进入参数设定界面(图 4-6)。用【↑】、【↓】键移动光标修改参数,所有参数输入完成确认无误后,按压【确认】键退出参数设置窗口。

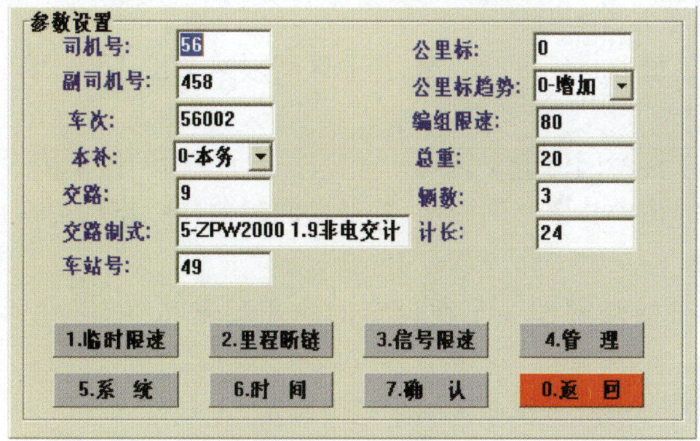

图 4-6 参数设定界面

(2)开车操作:司机输入参数并确认参数信息正确后,将光标移动到“确认”选项上按压确定键,“对标”标识灯亮。司机确认具备发车条件后,等车运行至正线出站信号机或特殊对标点时,按压【开车】键,“对标”标识灯熄灭。

3. GYK 监控模式操作

GYK 具有正常监控模式、调车模式、目视行车模式、区间作业模式、非正常行车模式五种控制模式。各个模式之间相互独立,通过按压【模式】键进入“轨道车模式选择”菜单(图 4-7)。

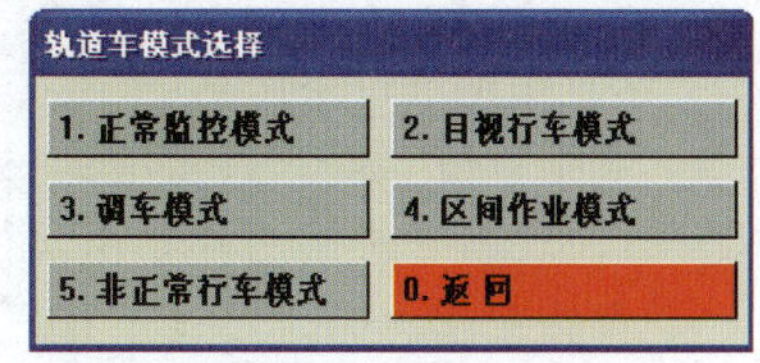

图 4-7 轨道车模式选择界面

(1)正常监控模式

用于高速铁路接触网作业车正常运行控制,根据输入的机车信号信息、速度信息、地面数据信息进行控制。模式限速值取编组限速、线路固定限速、机车信号限速和临时限速的最低值。

(2)目视行车模式

当车辆出入库作业以及行车时遇停车信号或限速曲线为 0 时,允许司机按规定进行人工解锁,解锁后按目视行车模式控制,模式限速值按 20 km/h 确定。

(3)调车模式

高速铁路接触网作业车调车作业时进入该模式。调车模式分为“牵引”、“推进”和“连挂”三种状态(图 4-8),模式限速值按牵引 40 km/h、推进 30 km/h、连挂 5 km/h 确定。

(4)区间作业模式

区间作业分为五种状态:区间作业进入、区间作业返回、区间作业防碰、区间作业编组、5 km/h连挂。

① 区间作业进入

区间作业进入用于接触网作业车进入封锁区间进行区间作业的控车模式。接触网作业车在进入封锁区间前的车站内停车,司机选择【区间作业】键进入“区间作业状态选择”窗口(图 4-9)。

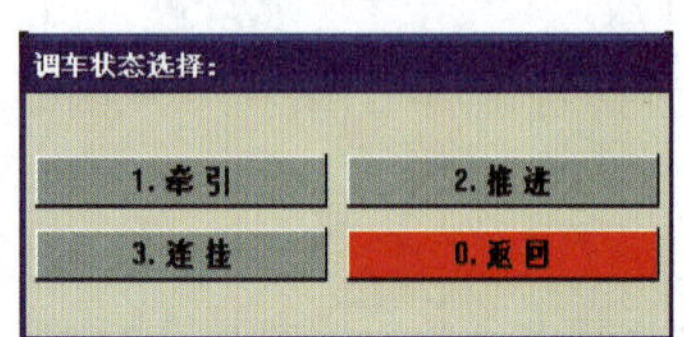

图 4-8 调车状态选择界面

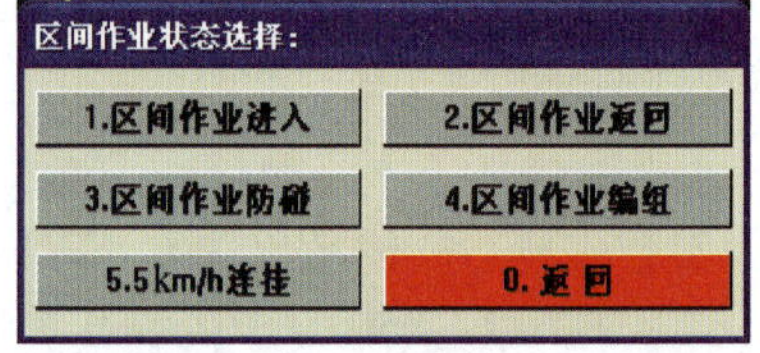

图 4-9 区间作业状态选择界面

区间作业固定限速值取封锁区间限速、作业区间限速、编组限速、临时限速的最低值。

② 区间作业返回

区间作业返回用于接触网作业车区间作业完毕返回车站的控车模式。

区间作业返回限速值取封锁区间限速、作业区间限速、编组限速、临时限速的最低值。

③ 区间作业防碰

区间作业防碰用于接触网作业车在设定的作业起点和终点公里标范围内作业的控车模式。

区间作业防碰模式限速值按作业区间限速值确定。

④ 区间作业编组

区间作业编组模式限速值按 20 km/h 确定。

⑤ 5 km/h 连挂

5 km/h 连挂用于接触网作业车进行车组连挂的控车模式。

(5)非正常行车模式

非正常行车模式具有地面信号确认、绿色许可证行车、路票行车、引导进站四种非正常行车状态。

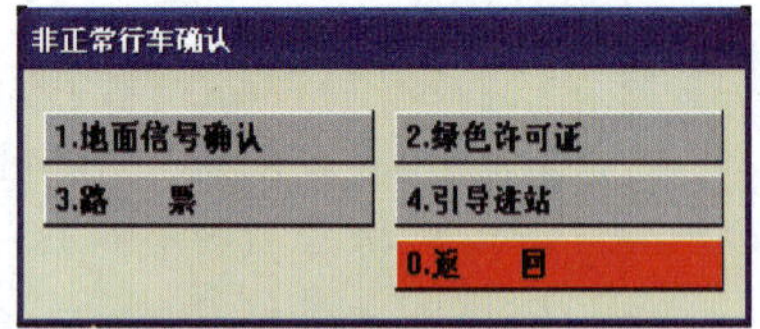

图 4-10 非正常行车确认界面

在停车状态时,按压【↑】键 2 s 以上,进入“非正常行车确认”窗口(图 4-10)。

4. GYK 特殊控制操作

(1)补机模式

在停车状态下,按压【设定】键,出现“参数设定”窗口。选择“补机”,按压【确认】键,进入补机状态。

需要退出补机状态时,在停车状态下按压 DMI 面板【设定】键,出现“参数设定”窗口。选择“本务”,按压【确认】键,即可退出补机状态。

补机状态下,GYK 只记录,不进行语音提示,不进行制动控制。

(2)相位防溜

① 当接触网作业车由停车状态移动，若速度传感器两通道相位与车辆运行方向相反、运行速度≥3 km/h 或车辆移动距离≥10 m 时，产生防溜报警，语音提示"注意相位防溜"，在10 s 内按压【警惕】可解除语音报警，否则输出紧急制动。

② 当接触网作业车运行速度≥10 km/h，继续产生防溜报警，语音提示"注意相位防溜"，在 10 s 内按压【警惕】可解除语音报警，否则输出紧急制动。

(3)空挡防溜

当接触网作业车未加载(即工况为空挡)由停车状态移动时，车辆运行速度≥3 km/h 或移动距离≥10 m 时，产生防溜报警，语音提示"注意空挡防溜"，在 10 s 内按压【警惕】可解除语音报警，否则输出紧急制动。

(4)管压防溜

接触网作业车速度从≥3 km/h 降为 0，停车后的列车管压值与运行时最高管压相比较，管压下降<80 kPa(一次减压不足 80 kPa)，产生防溜报警，语音提示"注意管压防溜"，在 5 s 内追加减压≥80 kPa，或者按压【警惕】键可解除语音报警，否则输出紧急制动。

二、机车综合无线调度通信设备(CIR)

(一)CIR 组成与操作显示面板

机车综合无线通信设备(CIR)安装在驾驶室内，供司机与列车调度员、车站值班员等进行通信，能实现 450M 和 GSM-R 两种工作模式的转换，具有 GPS 定位功能。

机车综合无线通信设备由主机、操作显示终端(MMI)、送(受)话器、扬声器、打印终端、连接电缆、天线、射频馈线等构成。CIR 的操作显示面板(MMI)分为竖立、横向两种外形结构，如图 4-11、图 4-12 所示。

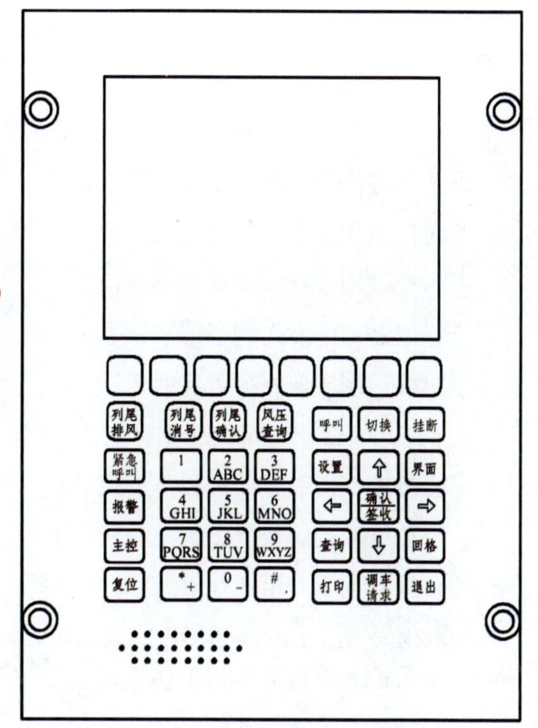

图 4-11　竖立式 MMI 面板示意图

图中空白部分为 5.7 英寸彩色液晶显示屏，显示 CIR 当前的工作状态以及按键操作的结果，操作按键部分主要分为功能键和拨号键，各按键功能如下定义：

[报警] 按键用于发送 800 MHz 二次防护报警信息。

[紧急呼叫] 按键用于发起 GSM-R 铁路紧急呼叫。

[呼叫] 按键在完成拨号后按该键进行呼叫，在副控状态下按该键呼叫另一个操作终端。

[切换] 按键用于呼叫等待时通话间的切换、快捷线路选择等。

[挂断] 按键用于挂断通话。

数字及字母按键用于拨号、输入车次号、输入机车号、快捷项目选择等。

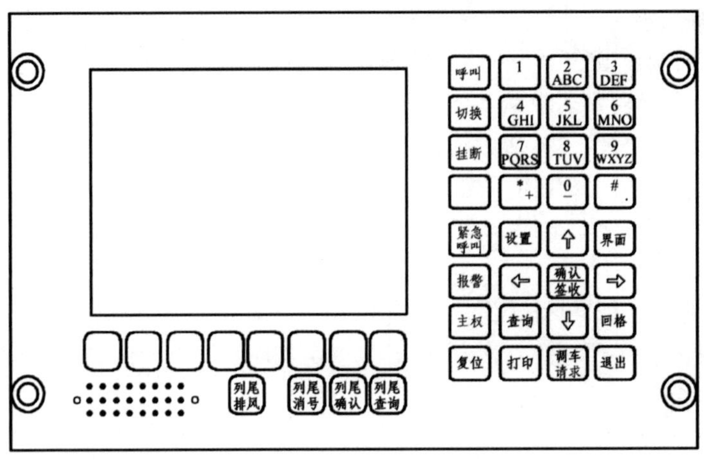

图 4-12 横式 MMI 面板示意图

设置 按键用于进入设置界面。

界面 按键用于调度通信、调度命令等不同界面之间的切换。

查询 按键用于查询调度命令等信息。

回格 按键用于删除已输入的字符。

打印 按键用于打印调度命令等信息。

调车请求 按键用于发送调车请求信息。

退出 按键用于返回上级界面。

⇦ ⇧ ⇨ ⇩ 按键用于移动光标、调节音量、翻页、调节亮度等。

复位 按键应能对整机进行重新启动。

主控 按键实现副控状态到主控状态的切换。

确认签收 按键用于确定选择信息、调度命令签收等。

列尾排风 列尾消号 列尾确认 风压查询 按键用于完成列尾规定的功能。

八个可配置式按键根据工作模式定义按键功能，用于调度通信的呼叫。

（二）CIR 主要功能操作

CIR 开机自检完成后，要按规定进行路局、线别等设置，设置完成后要与列车调度员进行通话验证。运行中需使用 CIR 时，按以下要求进行。

1. GSM-R 调度通信功能

GSM-R 调度通信模式显示界面如图 4-13 所示，屏幕下方的 8 个可配置键定义为单键呼叫键，依次为“调度”、“车站一”、“车站二”、“车站三”、“车站四”、“车长”、“邻站组呼”、“站内组呼”。可以通过一键呼叫或拨号呼叫发起 GSM-R 呼叫。

采用一键呼叫的方式发起呼叫时根据所按按键的定义可以呼叫不同的对象并与之通话，呼叫过程中调度通信状态显示区显示“正在呼叫××××××……”，进入通话状态后显示“↗××××××”。但是当屏幕所示可配置按键文字显示为灰色时表示当前状态按键无效，此时按下按键不会发起呼叫；当可配置按键文字显示白色时表示当前状态按键有效，可以发起呼叫。一般挂机时可配置按键无效。

采用拨号呼叫时先拨所要呼叫的号码，然后再按“呼叫”键即可发起呼叫，界面提示和单键呼叫类似。拨号过程中可以通过“回格”键进行修改。

结束通话可以挂机或按“挂断”键。

2. 调度命令功能

当 MMI 接收到调度命令时会自动进入调度命令界面，如图 4-14 所示。同时扬声器会播放语音，提示司机阅读并签收接收到的调度命令，按“确认/签收”键进行签收，签收后可以按打印键打印。签收成功后超过 10 s 或者按“退出”或“界面”键可以返回主界面。

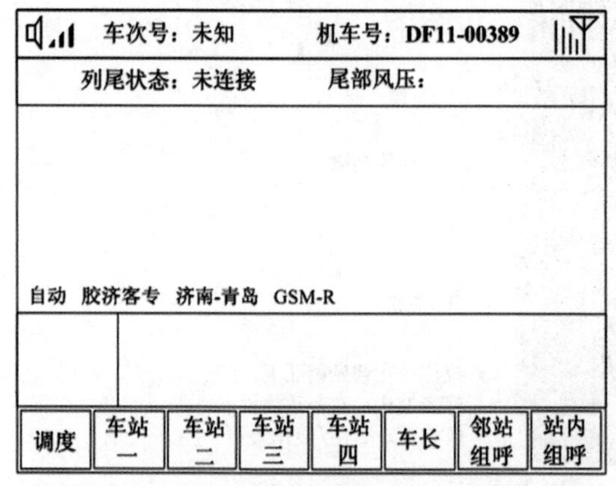

图 4-13　GSM-R 模式主界面

第000001号　调度命令
发令人：测试员　发令处所：库检台
发布时间：　08年06月20号16时49分22秒　（已签收）
车次号：XXXXXXX　机车号：DF11-00389 共1页 第1页

调度命令测试

接收时间：16时49分22秒
接收地点：公里标：无
签收时间：16时49分23秒
签收地点：公里标：无

图 4-14　MMI 显示调度命令界面

如果接收到的调度命令内容超过一页，司机需按“←”、“→”、键翻页阅读至最后一页才可以签收，否则 MMI 会语音提示“请阅读完再签收”。

调度命令未被签收时有调度通信呼入则暂停调度命令提示音，界面仍保留在调度命令界面直至调度命令被签收或操作“界面”键，调度通信结束后调度命令仍未签收则继续发出调度命令提示音。

3. 设置和调节功能

处于主界面时按“设置”键进入设置界面，450 MHz 工作模式和 GSM-R 工作模式下的设置界面如图 4-15(a)、(b)所示。

1、车次号设置
2、运行区段
3、查询通信录
4、扬声器音量调整
5、听筒音量调整
6、输入客车列尾装置ID
7、维护界面
8、状态查询
9、屏幕亮度调整
0、出入库检测

[⇧][⇩]选行，[⇦][⇨]翻页，[确认]确认，[退出]返回

(a) 450 MHz工作模式

1、车次功能号注册
2、运行区段
3、查询通信录
4、扬声器音量调整
5、听筒音量调整
6、输入客车列尾装置ID
7、维护界面
8、状态查询
9、屏幕亮度调整
0、出入库检测

[⇧][⇩]选行，[⇦][⇨]翻页，[确认]确认，[退出]返回

(b) GSM-R工作模式

图 4-15　CIR 设置界面

在图 4-15(a)、(b)选择相应项，即可进行相关的设置和操作。

三、GSM-R 手持终端(OPH)

(一)显示界面与按键

GSM-R 手持终端(OPH)显示界面与按键如图 4-16 所示。

图 4-16 GSM-R 手持终端(OPH)显示界面与按键

(二)GSM-R 手持终端(OPH)操作

(1)版本核对:输入指令“* *99# #”,查看软件版本。

(2)按键检测:开机后,设置按键音为开,按各个按键,有按键音则该按键有功能。

(3)状态灯检测:装 SIM 卡及电池,开机完成后,检查状态灯有没有闪亮。

(4)充电检测:在关机与待机状态下充电。

(5)键盘灯:开机后,用手遮住光感导光柱,检查键盘灯是否亮。

(6)内存卡:装 SIM 卡、内存卡及电池开机完成后,检查内存卡存在。

(7)接收/通话按无线座机功能操作。

四、机车信号发码器

GYK 发码器是一种便携式机车信号发码器,可发射符合《机车信号信息定义及分配》(TB/T 3060—2002)及《铁路信号维护规则》(铁运〔2008〕142 号)规定的 ZPW-2000 制式的移频信号,适用于 GYK 的静态检测。其使用方法如下:

(1)测试时,无论Ⅰ端还是Ⅱ端,应确认 DMI 处于有权端。

(2)如需循环测试下行及上行信号,应将 DMI 设置成下行信号接收模式,同时将 GYK 发码器的“循环/上行”键置于“循环”模式,吸附于机车信号接收线圈外端保护角钢下方的中间位置,装有开关的一端朝向车底内部,打开开关。

(3)GYK 发码器先发下行信号,机车信号机会自下而上依次点亮。当机车信号机亮至绿 5 时,将 DMI 切换为上行接收模式,即可接收 GYK 发码器发射的上行信号。

(4)如现场只需要测试上行信号时,可将 DMI 设置成上行信号接收模式,同时将 GYK 发码器的“循环/上行”键置于“上行”模式,机车信号机将自下而上依次循环点亮。

(5)GYK 正常工作时，机车信号机会顺序点亮相应灯位(带有语音的 GYK，其语音和信号显示应一致)；如机车信号机没有按照顺序点亮相应灯位，则表示 GYK 故障。接触网作业车同端安装的两个机车接收线圈检测均正常，才能判定此端 GYK 工作正常。

(6)使用后应及时关闭电源，从机车信号接收线圈取下 GYK 发码器，并妥善保管。

思考题

1. 轨道车运行控制设备(GYK)主要由哪些部分组成？
2. 高速铁路接触网作业车开车前，GYK 应进行哪些操作？
3. 简述轨道车运行控制设备(GYK)控制模式有哪些。
4. GYK的非正常行车模式具有哪几种状态？
5. GSM-R手持终端(OPH)开机操作检查的内容有哪些？

第二节　运行数据处理基础

一、轨道车运行控制设备(GYK)记录分析软件

GYK 记录分析软件主要用于分析 GYK 的监控记录数据，通过对 GYK 专用 U 盘转储的数据进行一系列的处理，为安全分析和安全管理提供依据和参考。可实现的功能有：

(1)监控记录数据转储和管理。

(2)监控记录数据处理。

(3)分析监控记录数据的安全信息、全程记录、运行曲线、司机报单。

(4)历史数据的查询和统计(日统计、旬统计、月统计、年统计、任意统计、安全因素分析统计、运用分析统计)。

(5)分析结果文档化。

(6)网络化管理、服务。

注：实际使用中，各铁路局或使用单位须按 GYK 生产厂家的操作使用说明为准。

二、GYK 基本数据升级方法及文件转储

(一)升级方法

GYK 基本数据升级步骤如下：

(1)将数据文件(图 4-17)放置在对应路局的文件夹下，再将有数据的文件夹放在专用 U 盘根目录下。如上海局编号为 10，则将数据文件放置在 U 盘根目录下的 DM10 文件夹内(如无此文件夹，则新建一个)。

dm1.bin	1 KB	BIN 文件
dm1.cjs	413 KB	CJS 文件
dm1.czm	106 KB	CZM 文件
dm1.jlb	4 KB	JLB 文件
dm1.xlb	33 KB	Microsoft Excel 工作表

图 4-17　数据文件

(2)开启 GYK 监控设备,按【正常】键设置要升级的路局编号(升级的路局必须要与 DMI 设定的路局相同,否则不能升级成功),路局编号见表 4-1 所示。

(3)将装有数据的专用 U 盘插入 DMI,按【设定】键,将光标移动到【5 系统】,按【确认】键,显示输入系统密码界面;输入密码确认后进入系统设置输入界面。选择【5 升级基本数据】按【确认】键,弹出对话框"确认升级基本数据?",点选确定,语音提示已记录,当第二遍提示已记录后,在 DMI 的下方显示基本数据已升级,系统自动退回到系统设置界面,说明数据升级成功。

(4)关机 30 s 后开机,当前系统的基本数据就为升级后的版本数据。

表 4-1　铁路局编号表

铁路局	编号	铁路局	编号	铁路局	编号
哈局	1	武汉	7	南宁	13
沈阳	2	西安	8	成都	14
北京	3	济南	9	昆明	15
太原	4	上海	10	兰州	16
呼局	5	南昌	11	乌局	17
郑州	6	广铁	12	青藏	18

(二)文件转储操作

按压 GYK【查询】键进入查询操作界面,选择"8. 转储操作",按【确认】键进入"输入转储密码"界面,如图 4-18 所示。正确输入密码后进入转储界面,文件转储过程界面如图 4-19 所示。将 DMI 插入 U 盘,点选以下按钮,进行相应操作:

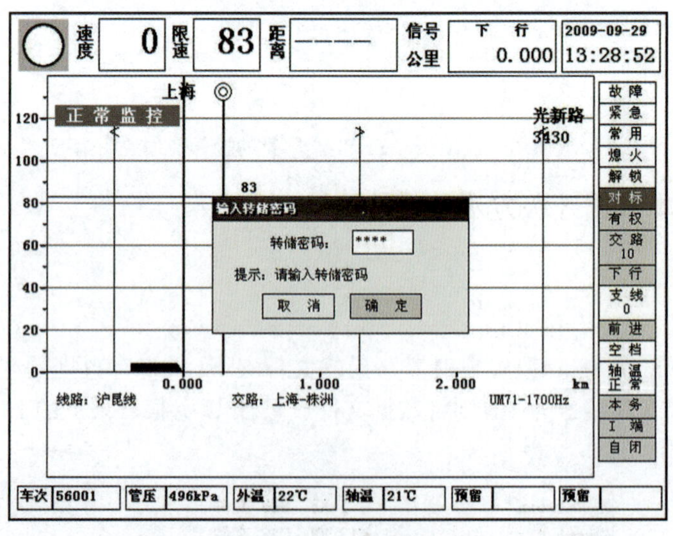

图 4-18　输入转储密码界面

【转全部】按钮:转储存储的全部文件。

【转新文件】按钮:转储未转储过的文件。

【转最近】按钮：转储最近两天的文件。
【暂停】按钮：停止当前的操作。
【删 U 盘】按钮：删除 U 盘内的转储文件。
【返回】按钮：退出当前窗口。

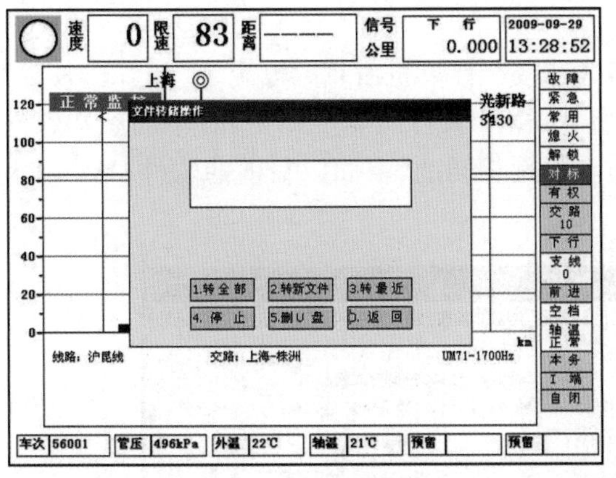

(a)

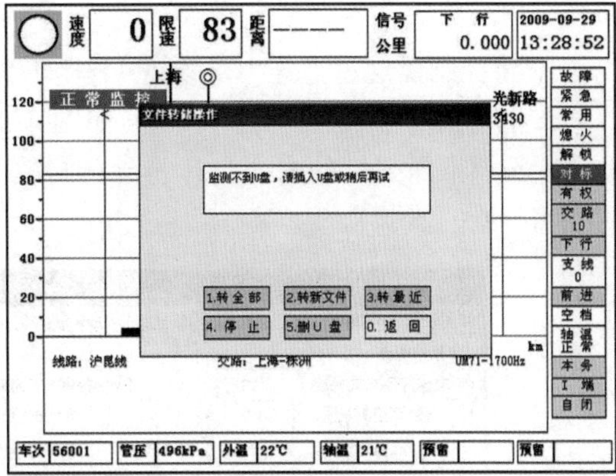

(b)

(c)

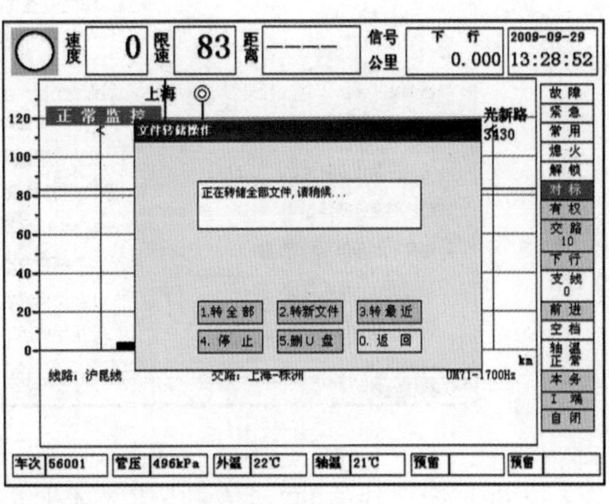

(d)

(e)

图 4-19　文件转储过程界面

三、微机控制系统数据读取及转储

JW-4G 接触网作业车微机控制系统的换挡控制器和显示器带有数据存储功能，当需要对记录数据进行分析和深度查阅时，可外接计算机将其数据读取及转储。

(一)换挡控制器存储数据读取

1. 将控制器通过直连串口线或 USB 转串口线连接至计算机后打开电源。

2. 打开控制器配置工具，主界面如图 4-20 所示（由于软件版本不断更新，不同版本软件界面上选项卡所显示的内容会有差异，但是操作步骤是相同的，下面以目前的软件（V0.1）为例说明具体的步骤）。

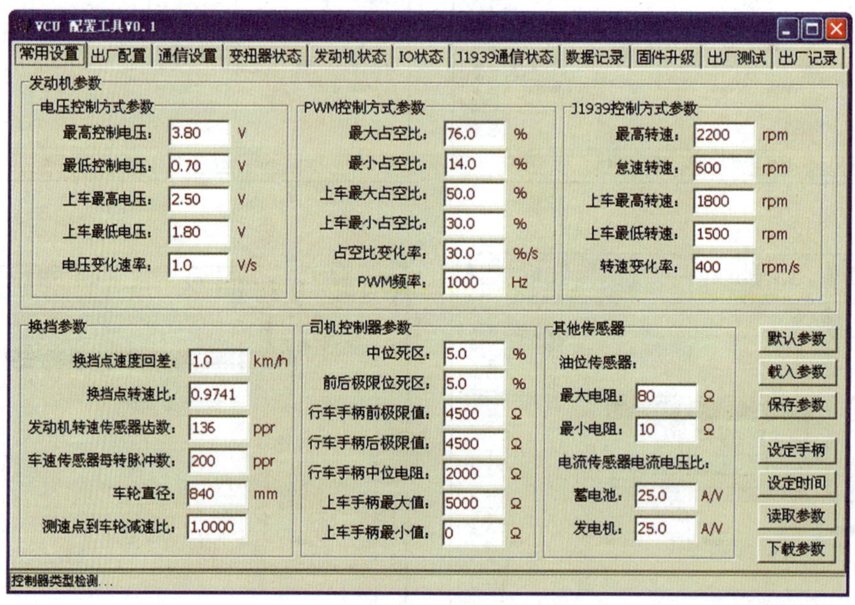

图 4-20 控制器配置软件主界面

3. 进入配置软件的“通信设置”选项卡页面，设置正确的端口号，如图 4-21 所示，然后打开端口，左下角的绿灯闪烁说明成功打开端口。

4. 点击配置工具上方的“数据记录”选项卡，进入记录数据导出与查看界面，如图 4-22 所示。首先点击“刷新”按钮获取控制器中记录数据的信息，然后点击“另存为…”按钮选择导出文件的保存路径以及名字，接下来设定所需导出记录数据的时间段，最后点击“开始导出”按钮进行记录数据导出，软件下方会显示导出进度。

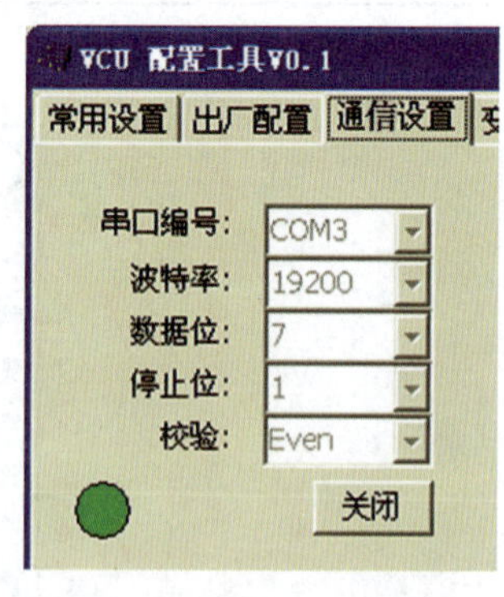

图 4-21 通信端口配置界面

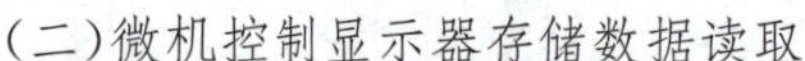

(二)微机控制显示器存储数据读取

1. 将串口线连接好控制器串口和电脑串口后，在电脑上打开上位机软件，出现如图 4-23 所示界面。

2. 在右上角选择电脑的串口号，点击“打开串口”和“连接设备”，“调试模式”由虚态变实态。

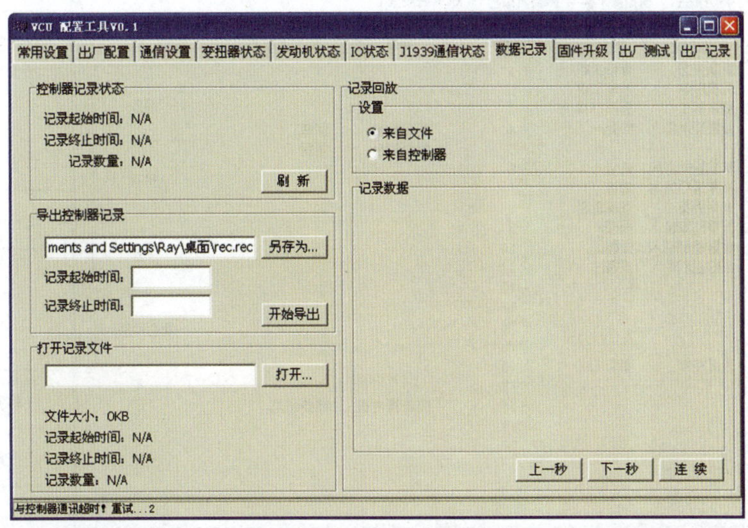

图 4-22 导出与查看记录界面

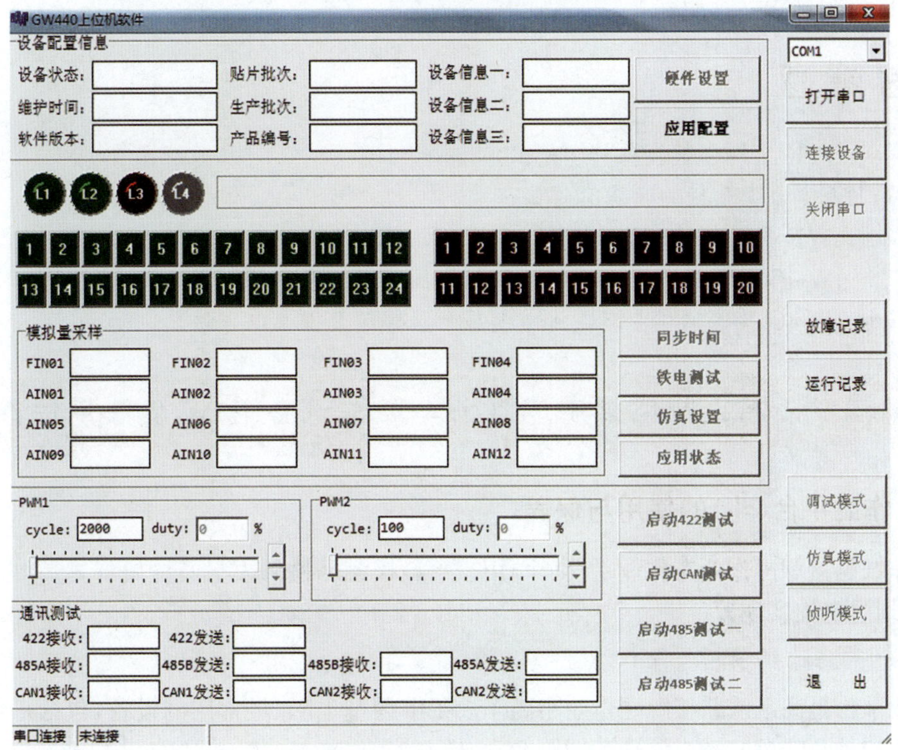

图 4-23 参数配置导入界面

3. 点击“调试模式”，进入图 4-24 所示界面，点击“读取”，读取控制器现行内部的参数配置。

4. 读取完毕后，点击“另存”，将刚读取的控制器内部的参数配置另行存储，并选择要存储的位置，将控制器现行参数配置存储以备下次用。

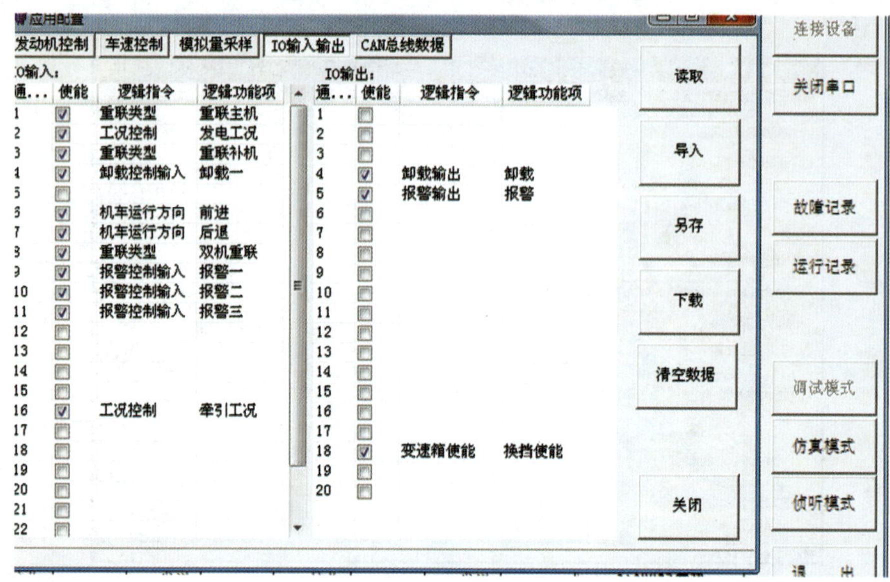

图 4-24 读取数据界面

思考题

1. 简述 GYK 系统分析软件的功能。
2. GYK基本数据升级的步骤有哪些?
3. 简述 GYK 文件转储的操作步骤。
4. 简述 JW-4G 接触网作业车换挡控制器存储数据读取方法。
5. 简述 JW-4G 接触网作业车微机控制显示器存储数据读取方法。

第三节 高速铁路接触网作业车随车设备、机具的使用保养

一、作业平台(斗)的使用与保养

高速铁路接触网作业车作业平台(斗)用于承载接触网检修人员及检修料具,它以液压为动力源,通过电控实现。

(一)作业平台的使用与保养

作业平台是高速铁路接触网作业车随车设备中最基本的、最常用的设备,包括平台、立柱及升降机构、回转驱动装置、调平装置等。

1. 作业平台的使用

JW-4G 型接触网作业车作业平台设有两套操纵装置:一套设在平台上控制箱内(图 4-25),主要是为方便作业施工人员操纵;另一套设在平台下的控制阀件柜上(图 4-26),其主要作用是当上部操纵失灵时可操纵平台回位。作业平台的升降和旋转设有互锁和转换装置,可由平台上和平台下工作人员分别操作。升降回转作业平台的操纵程序如下(以平台下控制面板操作为例):

(1)闭合电源总开关,在操纵台启动发动机,打开“本端操作”开关,将发动机转速控制在

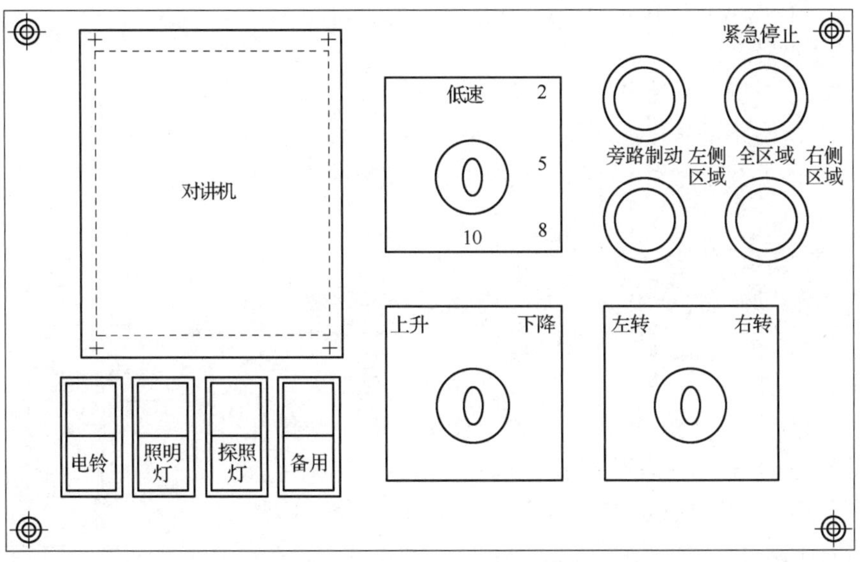

图 4-25　作业平台上控制面板

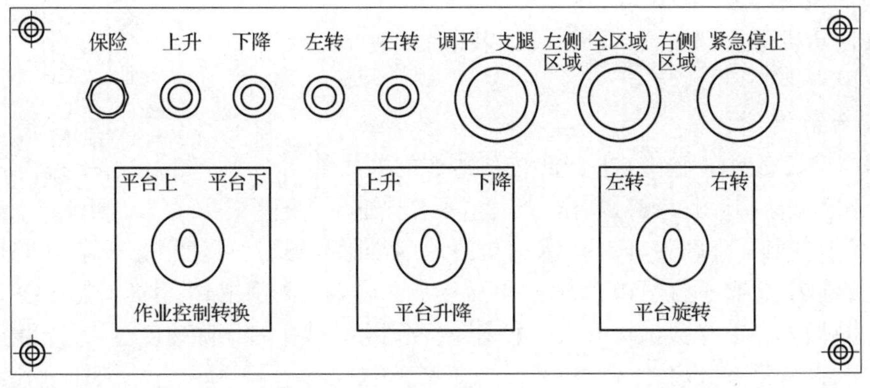

图 4-26　作业平台下控制面板

1 100 r/min左右；打开操纵台上的"作业取力"开关。

(2)将下控制面板上的"作业控制转换"开关置于"平台下"位。

(3)将"平台升降"开关置于"上升"位，待作业平台升到一定高度(平台支承离开支承座并与支承座有一定距离)后，再将"平台升降"开关置于"停止"位，平台即停止上升；需下降作业平台时，则将"平台升降"开关置于"下降"位。

(4)根据工作区域的需要，操纵下控制面板上的区域锁定钥匙开关。需要在左侧区域工作时，则将区域钥匙开关置于"左侧区域"位，拔出钥匙，平台只能在左侧 120°范围内工作；需要在右侧区域工作时，则将区域钥匙开关置于"右侧区域"位，拔出钥匙，平台只能在右侧 120°范围内工作；不限区域时，则将区域钥匙开关置于"全区域"位，拔出钥匙，平台可在左右侧 120°范围内工作。

(5)平台需要旋转时，则将"平台旋转"开关置于"左转"或"右转"位，平台即向左或向右旋转。

(6)作业完毕后，应先将平台旋转回到中位，区域钥匙开关置于"全区域"位并拔出钥匙，再操作"平台升降"开关使平台下降。

2. 作业平台的应急操作

(1)平台紧急停止

为了防止作业机构运动失控而造成事故，JW-4G 型接触网作业车的液压系统中专门设置了紧急电控卸荷回路，“紧急停止”控制按钮在平台的上、下控制面板上均设有。当“平台升降”或“平台旋转”开关置于中位，平台仍不能停止动作时，应按下“紧急停止”按钮，使平台停止运动。

注意事项：在按下“紧急停止”按钮后，应及时将“平台升降”或“平台旋转”开关置于中位，待故障排除后，按照“紧急停止”按钮上箭头所示方向旋转，该按钮复位后方可正常操作。

(2)平台手动回转

如图 4-27 所示，平台回转驱动装置上设有一个手动摇把装置。平台作业过程中，在平台超出机车车辆限界情况下，由于液压系统故障无法回转复位时，可立即使用该手动装置，使平台回转至中位，其操作步骤如下：

① 调节制动油缸螺杆，松开制动带；

② 拆下回转马达上油管；

③ 使用随机配摇把连续转动手动回转装置，使平台转至中位后停下。

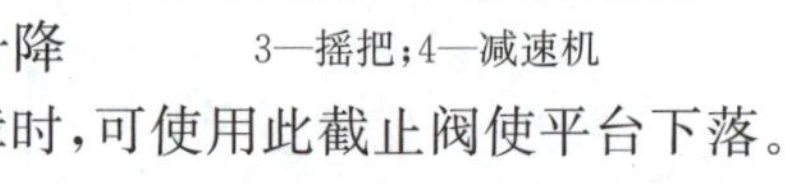

图 4-27　平台回转驱动手动装置
1—油马达；2—回转手动装置；
3—摇把；4—减速机

(3)平台紧急下降

JW-4G 型接触网作业车在平台回转马达旁的液压管路上设有紧急下降截止阀(图 4-28)，其作用是：当平台升起后，升降控制开关不能使其下降回落，且不能及时查找原因排除故障时，可使用此截止阀使平台下落。具体操作方法为：先将平台回转至中位，然后逐步开启截止阀手把，平台即开始平缓下降。

注意事项：紧急下降截止阀不可一下全开，否则会造成平台下降速度过快，产生安全隐患；正常操作时，此阀严禁开启。

3. 作业平台的保养

图 4-28　平台紧急下降截止阀

(1)经常检查液压油的油质及油量是否符合要求，液压油乳化、变质时应及时更换。补充或更换液压油时，不同型号的液压油禁止混用，并保证液压油的洁度。

(2)定期检查液压油箱的吸、回油滤芯并清洁。

(3)经常检查立柱磨耗板与套筒接触面之间的间隙，当相对两侧间隙之和大于 2 mm 时，应增加磨耗板厚度(在非摩擦面加垫片)或更换磨耗板，使立柱相对两侧间隙之和恢复至 0.6～1.4 mm，并及时补充润滑脂。

(4)经常检查链条的松紧度，当发现松弛时，可调节中间的调整套使之张紧。回转齿条润滑采用 ZG3 钙基润滑脂，每年加油一次。

(5)经常检查立柱链条连接件(如开口销、销轴等)的工作状态，及时更换不良件。

(6)拨线柱和丝杆、丝母应保持良好的润滑状态，动作应灵活，丝杆表面不允许锈蚀。拨线柱磨损后，应立即更换。

(7)每月检查一次平台中位行程开关、平台升降行程开关的安装状态，紧固件应紧固无松动。

(8)使用过程中,每半年应给滚筒两端加润滑脂,使该机构活动支架升降灵活。经常保持弹性撑杆中立杆与立套之间的润滑,当滚筒磨损严重时应予以更换。

(二)作业斗的使用

作业斗是高空作业车中带吊篮结构的起重设备,用于运送维修人员至高空进行检修作业。作业斗设有两套操纵装置:一套设在作业斗内,另一套设在基座上的控制柜内,两套操作装置互为锁定。作业斗可实现升降、旋转、车架锁定,也可实现低速走行和制动。作业斗基座上设应急手摇泵,可在紧急状态台下操作作业斗复位。下面以法国吉斯玛公司高空作业车的作业斗为例介绍作业斗的操作使用、应急处理及保养等。

1. 作业斗的操作

作业斗的液压控制系统与作业平台的液压控制系统基本相似。当液压达到规定压力后,应首先对车辆走行机构进行锁止(图 4-29),使车辆形成刚性体。操作人员进入作业斗内,关闭、锁止安全门,按照操作面板控制开关提示进行操作。

(1)选择基座机械锁定位置,根据作业吊斗的作业范围,通过机械锁销,锁定斗臂旋转范围为左半区、右半区或全区(图 4-30)。

图 4-29　轴箱锁定装置示意图

1—轴箱;2—锁定油缸

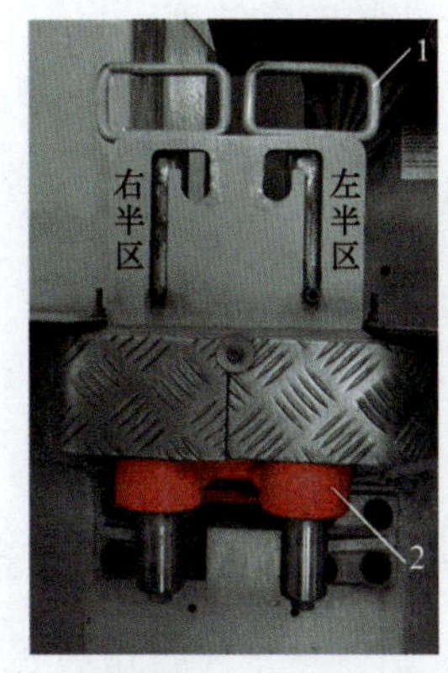

图 4-30　吊斗半区锁定装置示意图

1—半区锁止销;2—锁止销座

(2)如图 4-31、图 4-32、图 4-33 所示分别为作业吊斗主控箱控制面板、基座控制面板、吊斗控制面板示意图。打开基座位置主控制箱的电源开关,将钥匙取出后再选择“基座/吊斗控制位”转换开关,相应的指示灯亮。作业吊斗上的“允许使用吊斗控制面板”绿色指示灯亮,前提条件为“基座/吊斗控制位”转换开关指向“吊斗”位置,吊斗上的安全门处于关闭状态。接通控制电源、液压源,对控制指示进行全面再检查,确认正常后进行操作。

(3)起升大臂,使作业斗脱离定位装置以及障碍物,再操作其他工况使作业斗靠近检修设备。

操作作业斗大臂、伸缩臂、小臂、吊斗时,不得同时操作两个及以上方向动作,不得急剧起、停。

(4)急剧起停会触发安全保护装置动作,此时应停顿数秒后再进行操作。

(5)当作业斗大臂、伸缩臂、小臂伸缩、吊斗旋转触发保护传感器时,应反方向操作,进行角度调整。

2. 作业斗的操作安全注意事项

操作作业斗时,应严格遵守相关操作规程及要求:

(1)作业斗操作人员必须经过严格培训,培训合格后方准操作。

(2)作业前要熟悉作业现场,确认作业斗工作区域;确认所有锁定装置均已打开。

(3)作业斗不能超载使用。操作人员不超过 2 人或重量不超过 300 kg,不得用作业斗装卸物品。

(4)风速超过 25 m/s 时,禁止使用作业斗。

(5)作业过程中作业斗与其他设备要保持足够的安全距离,作业斗下面不得有人;作业斗作业时不能将其倚靠在障碍物上;动力源未切断前,操作人员不得离开操作位置;禁止在任意部件失灵时继续操作作业斗。

(6)作业结束后,作业斗控制开关均返回中立位、关闭位,作业斗及相关部件应锁定,动力源、控制电源均应切断。

3. 作业斗的应急处理

在设备故障状态下使用手动方式操控作业斗时,设备已不再具备其他任何安全保护措施。此时,必须首先收回作业斗臂,小心进行其他操作。

(1)液压系统无压力时的操作

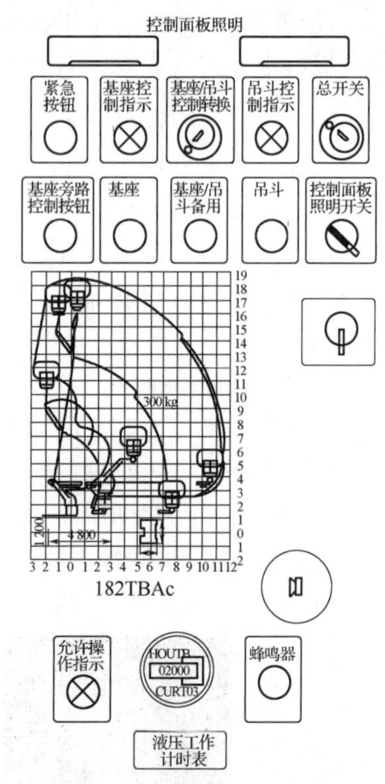

图 4-31 基座主控制箱示意图

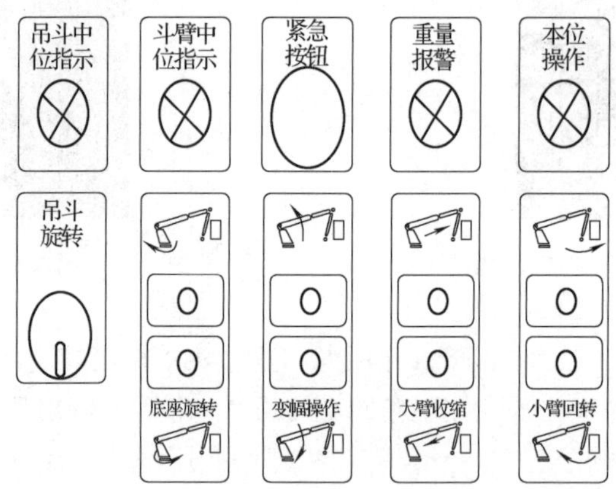

图 4-32 吊斗操作基座控制面板示意图

打开手动油泵开关,一人上下扳动紧急手动液压油泵,同时另一操作人员按下相应的吊斗动作指令按钮,直至作业吊斗复位。手油泵位于基座上车辆前进方向侧,如图 4-34 所示。

(2)电气系统故障时的操作

电气系统故障时,可通过直接操作液压电磁阀和手动油泵使作业斗复位。旋紧比例阀的旋钮,将控制作业斗相应动作的电磁阀的通路端帽拧开,再使用配置的专用工具,或用适当直径的铁丝顶在电磁阀的阀芯,直至作业吊斗复位。手动操作电磁阀位于基座上车反方向侧,其结构如图 4-35 所示。

4. 作业斗的保养

(1)经常检查作业斗与车辆的固定螺栓连接情况,固定螺栓应紧固无松动和缺失。

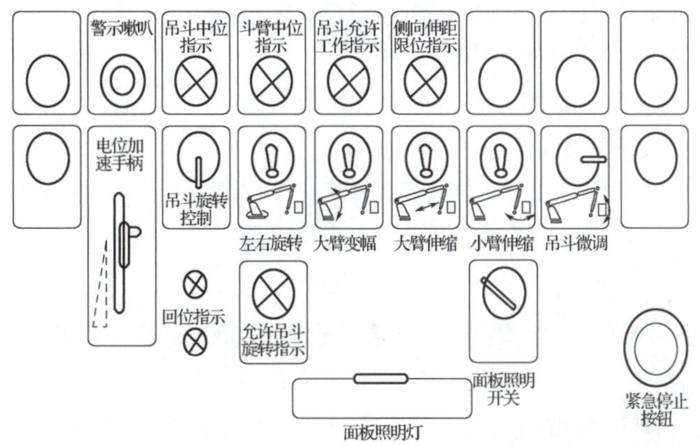

图 4-33 吊斗操作吊斗控制面板示意图

(2)检查液压油油质和油量,液压油应无乳化和变质,油量符合标准要求。

(3)定期(1 个月)对运动副、伸缩臂、齿轮盘、滚轮、链带进行检查,加注润滑脂、调整各间隙。

(4)检查各部油管有无老化裂纹、磨损、漏油现象,更换不良管路。

(5)检查线束胶层有无老化裂纹、插接件有无松脱现象。

(6)按照规定的时间间隔校验油压压力表。

(7)对易损件按维修寿命间隔进行更换。

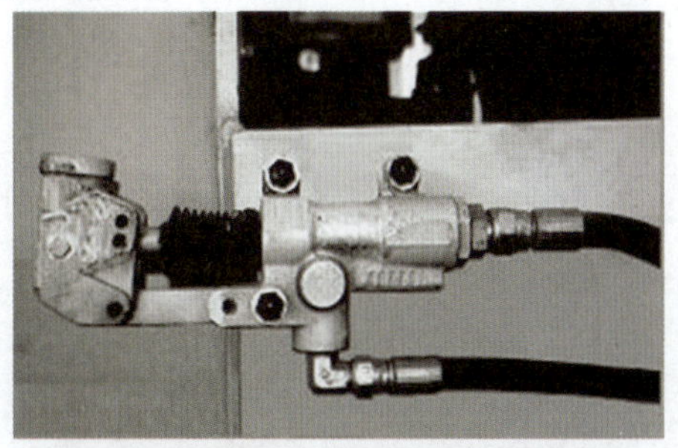

图 4-34 吊斗操作应急手油泵示意图

二、随车起重机的使用与保养

(一)随车起重机的使用

JW-4G 型接触网作业车随车起重机由液压泵通过二位三通阀提供动力源,其控制机构由四片结构相同的三位四通手动换向阀(四联阀)组成,分别控制起重机的变幅、伸缩臂、卷扬及回转的动作。

1. 操作程序

(1)将发动机转速控制在 1 100 r/min 左右,带动油泵工作。

(2)将阀件柜中的手动换向阀置于“随车吊”位。

(3)根据需要操纵随车吊各手柄以获得各种动作。

2. 操纵注意事项

(1)必须先收起吊钩后,方可操纵回转手柄,将随车吊车转出原来位置。

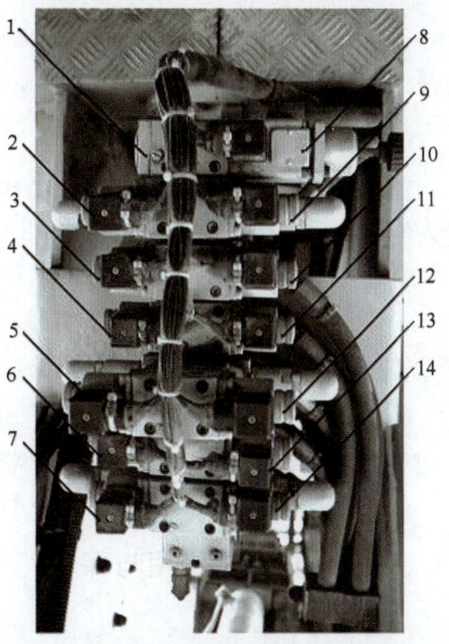

图 4-35 吊斗操作手动操作电磁阀示意图

1、8—比例阀;2—大臂逆时针回转;3—大臂变幅收缩;4—大臂缩臂;5—吊斗水平前倾;6—小臂下降(出);7—吊斗逆时针旋转;9—大臂顺时针旋转;10—大臂变幅伸出;11—大臂伸臂;12—吊斗水平后仰;13—小臂上升(收);14—吊斗顺时针旋转

(2)当使用回转时必须注意升降回转作业台的情况,原则上其他机构应恢复原位置。

(3)操纵中应按起重机安全规程操作。

(4)严禁超载起吊重物。幅度最大时,起重量不超过 250 kg;幅度最小时,起重量不超过 2 000 kg,最大仰角 76°,回转 360°。

(5)随车起重机使用完毕后必须复位,并将吊钩挂在地板上设置的挂钩上,将控制手柄全部置于中位,切断控制电源、液压动力源。

3. 应急复位

随车起重机在使用过程中,当液压系统故障不能自动复位时,可采取以下方法进行复位:

(1)用棘轮手柄直接摇动回转马达,使随车起重机回转至中位。

(2)采用手油泵使随车起重机复位,操作方法为:将阀件柜中的吊机切换阀置于“起重机”位,用力摇动手油泵并操纵随车起重机相应的控制手柄,使起重机吊臂回转、回缩、下降至行车位。

(3)失电情况下的复位方法

① 吊臂回转

先拧松回转马达的进回油接头,同时使用人力推动(或拉拽)吊臂,使起重机吊臂回转至行车位。

② 吊臂回缩

先拧开伸缩油缸上腔油管接头,再拧松伸缩油缸下腔油管接头,让下腔油液缓慢溢出,让吊臂靠重力回缩。

③ 吊臂下落

先拧开变幅油缸上腔管接头,再拧松变幅油缸下腔管接头,让油缸下腔油液缓慢溢出,使吊臂下落。

(二)随车起重机的保养

随车起重机保养时应在无动力的情况下进行,检查保养前应释放管路压力。随车起重机检查保养的内容主要包括:

(1)经常检查和保养卷扬钢丝绳,钢丝绳不得锈蚀。

(2)经常检查吊钩,吊钩应无变形和磨损。

(3)经常检查回转减速机油位,油液无变质,油量充足。

(4)定期给回转齿圈、伸缩臂等运动副加注润滑脂。

(5)检查随车起重机与车辆的固定螺栓连接情况。

(6)检查各部油管有无老化裂纹、磨损、漏油现象,更换不良管路。

三、发电机组的使用与保养

(一)启机前准备

(1)检查润滑油是否充足

如图 4-36 所示,拔出机油尺检查润滑油油位,当油位低于或接近低油位(MIN)时,不得开机运行;待补充机油至油尺的 MIN 与 MAX 之间后,方可开机。

(2)检查空气滤清器

打开空气滤清器外壳锁扣(图 4-37 中 A),移除滤芯,并检查机油油位及清洁度,当油位不足时应补充至标记位(图 4-38 中 LEVEL)。

(3)检查蓄电池的正负连接线连接是否正确。

(4)检查油箱中燃油是否足够。

(5)检查各负载开关是否处于断开的位置。

(6)检查机组紧固件是否有松动或脱落现象。

(7)检查机组和机组周围是否有影响机组运行的障碍物。

(二)发电机组的启动与运行

(1)顺时针旋动启动钥匙至运行位置(RUN),机组电源指示灯、低油压指示灯和充电故障指示灯点亮。

(2)继续顺时针旋动启动钥匙至启动位置(START),此时发电机组启动马达通电工作,机组开始启动运转。当机组启动完成后松开启动钥匙,启动钥匙将自动回到运行位置(RUN),机组启动完成。

注意:初次启动或燃油系统进入空气,必须使用手动输油泵泵油将燃油系统中的空气排净(图 4-39)。

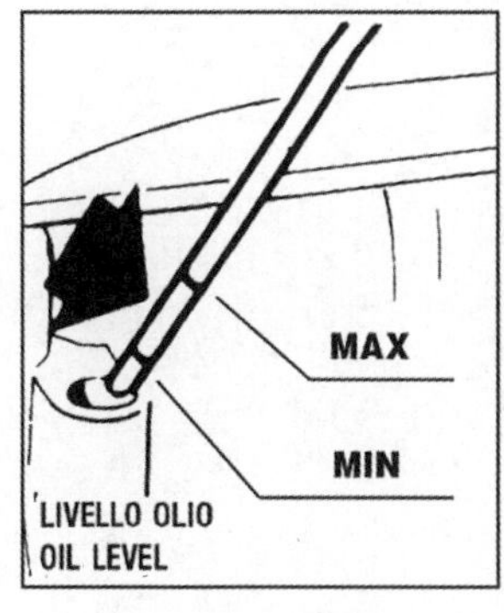

图 4-36 检查油尺

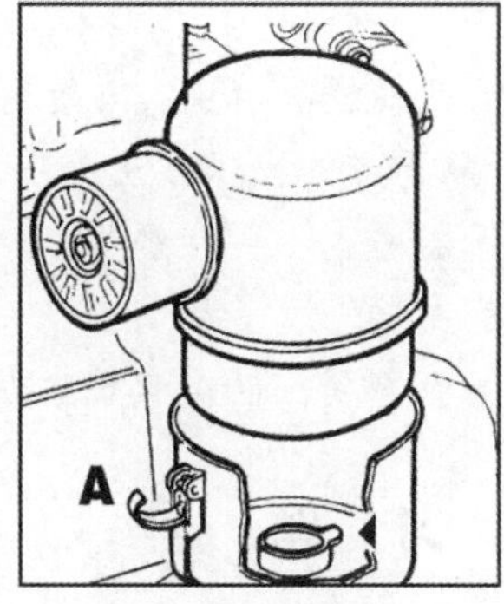

图 4-37 检查空气滤清器

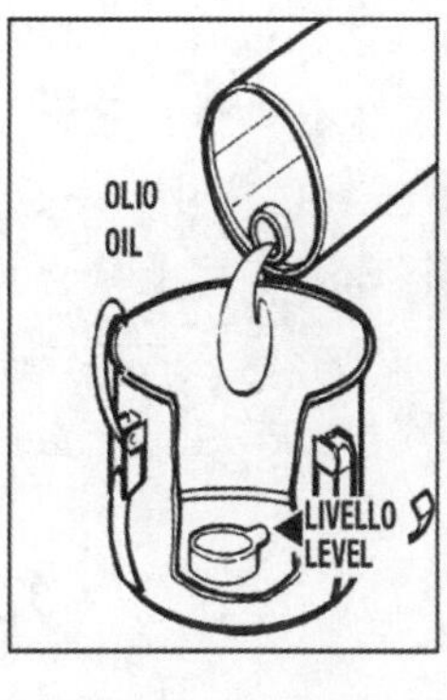

图 4-38 空滤器加注机油

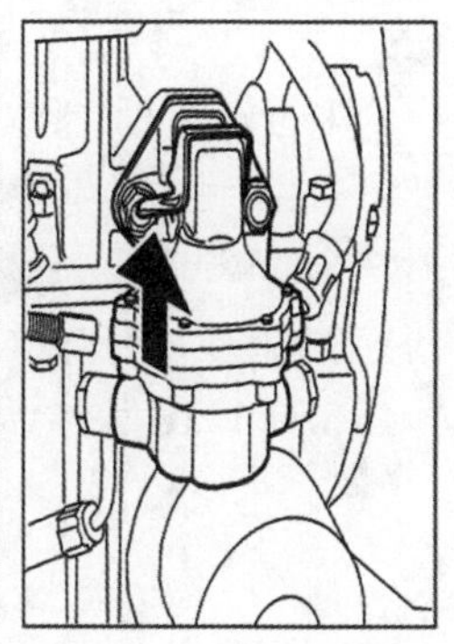

图 4-39 手动输油泵排空

(3)发电机组启动后,检查电压是否正常,低油压指示灯和充电故障指示灯应熄灭。

(4)完成上述步骤的检查后,空载运行 5～10 min,闭合输电开关,点动发电机组供电按钮,向负载供电。

(5)发电机组投入正常运转后,应随时注意观察水温、油温、油压的变化以及电压表的读数,发现异常应及时处理。

(三)供电结束后的停机操作

(1)切断负载开关;

(2)点动停止按钮;

(3)确定机组在空载状态,让机组空载运行 3 min;

(4)将启动钥匙旋动置于停机位置(STOP);

(5)拔掉所有电源输出插头。

(四)发电机组使用安全注意事项

(1)严禁长时间怠速和空载运行。

(2)在启动发动机前,切勿连接任何用电设备。

(3)启动马达每次工作时间不宜超过 10 s,每次启动间隔时间应在 15 s 以上,连续三次启动不成功,应该对机组进行检查。未排除故障或查明原因前不得进行启动操作。

(4)机组不得在有负载的情况下停机,必须切断负载后停机。

(5)机组停机后,发动机(特别是消音器部分)在一段时间内处于高温状态,这段时间内暂时不要移动机组到存储位置或加盖防尘物。待机组在通风良好的位置冷却后,再进行移动存储等工作。

(五)发电机组的保养

(1)每天作业完毕后,应清理机身脏污,检查管路有无渗漏,线路有无破损,及时更换不良件。

(2)定期清洁空气滤芯、更换机油。

(3)冬季时做好低温防冻工作,更换防冻冷却液。

(4)发电机组长时间不用时,应放净油水,拆下蓄电池,每月对机组发动保养一次。

思考题

1. JW-4G型接触网作业车作业平台设有几套操纵装置?各有什么作用?
2. 简述 JW-4G 型接触网作业车平台紧急下降的操作方法及注意事项。
3. JW-4G型接触网作业车作业平台的保养内容主要有哪些?
4. 高空作业车作业斗的保养内容主要有哪些?
5. JW-4G型接触网作业车随车起重机的应急复位操作有哪些方式?

复　习　题

1. 高速铁路接触网作业车出库时,GYK 应进行哪些操作?
2. 高速铁路接触网作业车在什么情况下运行时,GYK 应采用目视行车模式?限速值如何确定?
3. GYK区间作业模式分为哪几种状态?限速值是如何确定的?
4. 机车综合无线通信设备(CIR)主要功能操作有哪些?
5. 如何使用机车信号发码器检测 GYK 设备?
6. JW-4G型接触网作业车平台进行紧急停止操作时,应注意什么事项?
7. 简述 JW-4G 型接触网作业车平台手动回转的操作步骤。
8. 简述高空作业车作业过程中液压系统无压力时,其作业斗复位的应急操作方法。
9. 简述高空作业车作业过程中电气系统故障时,其作业斗复位的应急操作方法。
10. JW-4G型接触网作业车随车起重机的操纵注意事项有哪些?
11. JW-4G型接触网作业车随车起重机的保养内容主要有哪些?
12. JW-4G型接触网作业车发电机组启机前,应做哪些准备工作?
13. 简述 JW-4G 型接触网作业车发电机组的使用安全注意事项。

第五章　高速铁路接触网作业车检查、试验与驾驶

高速铁路接触网作业车司机应熟悉所使用的车型结构、各部件名称、正确安装位置及状态，掌握该车型的运用特点、容易出现故障的部件和关键部位；车辆运用过程中，应按规定进行制动机、行车安全装备和作业装置性能试验。同时，司机还应掌握高速铁路接触网作业车的驾驶操作，以确保行车安全。本章以 JW-4G 型接触网作业车为例，对高速铁路接触网作业车的静态检查与试验、驾驶操作及其作业过程中调平装置的操作进行介绍。

第一节　高速铁路接触网作业车静态检查与试验

一、出车前检查

（一）检查注意事项

(1)进行车辆检查作业前，必须先确认车辆已制动（无风时使用手制动机及止轮器），做好安全防护、防溜工作。

(2)检查中严禁跳越地沟。

(3)进行各项性能试验时，必须与相关人员充分联系，紧密配合，保证人身安全。

(4)进行电器性能试验时，应严格遵守试验程序，使用试灯查找故障时应小心谨慎，防止火花烧伤及人为短路故障的发生。

(5)进行作业平台性能试验时，必须在无电区或非接触网区进行，防止触电。

(6)进行随车起重机起吊性能试验时，必须在无电区或非接触网区进行，不得侵入邻线，防止事故发生。

(7)各部件检查完毕后，必须恢复至正常状态和原位置。

（二）检查线路与使用工具

JW-4G 型接触网作业车出车前检查线路示意图如图 5-1 所示。检查工具包括检查锤、手电筒及少量棉丝、钢板尺、车钩丁字尺、油壶、油枪、压油机（选用）。

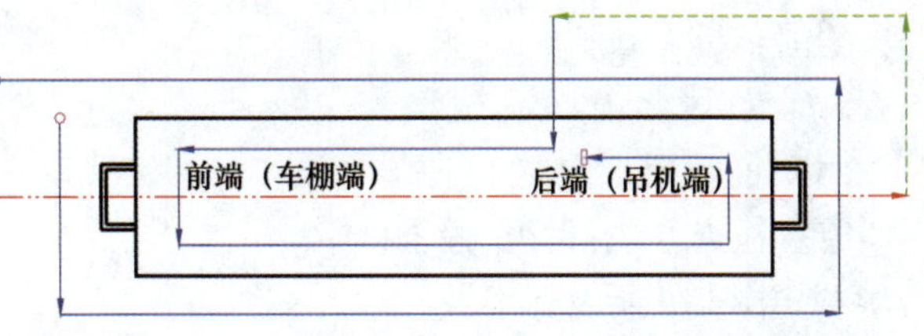

图 5-1　JW-4G 型接触网作业车出车前检查线路示意图

（三）各部检查要领

1. 前端

(1)端部

① 检查方法：目视、锤击。

② 检查处所及标准：

a. 上大灯、雨刮器外观良好，瞭望窗玻璃无破损；

b. 手把杆、下大灯完整；

c. 脚踏板焊接牢固；

d. 电源输出插座外观良好，无烧损；

e. 排障器、扫石器安装牢固，排障器底面距轨面高度为 90～130 mm，扫石器橡胶板下缘距轨面为 20～25 mm。

(2)车钩

① 检查方法：目视、手动、锤击。

② 检查处所及标准：

a. 提钩杆作用良好，车钩开关灵活；

b. 车钩外观良好，钩体、钩舌无裂纹；

c. 钩舌销无弯曲，开口销开度符合要求，钩舌销与孔的径向间隙为 1～4 mm；

d. 车钩座铆接牢固，车钩托梁穿销、开口销齐全，作用良好；

e. 车钩三态(闭锁、开锁、全开)作用良好，车钩中心线距轨面高度应为 815～890 mm。车钩全开位和闭锁位的开度分别为 220～250 mm、110～130 mm。

(3)制动软管

① 检查方法：目视、手动。

② 检查处所及标准：

a. 制动软管无老化龟裂，水压试验标注日期不超期(水压试验周期为 6 个月)；

b. 卡子无松动、胶圈完整、连接器无裂纹；

c. 折角塞门及制动软管安装牢固，角度正确(安装角度不超过 45°)、无漏泄；

d. 防尘堵及安全链齐全。

2. 走行部左侧

(1)车体外观

① 检查方法：目视。

② 检查处所及标准：

a. 车体应平整，油漆无脱落；

b. 车身无倾斜；

c. 局、段标记、车号完整。

(2)前端裙板内侧

① 检查方法：目视、锤击。

② 检查处所及标准：

a. 排障器安装牢固，螺栓无松动；

b. 信号吸收线圈安装螺栓无松动，其底面距轨面高度为 150 mm±5 mm；

c. 空气干燥器安装牢固，各塞门位置正确，接线良好；

d. 中继阀安装牢固，塞门位置正确，无漏风；

e. 监控装置紧急放风阀安装牢固，塞门位置正确；

f. 均衡风缸、过充风缸安装螺栓无松动，排水阀作用良好；

g. 发电机组输出插座外观良好，无烧损，各空气开关位置正确。

(3)左一动轮

① 检查方法:目视、锤击、手动。

② 检查处所及标准:

a. 车轮踏面无剥离、碾堆、擦伤超限,轮缘厚度不小于 23 mm,轮缘垂直磨耗不大于 15 mm,踏面擦伤深度不大于 1 mm,轮辋厚度不小于 23 mm,踏面剥离长度一处时不大于 50 mm,两处时每一处不大于 40 mm,车轴轴箱两端侧挡间隙之和为 4～7 mm;

b. 砂箱安装牢固,撒砂器作用良好,撒砂管距轨面高度符合规定(50 mm);

c. 轴箱弹簧无位移、无断裂;

d. 轴箱内侧油封无漏油;

e. 轴箱止挡间隙符合规定(单侧为 5～6 mm),轴箱侧挡无开焊,轴箱侧挡间隙符合标准(两侧侧挡间隙之和 10～12 mm);

f. 油压减振器无漏油,安装牢固,穿销、开口销齐全;

g. 起吊板安装牢固;

h. 轴箱端盖安装牢固,螺栓无松动;

i. 轴箱上、下拉杆及拉杆座无裂纹,状态良好;

j. 速度传感器安装牢固,接线无松脱;

k. 防倾覆装置(勾板)安装牢固,螺栓无松动;

l. 制动缸安装牢固,润滑良好,复位弹簧作用良好,制动缸活塞行程应在 70～120 mm 范围内;

m. 闸瓦、闸瓦托作用良好,闸瓦钎、安全环齐全有效,闸瓦缓解间隙 5～10 mm,高磷闸瓦厚度≥17 mm,合成闸瓦厚度≥14 mm,需要换时必须同一轴上全部更换;

n. 闸瓦调节杆、安全吊架安装牢固,锁紧螺母无松动;

o. 牵引座、牵引杆、拐臂外观良好,无开焊、裂纹,开口销、黄油嘴齐全,润滑良好,牵引座与车架的间隙两侧之和不大于 32 mm;

p. 起吊勾板安装牢固,无开焊、裂纹;

q. 橡胶堆旁承的橡胶层无老化开裂、脱胶。

(4)左二动轮

① 检查方法:目视、锤击。

② 检查处所及标准:

左二动轮检查内容及技术条件同左一动轮。

(5)走行部左侧中部

① 检查方法:目视、锤击、手动。

② 检查处所及标准:

a. 油水分离器安装牢固,排水阀开关灵活,作用良好;

b. 消音器、隔热板及安全吊带安装牢固,螺栓无松动;

c. 液力传动箱安装牢固,无漏油,油位符合要求;

d. 10 kW 发电机组安装牢固,柜门锁闭良好,引出线无破损;

e. 空气滤清器安装牢固,作用良好,各管卡无松动;

f. 车门扶手安装牢固;

g. 踏梯安装牢固,锁定销锁定良好。

(6)空气压缩机

① 检查方法:目视、锤击、手动。

② 检查处所及标准:

a. 空气压缩机底座螺栓、调整螺栓安装牢固,加油口完好,油位符合规定;

b. 空气压缩机风扇叶片无裂纹,皮带无老化,挠度符合规定,空气压缩机皮带受力 20～50 N,其挠度应为 20～30 mm;

c. 空气压缩机各出风管无泄漏,张紧轮安装牢固,润滑良好。

(7)燃油箱

① 检查方法:目视、锤击。

② 检查处所及标准:

a. 燃油箱安装牢固,各处无漏油,油量充足,加油口锁闭完好;

b. 燃油滤清器安装牢固,作用良好。

(8)左三动轮

① 检查方法:目视、锤击、手动。

② 检查处所及标准:

a. 止轮器安装牢固,安全链锁定良好;

b. 其他检查内容及技术条件同左一动轮。

(9)左四动轮

① 检查方法:目视、锤击、手动。

② 检查处所及标准:

a. 手制动机安装牢固,转动灵活,制动、缓解作用良好,链条无断裂,链轮润滑良好;

b. 其他检查内容同左一动轮。

(10)后端裙板内侧

① 检查方法:目视、锤击。

② 检查处所及标准:

a. 垂直液压支腿安装牢固,锁定销锁定良好,滚轮转动灵活;

b. 各液压阀件、管系安装牢固,无渗漏现象,卡子无松动;

c. 垂直液压支腿操纵手柄安装牢固,作用良好;

d. 排障器、扫石器和机车信号接收器检查内容同前端裙板内侧。

3. 后端部

(1)检查方法:目视、手动、锤击。

(2)检查处所及标准:检查内容及技术条件同前端部检查。

4. 走行部右侧

(1)车体外观

① 检查方法:目视。

② 检查处所及标准:同走行部左侧车体外观检查。

(2)后端裙板内侧

① 检查方法:目视、锤击。

② 检查处所及标准:

a. 垂直液压支腿、吊机转换开关和应急电机操纵开关安装牢固,接线无松脱,作用良好;

b. 排障器、扫石器和信号吸收线圈检查内容同前端裙板内侧。

(3)右四、右三动轮

① 检查方法:目视、锤击、手动。

② 检查处所及标准:

a. 接地装置安装牢固,接线无松脱;

b. 其他检查内容同走行部左侧左三、左四动轮。

(4)燃油箱、液压油箱

① 检查方法:目视、锤击、手动。

② 检查处所及标准:

a. 液压油箱安装牢固,无漏油,油位符合规定,加油口锁闭良好;

b. 液压油箱吸油、回油滤清器安装牢固,接线无松脱,无漏油,作用良好;

c. 燃油箱检查内容同走行部左侧燃油箱。

(5)走行部右侧中部

① 检查方法:目视、锤击。

② 检查处所及标准:

a. 均衡、过充风缸安装螺栓无松动,排水阀作用良好;

b. 车门扶手安装牢固;

c. 踏梯安装牢固,锁定销锁定良好;

d. 中继阀安装牢固,塞门位置正确,无漏风;

e. 液压油泵安装牢固,无漏油;

f. 散热装置安装牢固,螺栓无松动,防护网外观良好,无裂纹,接线盒安装牢固;

g. 发动机机油尺完好,机油油位符合要求;

h. 液力传动箱安装牢固,加油口锁闭完好。

(6)蓄电池箱

① 检查方法:目视、锤击;

② 检查处所及标准:

a. 蓄电池箱柜门锁闭良好,开口销齐全;

b. 蓄电池清洁,各单节无漏泄,接线无松动;

c. 蓄电池透气孔畅通,电解液高度应高出极板 10～15 mm。

(7)右二、右一动轮

① 检查方法:目视、锤击、手动。

② 检查处所及标准:

a. 接地装置安装牢固,接线无松脱;

b. 其他检查内容同走行部左侧左一、左二动轮。

(8)前端裙板内侧

① 检查方法:目视、锤击。

② 检查处所及标准:

a. 旁路制动调压阀安装牢固,塞门位置正确;

b. F-7 分配阀安装牢固,各管路无泄漏,作用良好;

c. 无火回送塞门位置正确,处于关闭位;

d. 其他检查内容同走行部左侧前端裙板内侧。

5. 底部

(1)排障器、扫石器

① 检查方法:目视、锤击。

② 检查处所及标准:

a. 排障器支架安装牢固,距轨面高度符合标准;

b. 扫石器安装牢固,其橡胶板下缘距轨面高度符合标准。

(2)机车信号接收器

① 检查方法:目视、锤击。

② 检查处所及标准:

左、右机车信号接收线圈安装牢固,其底面距轨面高度符合标准。

(3)空气干燥器

① 检查方法:目视、锤击。

② 检查处所及标准:

空气干燥器安装牢固,各塞门位置正确,接线良好。

(4)风笛

① 检查方法:目视、锤击。

② 检查处所及标准:

风笛安装牢固,管路无泄漏。

(5)分配阀

① 检查方法:目视、手动。

② 检查处所及标准:

a. F-7 分配阀安装牢固,各管路无泄漏,塞门位置正确,作用良好;

b. 紧急、降压风缸安装牢固,排水阀作用良好;

c. 工作、作用风缸安装牢固,排水阀作用良好。

(6)撒砂装置

① 检查方法:目视、锤击。

② 检查处所及标准:

撒砂器作用良好,撒砂管距轨面高度符合规定(50 mm)。

(7)车钩

① 检查方法:目视、锤击。

② 检查处所及标准:

a. 钩尾销螺栓安装牢固,开口销齐全;

b. 前、后从板无裂纹,安装牢固;

c. 钩尾框无裂纹,托板安装牢固,螺栓无松动,开口销齐全,作用良好。

(8)前转向架

① 检查方法:目视、锤击。

② 检查处所及标准:

转向架前端横梁安装牢固,无开焊、裂纹。

(9)第一轴

① 检查方法：目测、锤击、手动。

② 检查处所及标准：

a. 左、右基础制动装置上、中、下穿销、开口销良好；

b. 车轴弛缓线无移动；

c. 闸瓦横向调节拉杆各穿销、开口销齐全；

d. 车辆中梁、边梁无裂纹、开焊；

e. 车轴齿轮箱安装牢固，减振座悬挂装置良好，悬挂装置弹簧无裂纹，螺栓无松动，开口销齐全；

f. 车轴齿轮箱无漏油，透气孔盖、观察孔盖安装牢固，底座、油位螺栓、放油堵齐全；

g. 车轴齿轮箱传动轴联轴器(突缘)无裂纹，轴向间隙符合规定，万向节螺栓无松动，安全托架牢固。

(10)横向油压减振器

① 检查方法：目视、锤击。

② 检查处所及标准：横向油压减振器安装牢固，无泄漏。

(11)传动轴

① 检查方法：目视、锤击。

② 检查处所及标准：

a. 传动轴安装牢固，无弯曲、裂纹，油嘴齐全，润滑良好；

b. 万向节总成、突缘叉、锁片作用良好；

c. 安全吊架安装牢固。

(12)第二轴

① 检查方法：目测、锤击、手动。

② 检查处所及标准：

第二轴检查内容及技术条件同第一轴。

(13)总风缸

① 检查方法：目视、手动。

② 检查处所及标准：

a. 总风缸安装牢固，安全吊架无裂纹，各塞门位置正确；

b. 总风缸排水阀、调压阀、自动排水过滤器作用良好。

(14)液力传动箱

① 检查方法：目视、锤击。

② 检查处所及标准：

a. 液力传动箱安装牢固，无漏油，放油堵无松动；

b. 液力传动箱输出轴联轴器无裂纹，轴向间隙符合规定，万向节作用良好，油嘴齐全，安全托架牢固。

(15)散热风扇

① 检查方法：目视、锤击。

② 检查处所及标准：

a. 散热风扇安装牢固，性能良好；

b. 散热风扇油管安装牢固，各处无渗漏。

(16)发动机

① 检查方法:目视、锤击、手动。

② 检查处所及标准:

a. 散热水箱安装牢固,无泄漏,风扇皮带无裂纹、老化,皮带挠度符合要求,发动机风扇皮带受力 20~50 N,挠度为 10~20 mm;

b. 发动机机座螺栓安装牢固,开口销完好;

c. 发动机外观良好,无漏油、漏水、漏气现象,ECU 插件及各传感器接线良好,无松脱;

d. 发动机机油尺完好,无丢失;

e. 发动机机油滤清器、燃油滤清器和空气滤清器作用良好。

(17)分动齿轮箱

① 检查方法:目视、锤击。

② 检查处所及标准:

a. 分动齿轮箱安装牢固,无漏油,放油堵无松动,油位符合标准;

b. 分动齿轮箱输出轴联轴器无裂纹,轴向间隙符合规定,万向节良好,油嘴齐全,安全托架牢固;

c. 齿轮液压油泵拉杆穿销完好;

d. 取力器液压油泵作用良好;

e. 分动齿轮箱托板安装牢固,锁定销位置正确。

(18)空气压缩机

① 检查方法:目视、锤击、手动。

② 检查处所及标准:

a. 空气压缩机底座螺栓安装牢固;

b. 空气压缩机风扇叶片无裂纹,皮带无老化,挠度符合规定;

c. 张紧轮安装牢固,润滑良好;

d. 从窥视镜查看压缩机油位在中心线以上。

(19)燃油箱、液压油箱

① 检查方法:目视、锤击。

② 检查处所及标准:

a. 燃油箱、液压油箱安装牢固,两油箱联络管无泄漏,塞门位置正确;

b. 燃油箱粗滤、精滤器安装牢固,作用良好;

c. 液压油箱吸油、回油滤清器安装牢固,接线无松脱,作用良好。

(20)第三轴、第四轴

① 检查方法:目测、锤击、手动。

② 检查处所及标准:

a. 手制动机链条、钢丝绳无断裂、断股,作用良好;

b. 第三轴、第四轴检查内容及技术条件同第一轴、第二轴。

(21)液压支腿

① 检查方法:目视、锤击、手动。

② 检查处所及标准:

a. 左、右液压支腿安装牢固,螺栓无松动;

b. 各液压阀件、管系安装牢固，无渗漏，卡子无松动；

c. 锁定销锁定良好，滚轮转动灵活。

(22)信号吸收线圈

① 检查方法：目视、锤击。

② 检查处所及标准：左、右信号吸收线圈安装牢固，其底面距轨面高度符合标准。

6. 上部

(1)司机室门窗

① 检查方法：目视。

② 检查处所及标准：

a. 司机室门窗完整，无破损，开关灵活；

b. 出厂标示牌完整。

(2)备品箱

① 检查方法：目视、手动。

② 检查处所及标准：

a. 液压复轨器齐全；

b. 安全防护备品齐全，检验日期符合规定；

c. 灭火器铅封良好，检验日期符合规定(不超过1年)；

d. 常用工具、备品齐全。

(3)发动机水箱

① 检查方法：目视、手动。

② 检查处所及标准：

发动机水箱安装牢固，水位符合标准，水质良好，水箱盖锁闭完好。

(4)前端操作台

① 检查方法：目视、手动。

② 检查处所及标准：

a. 操作台外观整洁，各柜门锁闭完好；

b. 瞭望窗玻璃无破损、雨刮器、风扇作用良好；

c. 发动机转速表、车速里程表、制动风表安装牢固，作用良好；

d. GYK监控装置显示屏、微机控制器显示器、机车信号显示器、CIR显示终端、扬声器完好；

e. 各操纵开关位置正确；

f. 各操纵按钮完好，位置正确；

g. 警惕、警醒按钮安装牢固；

h. 操作台下方风笛、撒砂脚踏阀完好；

i. 操作台下方监控电源开关、手动电源开关及各备用开关位置正确；

j. 各断路器开关位置正确。

(5)电气控制柜

① 检查方法：目视、手动。

② 检查处所及标准：

a. 电气控制柜各接线柱接线无松动，无烧损变色；

b. 断路器位置正确。

(6)“三项设备”主机柜

① 检查方法：目视、手动。

② 检查处所及标准：

a.“三项设备”控制箱完整；

b.“三项设备”检验日期符合规定。

(7)空调电源柜、发电机组配电柜

① 检查方法：目视、手动。

② 检查处所及标准：

a. 电源柜、配电柜内部接线柱接线无松动，无烧损变色；

b. 各开关、按钮位置正确。

(8)后端操作台

① 检查方法：目视、手动。

② 检查处所及标准：

a. 10 kW 发电机组控制面板各开关位置正确；

b. 操作台下方电热玻璃开关、点动挂挡按钮及各备用开关位置正确；

c. 其他检查内容同前端操作台。

(9)司机室外部

① 检查方法：目视、手动。

② 检查处所及标准：

a. 随车起重机安装牢固，螺栓无松动，吊钩锁闭完好；

b. 随车起重机各操纵手柄位置正确；

c. 各液压阀件、油缸、马达安装牢固，无渗漏；

d. 减速机安装牢固，无漏油，油位符合要求；

e. 高度限位装置、防过卷装置安装牢固，接线无松脱；

f. 后大灯、警灯安装牢固。

7. 顶部

① 检查方法：目视、手动。

② 检查处所及标准：

a. 作业车后上大灯、泛光灯完好；

b. 风笛、门灯完好；

c. 护栏上照明灯完好；

d. 警铃、警灯完好；

e. 安全折叠防护栏完好；

f. 拨线装置安装牢固，丝杆、拨线柱、摇把完好；

g. 导线支撑装置安装牢固，活动支架、固定支架、支承卷筒完好；

h. 导线测量装置安装牢固，轴承座、滚筒、刻度尺、弹性撑杆、挂钩、铰座完好；

i. 紧线装置安装牢固，卷扬机构、支撑柱作用良好，滑块内、外柱装配间隙符合标准；立柱单侧间隙 0.4～0.6 mm；

j. 检测装置截断塞门、调压阀、单针压力表、升弓电控阀、传动风缸、受电弓完好；

k. 围板完好，无开焊。

二、启动发动机

(1)闭合电源总开关。

(2)启动发动机

将液力传动箱工作开关置于关闭位，操纵手柄置于中位后，打开“本端操作”开关后，扭动点火钥匙进行启动，如10 s内不能启动，应松开重新进行第二次启动。每次启动间隙时间不少于2 min，如连续3次仍无法启动，则应检查故障原因并进行排除。

(3)发动机启动后密切注视微机控制显示器各参数数值及变化，重点查看机油压力应不小于0.1 MPa。发动机运行稳定后，开启GYK进行自检，并输入相关参数。

(4)待发动机工作一定时间后，操纵手油门控制手柄提高发动机转速至1 500 r/min，提升空气压缩机的打风速度，观察总风缸风压逐渐上升到700～800 kPa后，进行制动机性能试验。

(5)制动机试验完毕后，操纵油门控制手柄进行发动机中、高转速试验，监听发动机声音、查看发动机烟色是否正常。

三、JZ-7G型制动机性能试验

为保证接触网作业车空气制动机具有良好的作用性能及安全可靠性，作业车每次出车前，均应进行制动性能试验，制动性能试验分为“七步闸”试验和“五步闸”试验。

(一)“七步闸”检查方法

新造、大修出厂或车辆调拨验收时，JZ-7G型制动机应按“七步闸”要求进行试验，方法见表5-1。试验前，应确认各塞门均处于工作位置，“客/货车”转换阀固定在“货车位”，检查各管路、风缸无泄漏，各部位调整压力正确，空气压缩机正常工作，列车管压力达到500 kPa。总风缸压力自0升至700 kPa的时间，不超过5 min；总风缸压力自700 kPa升至800 kPa的时间，不超过1 min。

(二)“七步闸”检查项目及要求

1. 第一步：主要检查各表指示压力，阶段制动、单独缓解作用。

(1)确认风表指示压力：

① 总风缸压力700～800 kPa；

② 均衡风缸压力500 kPa；

③列车管压力500 kPa；

④制动缸压力零。

(2)均衡风缸减压50 kPa，制动缸压力上升为125 kPa，保压1 min，列车管漏泄量运用车每分钟不超过20 kPa，新造及大修出厂车每分钟不超过10 kPa。

(3)由②到③在制动区移动3～4次，检查阶段制动是否稳定。列车管减压量与制动缸压力上升的比例是否正确。到最大减压时，列车管减压量为140 kPa，制动缸压力为340～360 kPa。列车管减压量与制动缸压力关系如表5-2表示。

(4)单独缓解作用良好，制动缸压力应能缓解到零。当制动缸压力缓解到零后，松开手柄，手柄应能自动恢复到运转位，此时制动缸压力允许回升，同时列车管压力下降及充气阀排气为正常状态。

表 5-1 JZ-7G 型制动机“七步闸”检查方法

检查项目	自动制动阀							单独制动阀			
	过充位	运转位	制动区（小）	制动区（大）	过量减压位	取柄位	紧急制动位	单缓位	运转位	制动区	全制动位
一		①、⑥	②	③				④	⑤		
二		⑦、⑨		⑧							
三		⑫	⑪		⑩						
四	⑭	⑮				⑬					
五		⑲					⑯	⑰	⑱		
六									㉒	⑳	㉑
七									㉔		㉓

(5)单阀复原弹簧作用良好。

(6)自阀手柄移回运转位，检查自阀缓解作用良好，均衡风缸及列车管压力应恢复定压。制动缸压力下降为零。

表 5-2 列车管减压量与制动缸压力关系

列车管定压 500 kPa				
减压量（kPa）	45～55	70	100	140
制动缸压力（kPa）	80～140	150～180	230～260	340～360

2. 第二步：主要检查最大减压作用。

(7)运转位停留 10 s 以上，待分配阀各气室充满风后进行减压。

(8)均衡风缸、列车管减压 140 kPa 的时间为 5～7 s，制动缸压力由 0 升到 340～360 kPa。

(9)自阀手柄由最大减压位移回运转位,制动缸压力由 340～360 kPa 降到 35 kPa 的时间为 5～7 s。检查均衡风缸、列车管的压力应恢复正常压值。

3. 第三步:主要检查过量减压作用。

(10)间隔 10 s 以上,待分配阀各气室充满风后,自阀手柄移至过量减压位,检查均衡风缸及列车管减压量应在 240～260 kPa,制动缸压力应为 360～420 kPa,不应引起紧急制动。

(11)自阀手柄由过量减压位移至最小减压位,检查均衡风缸压力回升,而列车管压力保持不变,总风遮断阀作用良好。

(12)自阀回到运转位,检查缓解作用良好,各压力表压力恢复正常。

4. 第四步:主要检查手柄取出位的作用。

(13)自阀手柄移至手柄取出位,检查均衡风缸减压量应在 240～260 kPa。列车管不减压,中继阀自锁作用应良好。

(14)自阀手柄移至过充位,检查过充作用良好,列车管应得到比规定压力高 30～40 kPa 的过充压力,过充风缸上的排气孔应排气。

(15)自阀手柄移回运转位,列车管内过充压力在 120 s 内能自动消除,作业车不应起自然制动。

5. 第五步:主要检查紧急制动及单独缓解作用。

(16)自阀手柄移至紧急制动位,列车管压力在 3 s 内降到零。制动缸压力应在 5～7 s 内达到 450 kPa。均衡风缸减压量应为 240～260 kPa,撒砂装置自动撒砂。

(17)单阀手柄移至单缓位,放置 12～15 s,制动缸压力应开始下降,并于 25～28 s 逐渐缓解到零。

(18)检查单阀复原弹簧作用良好,制动缸压力不应回升。

(19)自阀手柄回运转位,检查缓解作用良好,各压力表恢复正常压值。总风缸压力降到 700 kPa 时空气压缩机开始泵风,总风缸压力升到 800 kPa 时空气压缩机停止泵风。

6. 第六步:主要检查单阀阶段制动阶段缓解作用。

(20)单阀手柄移至制动区,检查单独制动作用良好,制动缸压力应上升。

(21)单阀手柄在制动区分 2～3 次阶段移至全制动位,检查单阀阶段制动作用良好,制动缸压力应上升至 300 kPa。

(22)单阀手柄在全制动位分 2～3 次阶段移至运转位,检查单阀阶段缓解作用良好。

7. 第七步:主要检查单阀全制动作用和一次缓解作用。

(23)单阀手柄移至全制动位,制动缸压力由 0 上升到 280 kPa 的时间应在 3 s 以内。检查制动缸活塞行程应符合规定。

(24)单阀手柄移回运转位,制动缸压力由 300～35 kPa 的时间应在 4 s 以内。

(三)"五步闸"检查

JZ-7G 型制动机"五步闸"检查方法见表 5-3。

(四)"五步闸"检查项目及要求

1. 第一步:参见"七步闸"的第一步。

2. 第二步:参见"七步闸"的第三步。

3. 第三步:参见"七步闸"的第四步。

4. 第四步：参见“七步闸”的第五步。

5. 第五步：参见“七步闸”的第六步。

表 5-3 JZ-7G 型制动机“五步闸”检查方法

检查项目	自动制动阀							单独制动阀		
	过充位	运转位	最小减压位	最大减压位	过量减压位	取柄位	紧急制动位	单缓位	运转位	全制动位
一		① ⑥	②	③				④	⑤	
二		⑨	⑧		⑦					
三	⑪	⑫				⑩				
四		⑯					⑬	⑭	⑮	
五									⑰ ⑲	⑱

四、行车安全装备性能试验

1. 轨道车运行控制设备(GYK)试验

GYK 出库前性能试验(以各铁路局 GYK 操作手册为准)：

(1)确认合格证在有效期内，当前 GYK 数据版本与前往作业区域相适应。

(2)开机：

打开总电源开关，启动发动机，待发动机怠速稳定后，打开 GYK 主机电源开关，输入相应参数。

(3)进行设备自检：

按压【查询】键出现查询操作界面。选择“6. 设备自检”，按【确认】键：进入“设备自检”界面。

① 信号自检

选择“1-信号自检”，按【确认】键，即开始信号自检，信号自检时信号灯依次点亮顺序为“L5-LU-U-U2-HU-UU-H-L-B”，并播报语音；自检完成，语音提示“自检正常”则信号自检通过。

② 常用制动自检

确认列车管风压达 500 kPa，同时制动缸风压为 0。

选择“2-常用自检”，按【确认】键，GYK 输出常用制动信号，语音提示“常用制动”两遍，屏幕显示“常用自检”，状态栏“常用”灯点亮。GYK 控制常用制动阀排风，同时关闭列车管进风，观察列车管压力指示逐步降至 380 kPa 并保压，观察制动缸压力上升至 250 kPa以上。

试验完成后，按【缓解】键，语音提示“缓解成功”，列车管进风打开，观察列车管风压应上升到 500 kPa，同时制动缸风压应降为 0，则 GYK 常用制动功能正常。

③ 紧急制动自检

自阀置运转位，确认列车管风压达 500 kPa，同时制动缸风压为 0。

选择“3-紧急自检”，按【确认】键，GYK 输出紧急制动信号，语音提示“紧急制动”两遍，屏幕显示“紧急自检”，状态栏“紧急”、“熄火”灯点亮。GYK 控制紧急制动阀排风，同时关闭列车管进风，紧急制动时控制发动机熄火。观察列车管压力指示应迅速降到 0，观察制动缸压力应上升到 300 kPa 以上，发动机熄火。

试验完成后，按【缓解】键，语音提示“缓解成功”，紧急阀关闭，观察列车管风压应上升到 500 kPa，同时制动缸风压应降为 0。则 GYK 紧急制动功能正常。

④ 键盘自检

选择“4-键盘检测”，按【确认】键或者直接按压快捷数字键“4”，弹出“键盘检测”界面。在键盘检测界面，针对每个按键，都有相应位置的显示按钮，每按一个键，相应的按钮会有颜色变化显示，以回应按键。全部检测完毕，键盘自检通过。

2. 机车信号试验

开机时，所有信号灯光应瞬间点亮，利用发码器检查各信号灯光显示正常。

3. 列车综合无线通信设备(CIR)试验

选择好所运行区段的 CIR(GSM-R 手持终端)频率，进行通话试验，通话声音应保持响亮、清晰。

五、作业装置性能试验

JW-4G 型接触网作业车出车前，应进行作业装置性能试验，主要包括作业平台及调平装置、紧线立柱、液压支腿及随车起重机的性能试验。

(一)作业平台及调平装置性能试验

作业平台的升降、旋转试验同普速接触网作业车。

平台调平装置性能试验包括调平装置的解锁、调平、复位和锁定，试验方法详见第二章第六节调平装置的控制功能及使用方法内容。

(二)紧线立柱性能试验

紧线立柱性能试验包括紧线立柱的升降、回转和应急复位性能试验，试验方法详见第四章第三节紧线立柱操作内容。

(三)液压支腿性能试验

液压支腿性能试验包括支腿收放和支腿走行，试验方法如下：

1. 液压支腿收放

(1)解除液压支腿机械锁定销，旋转销轴使销轴台阶一字面与止挡平行后，拔出锁定销，将锁定销挂于旁边的吊环内，如图 5-2 所示。

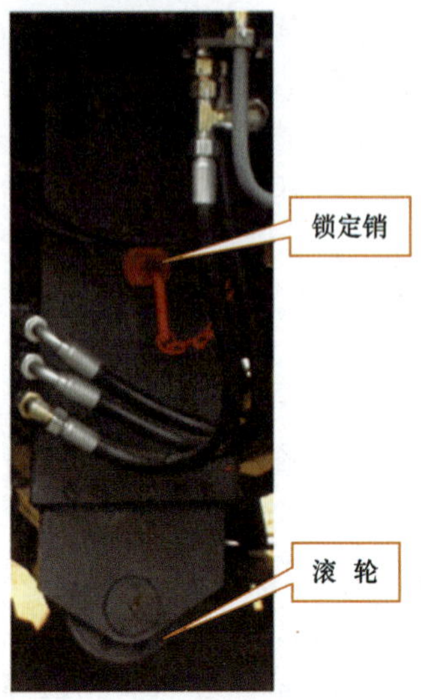

图 5-2 液压支腿锁定销

(2)将平台下控制面板上的“调平/支腿”开关置于“支腿”位，如图 5-3 所示。

(3)分别操作两侧液压支腿手动换向阀手柄，手柄向外拉使支腿下降，待左右两侧液压支腿落下至钢轨面上后，松开手动换向阀手柄，支腿停止下降，如图 5-4 所示。

(4)液压支腿上升时，向内推动液压支腿手动换向阀手柄，直至支腿全部上升到位，然后将锁定销插入锁定销孔，旋转销轴使销轴台阶一字切口完全离开止挡，再将“调平/支腿”转换开关钥匙置于中位，拔下钥匙。

2. 液压支腿走行

液压支腿带有滚轮，滚轮落至钢轨面上，可随车辆一同低速走行，操作方法如下：

(1)在车辆左右液压支腿滚轮落至钢轨面上后，将司机操作台操作手柄置于“中间”位；

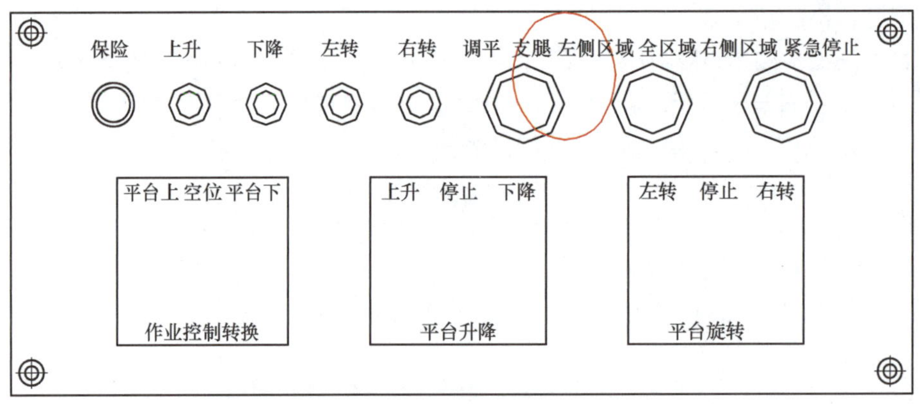

图 5-3 “调平/支腿”转换开关

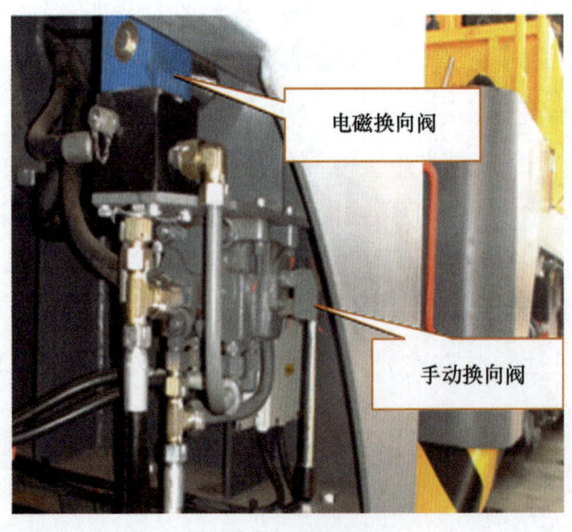

图 5-4 手动换向阀

(2)将操作台面板开关上的“变速箱工作”钥匙开关右旋至开位。

(3)车辆若需向前进，则按下操作手柄向前缓慢推动；车辆若需向后退，则按下操作手柄向后缓慢拉动。

3. 安全注意事项

(1)使用起重机作业前,必须先将两侧液压支腿落下顶在钢轨上,再进行起重机操作。起重机作业完毕后,应先将起重机回位锁定后,再收液压支腿,并进行机械锁定。

(2)带支腿低速走行速度控制在 0～8 km/h,在线路曲线半径小于 800 m 的地方或道岔位置,禁止带支腿运行。

(3)试验完毕,必须将支腿收起并进行机械锁定。

(四)随车起重机性能试验

随车起重机性能试验包括空载升降、变幅、回转、高度限位功能试验以及手油泵、应急电动泵的动作试验,其试验方法详见第四章第三节中随车起重机操作内容。

思考题

1. 高速铁路接触网作业车出车前检查时,上部检查主要包括哪些项目?
2. 简述 JZ-7G 型制动机"五步闸"试验的检查项目及要求。
3. 简述轨道车运行控制设备(GYK)性能试验包括哪些项目。
4. 简述 JW-4G 型接触网作业车液压支腿收放性能试验的操作方法。
5. JW-4G型接触网作业车随车起重机性能试验包括哪些项目?

第二节　高速铁路接触网作业车驾驶

高速铁路接触网作业车进入高速铁路施工或维修作业时,行车按施工路用列车办理,其行车凭证(办法)详见第一章第一节内容。本节以 JW-4G 型接触网作业车为例,主要介绍该车型的驾驶操作。

一、出库操作

高速铁路接触网作业车出库前,除按本章第一节进行出乘前检查和性能试验外,司机还应进行以下操作:

(1)在认真阅读"接触网工作票"或调度命令后,掌握工作内容、运行区段线路条件和限速要求等注意事项,针对本次工作内容制订相应的安全卡控措施。

(2)抄阅运行揭示,进行 GYK 数据输入。

(3)检查行车证件(含驾驶证、高速铁路上岗资格证、车辆年检合格证、车轴探伤合格证、制动部件校验合格证及其他合格证)是否齐全有效。

(4)动车前撤除防溜。

(5)将 GYK 转入调车或目视行车模式,液力传动箱工作钥匙开关置于工作位,下压操作手柄并缓慢向前推动。待车辆启动后,再逐渐加速,严格控制运行速度。

(6)在"一度停车"标志牌或第一架调车信号机前一度停车,确认信号及前方进路,并用 CIR 或 GSM-R 手持终端与列车调度员或车站值班员联系,待具备动车条件后出库或进入车站。

二、运行操作

(1)在取得相应行车凭证及发车许可后，下压操作手柄并缓慢、匀速向前推动，使车辆速度逐步上升，并严格控制运行速度。车辆起步时，不能推动操作手柄过猛或直接推到最大限位，以防止冲动和断钩。

(2)出站后，应逐步推动操作手柄提高列车运行速度，以不超过 GYK 控制速度及线路允许速度运行。

(3)运行中，司机应根据线路坡道适当调整操作手柄位置，以不超过 GYK 控制速度及线路允许速度运行。当列车运行速度接近 GYK 控制速度及线路允许速度时，先将操纵手柄回至中位，适时操纵制动机进行调速。遇紧急情况时，先将操纵手柄回至中位，同时将自动制动阀手柄置于紧急制动位。

(4)坡道区段操纵注意事项：

① 在坡度较小的线路上，起车后应及时加速，达到运行时所需要的速度后，适当回拉操作手柄，保证以均衡速度运行。

② 在起伏坡道上运行时，应充分利用线路纵断面的有利地形，提早加速，坡底抢速，保证以较高的速度通过坡顶。

③ 在长大上坡道前，应采用“先闯后爬，爬闯结合”的操作办法，上坡前力求接近限制速度，减小爬坡距离。储足动能，防止空转、发动机过热等现象。

④ 在长大下坡道运行时，应提早减速，每次减压量不得少于 100 kPa，并掌握好缓解时机，不可因缓解过早使列车速度剧增；同时要严防充风不足，错过下一次制动时机，造成违章超速、甚至放飏的严重事故。

(5)当机车信号显示减速信号时，先将操纵手柄回至中位，适时操纵制动机进行调速，将列车运行速度控制在限制速度之内。

(6)列车接近进站信号机前，司机应及时使用 CIR 或 GSM-R 手持终端与列车调度员或车站值班员进行车机联控，按进站信号机的显示或列车调度员(车站值班员)的指示进站。

(7)进站后，根据出站(进路)信号的显示要求停车或通过。

(8)多机编组运行时，进站前、出站后本务车司机应与处于列车尾部重联作业车的司机通过 CIR 或 GSM-R 手持终端核对风压。

三、停车操作

(1)进站停车时，先将操作手柄置于中间位置，再操纵制动机自动制动阀手柄减压：

操纵列车时，使用自动制动阀；操纵单机时，可用单独制动阀实施制动，但单机站内停车后，应使用自动制动阀减压 80 kPa，以避免 GYK 不必要的防溜起控。

(2)停车超过 5 min 时，副司机应下车重点检查走行部、制动系统状态和轴箱温度，并观察各部有无漏油、漏水、漏风情况(邻线有车辆通过时，不得对邻线侧进行检查)。

(3)停车超过 20 min 时，开车前司机必须进行制动机简略试验。

(4)中间站停车时，不准关闭发动机，车辆应保持制动状态；若长时间停留时，在做好防溜的情况下，准许关闭发动机。

四、换向操作

(1)当车辆停稳后,方可进行换向操作,严禁车辆在运行中换向。

(2)将操作手柄下压从中位向后拉动,车辆即可向相反方向运行,实现换向。

五、换端操作

(1)取出"本端操作"开关、自动制动阀手柄及单独制动阀手柄,将各开关均置于关闭位,操作手柄置于中间位。

(2)在操作端插入"本端操作"开关,自动制动阀手柄及单独制动阀手柄置于工作位,并进行制动机简略试验。

(3)GYK、CIR 进行换端操作。

六、调车作业

(1)在站内进行调车作业时,司机应将 GYK 转入调车模式,严格按照列车调度员(车站值班员)指示作业,凭地面调车信号机显示运行。无调车信号的车站,GYK 转入目视行车模式。

(2)调车作业中,司机必须遵守各项规定及限制速度,调车作业操作可参见第一章第一节有关内容。

(3)调车作业时,必须在运行方向端操作。

(4)严禁在车站进行与接触网检修、抢修无关的调车作业。

七、区间作业

(1)进入封锁区间前,司机必须取得相应的行车凭证和发车许可。多机编组运行时,本务司机应将调度命令内容传达到全部司机。GYK 转入区间作业模式。

(2)在区间解体作业时,应严格控制作业范围和运行速度。

(3)连挂作业时,应选择在平直线路上或坡度和外轨超高较小的地段,并按"十、五、三车"距离信号显示要求控制速度。坡道连挂时,应由处于坡道下方的车辆与坡道上方的车辆连挂,禁止顺坡连挂。

(4)作业过程中遇紧急情况,作业平台工作人员可按下操作面板上的旁路制动按钮,使车辆减速或停车。

(5)严禁超范围作业。

八、车辆入库

(1)车辆到达终点站后,司机应及时与列车调度员或车站值班员联系,并按要求转线入库。

(2)入库时要遵守限制速度规定,确认信号、道岔开通无误后,方可动车;转入段管线时,应在"一度停车标"处停车,以不超过 5 km/h 速度入库。

(3)入库后做好防溜措施。

(4)车辆停稳后,应按"出车前检查内容及要求"对车辆进行检查,并将 GYK 数据转储、上传。

九、无火回送操作

(1)操作手柄置于中间位,操作开关、液力传动箱工作钥匙开关和发动机工作钥匙开关均置于关闭位。

(2)自动制动阀手柄置于手柄取出位并取出,单独制动阀手柄置于运转位。

(3)开放无动力装置的截断塞门,将分配阀的常用限压阀的限制压力调整为 245 kPa,并松开手制动机。

(4)断开电源总开关。

注意:当本车由无动力回送改为本务机时,应将常用限压阀的压力调至 340～360 kPa,并关闭无动力装置截断塞门。

思考题

1. 高速铁路接触网作业车起步操作时,应注意哪些事项?
2. 高速铁路接触网作业车进站停车时,司机应注意哪些事项?
3. 简述高速铁路接触网作业车换端换向操作的步骤。
4. 高速铁路接触网作业车入库时,应进行哪些操作?
5. 简述高速铁路接触网作业车无火回送操作方法。

第三节　高速铁路接触网作业车调平装置的操作

当高速铁路接触网作业车在曲线外轨超高超过 125 mm 地段或在 6 级以上大风情况下施工作业时,其升降回转作业平台上必须使用调平装置将平台调平,以保障作业安全。本节主要介绍 JW-4G 型接触网作业车自动调平装置的操作。

一、调平装置使用条件

(1)高速铁路曲线外轨超过 125 mm 地段或在 6 级以上大风情况。

(2)车辆左右侧液压支腿滚轮落至钢轨面,防止车辆倾覆。

(3)车辆处于制动状态,并按规定打好止轮器。

(4)平台升起一定高度,调平时不与周围物件干涉。

二、调平装置操作

调平装置可实现自动调平、自动复位、自动锁定、手动调平、手动复位和手动锁定功能,各功能具体操作方法如下:

(一)解锁操作

(1)将调平控制柜内调平系统总电源断路器合上(图 5-5)。

(2)将调平控制柜面板上的电源开关右旋至“闭合”位,调平控制柜面板上的电源指示灯亮,如图 5-6 所示。

(3)将调平控制柜面板上的“手动/自动”转换开关置于“手动”位,“锁定/解锁”开关置于“解锁”位,如图 5-7 所示,此时调平装置的锁定油缸开始回缩至“解锁”位。

图 5-5 调平控制柜断路器

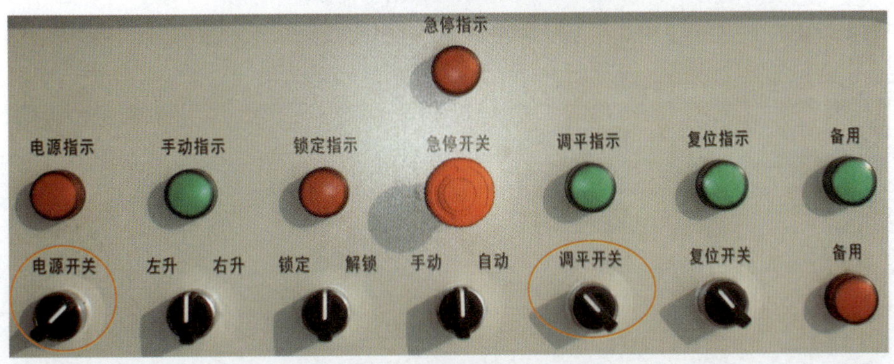

图 5-6 开启调平系统电源

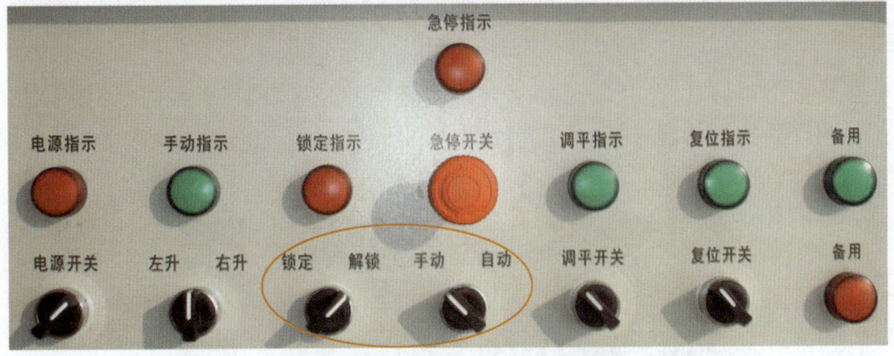

图 5-7 调平装置手动解锁操作

（4）解锁完毕，将“锁定/解锁”开关置于“中间”位，进入自动调平环节。

（二）自动调平

（1）将调平控制柜面板上的“手动/自动”开关置于“自动”位。

（2）右旋自动调平开关于“工作”位，如图 5-8 所示，此时调平油缸开始自动调平；同时，自动调平开关上方的调平指示灯亮，表示调平油缸处于调平工作状态。

（3）观察调平指示灯状态，当调平指示灯灭时，表明调平油缸已经完成调平动作，作业平台处于水平位置。

（4）将自动调平开关旋至中间，使其处于“关闭”位。

（三）自动复位和锁定

（1）将调平控制柜面板上的“手动/自动”开关置于“自动”位。

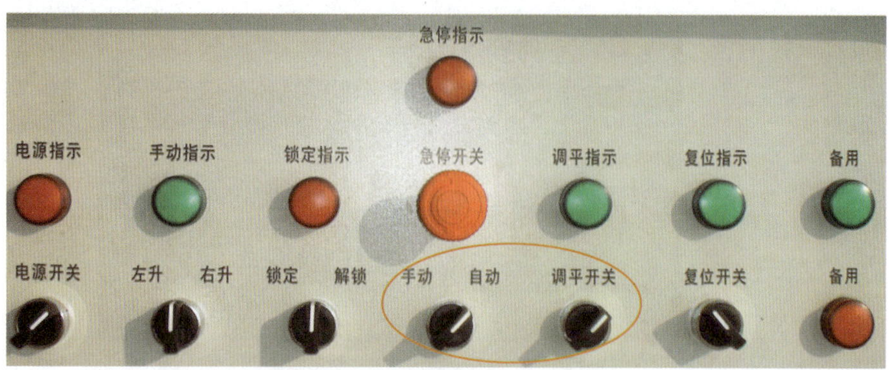

图 5-8 调平装置自动调平操作

(2)将调平柜控制面板上的“复位”开关右旋至开位，如图 5-9 所示，此时调平油缸开始进行自动复位，复位指示灯亮。

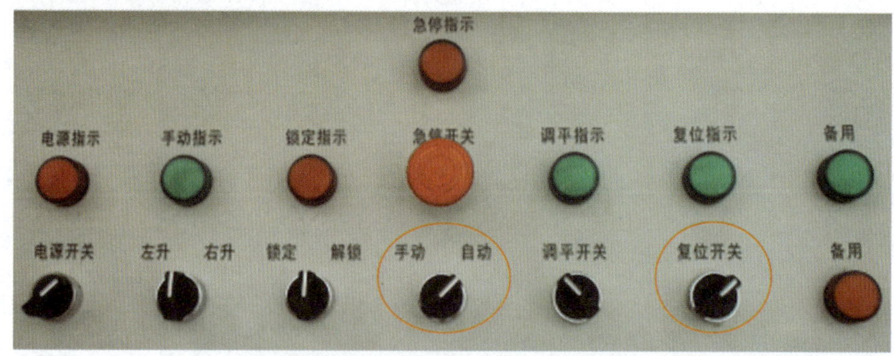

图 5-9 调平装置自动复位、锁定操作

(3)观察复位指示灯状态，当复位指示灯熄灭时，表示复位动作已经完成，锁定油缸自动进行锁定动作，油缸活塞杆伸出，进入锁定销孔内不再动作时(图 5-10)，即完成了调平装置的自动锁定动作。

图 5-10 锁定油缸锁定位

(四)手动调平

(1)将调平控制柜面板上的“手动/自动”开关置于“手动”位，“锁定/解锁”开关置于“解锁”位，解锁锁定机构。

(2)解锁完成后，将“锁定/解锁”开关置于“中间”位，控制“手动左升/右升”开关调整油缸左升或者右升，如图 5-11 所示，使作业平台手动调到水平状态。作业平台调至水平状态后，将“手动左升/右升”开关置于“中间”位，操作人员上平台进行各项作业操作。

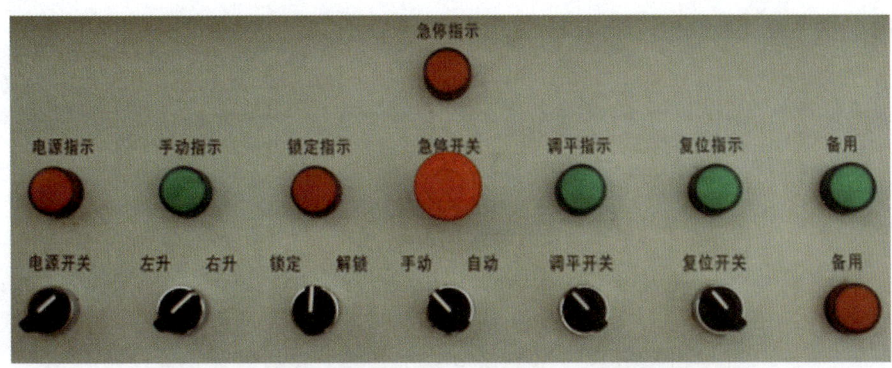

图 5-11　调平装置手动复位(右升)操作

(五)手动复位

作业结束后,操作“手动左升/右升”开关,调整油缸左升或者右升,将作业平台和车体调到一致角度进行复位。

(六)手动锁定

将调平控制柜面板上的“锁定/解锁”开关置于“锁定”位,如图 5-12 所示,此时锁定油缸活塞杆伸出;注意观察锁定油缸活塞杆伸出方向是否在锁定销孔内,如不在,应立即将“锁定/解锁”开关置于“中间”位,重复上一步操作步骤直至锁定油缸活塞杆伸出方向在锁定销孔内,方可将手动锁定/解锁开关置于“锁定”位,使锁定油缸活塞杆伸入至锁定销孔内,进行手动锁定操作。

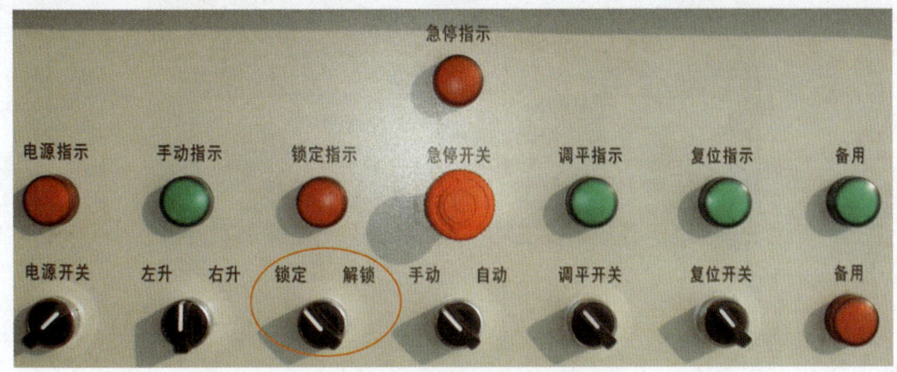

图 5-12　调平装置手动锁定操作

(七)调平装置作业急停操作

(1)当调平装置任一项操作遇到紧急情况,需要让作业动作停止时,可按下调平控制柜面板上的急停开关按钮,该项作业动作立即停止,且控制面板的急停指示灯亮起。

(2)当需要作业复位时,须将面板上各作业开关关闭后,将急停开关按钮顺时针旋转,开关弹起后,方可解除急停操作,此时急停指示灯熄灭,表明调平装置可以正常操作。

(八)调平装置应急复位操作

1. 应急手油泵复位

当车辆发生故障,发动机无法带动油泵工作的情况,可以使用应急手油泵使调平机构应急复位。其操作方法如下:

(1)闭合电源总开关。

(2)将作业平台液压阀件控制柜内部调平、平台应急手动换向阀向前推至“调平/支腿”位置,如图 5-13 所示。

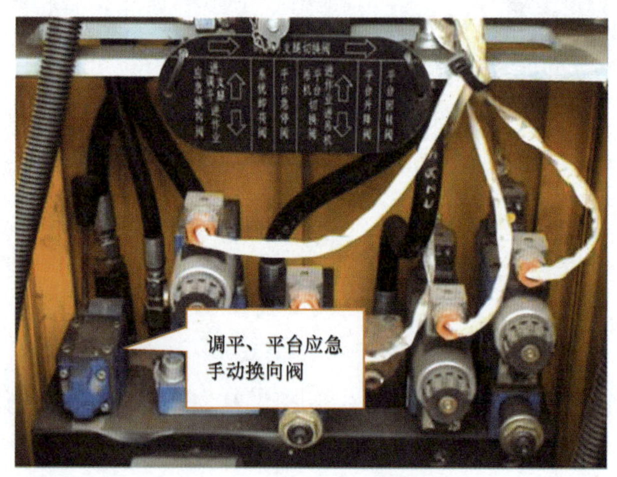

图 5-13　应急手动换向阀

(3)将下控制柜的“调平/支腿”转换开关置于“调平”位,如图 5-14 所示。

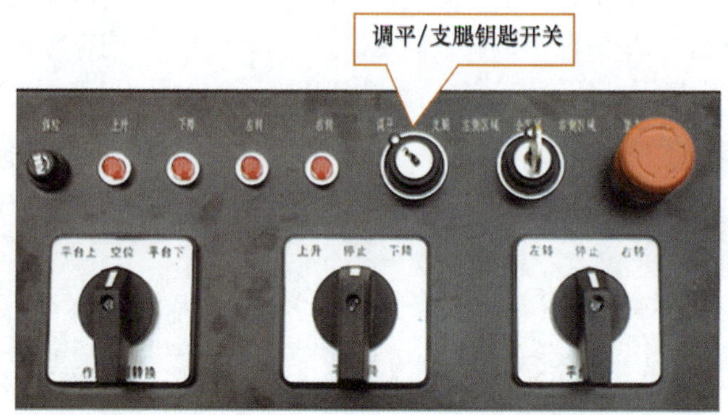

图 5-14　控制柜“调平/支腿”开关

(4)一人摇动手油泵(图 5-15),另一个人操作调平控制面板各项开关,对调平装置进行复位,其操作方法和正常操作一样。直至锁定油缸活塞杆伸入锁定销孔内不再动作为止,即完成调平装置锁定。

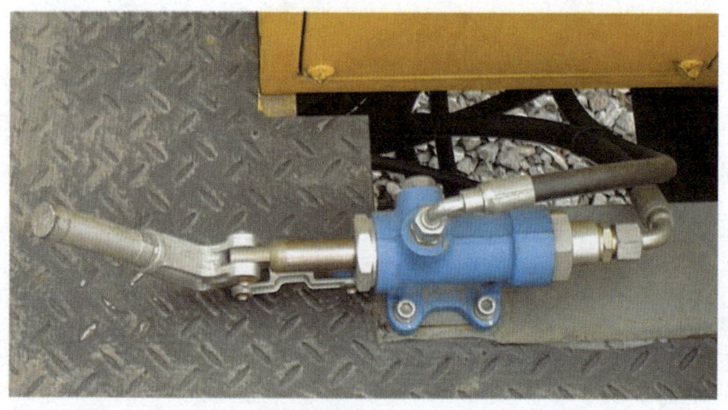

图 5-15　液压系统应急手油泵

2. 应急手油泵与电磁换向阀手动功能联合复位

当车辆电路故障或电磁换向阀故障时，可通过应急手油泵与电磁换向阀手动换向功能使调平装置应急复位。

调平电磁换向阀安装在调平控制柜内，此阀带有2个手动换向手柄（图5-16），根据实际作业需要，操纵相应手柄，可实现调平装置的手动调平等功能。具体操作方法如下：

（1）将作业平台液压阀件控制柜内部调平、平台应急手动换向阀向前推至“调平/支腿”位置。

（2）一人操作调平电磁阀手动换向手柄，另一人摇动应急手油泵，对调平装置进行相应动作的操作。

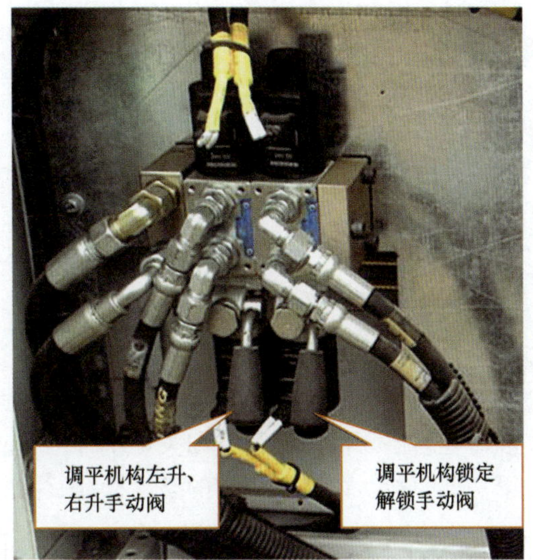

图5-16　电磁换向阀应急手动换向手柄

思考题

1. 简述JW-4G型接触网作业车调平装置的使用条件。
2. JW-4G型接触网作业车调平装置可实现的功能有哪些？
3. 简述JW-4G型接触网作业车调平装置的自动调平操作方法。
4. 简述JW-4G型接触网作业车调平装置的手动锁定操作方法。
5. 调平装置紧急停止后，应如何进行恢复性操作？

复习题

1. 轨道车运行控制设备（GYK）进行设备自检时，主要应进行哪些方面的自检？
2. 简述JW-4G型接触网作业车液压支腿走行性能试验的操作方法。
3. 高速铁路接触网作业车出车前检查时，应注意哪些事项？
4. JW-4G型接触网作业车发动机启动时，应注意哪些事项？
5. JW-4G型接触网作业车出车前，应对哪些作业装置进行性能试验？
6. 高速铁路接触网作业车在坡道区段运行时，司机应注意哪些事项？
7. 高速铁路接触网作业车区间作业时，应注意哪些事项？
8. 高速铁路接触网作业车出库时，司机应进行哪些操作？
9. 简述JW-4G型接触网作业车调平装置的解锁操作方法。
10. 简述JW-4G型接触网作业车调平装置的手动调平操作方法。
11. 简述JW-4G型接触网作业车调平装置的作业急停操作。
12. JW-4G型接触网作业车调平装置的应急复位操作有什么方式？

第六章　高速铁路接触网作业车维护保养与应急故障处理

高速铁路接触网作业车的使用和保养是不可分割的统一体，其保养工作关系着车辆工作状态、经济性能和运用安全。车辆运用过程中，司机应熟悉车辆结构、各部件及其工作状态，加强对容易出现故障的部件和关键部件的检查，掌握常见故障的应急处理方法，牢固树立"安全第一"的思想，以高度负责的态度操纵、保养车辆，确保车辆运用安全。

第一节　高速铁路接触网作业车维护保养

高速铁路接触网作业车保养工作分为日常保养、定期保养、换季保养、走合期保养和长期存放保养五大类，下面以 JW-4G 型接触网作业车为例分别对这五类保养进行介绍。

一、日常保养与检查

接触网作业车日常保养是在车辆出车前、入库后，以调整、清洁、紧固、润滑为主要内容的预防性检查工作，保证使车辆各部工作正常，延长车辆使用寿命，保持良好的状态。

（一）日常保养的主要内容

(1)清洁车身内外、车窗玻璃、电气设备和底盘各部。

(2)检查灯光、仪表、刮雨器、喇叭、撒砂器作用是否良好。

(3)检查水散热器、油箱及油管、水管、空气列车管路密封，更换不良密封件。

(4)检查冷却液，燃油，发动机、液力传动箱、车轴齿轮箱、分动齿轮箱、空气压缩机、减速机润滑油，液压油、蓄电池电解液是否充足，加注冷却液和油液，补充电解液。

(5)检查发电机、空气压缩机皮带，更换不良皮带，调整皮带张紧度。

(6)检查车钩、走行系统、基础制动各活动连接销轴开口销、保险垫。

(7)检查传动轴连接螺栓、防松锁片有无松脱并紧固。

(8)排放空气干燥器、风缸内的油、水。

(9)检查油、水、气阀门有无泄漏，更换不良件或报修。

(10)调整闸瓦间隙、制动缸活塞行程，检查闸瓦磨损状态。

(11)检查轴箱弹簧有无异常。

(12)检查踏梯及门扶手、调车扶手和其他辅助扶手的紧固情况。

(13)检查手制动机工作状态及链条是否完好。

(14)检查回转机构、立柱、紧线装置的润滑情况，并加注润滑脂。

(15)检查立柱磨耗板与套筒接触面之间的间隙(0.6～1.4 mm)，两侧间隙之和大于2 mm时更换磨耗板。

(16)检查导线支撑装置、拨线机构的工作情况，并加注加润滑脂。

（17）检查液压支腿、止轮器、踏梯、吊钩、抓轨器等各锁定机构锁定装置是否良好，更换不良件或报修。JW-4G 型接触网作业车各锁定机构示意图分别如图 6-1、图 6-2、图 6-3、图 6-4、图 6-5 所示。

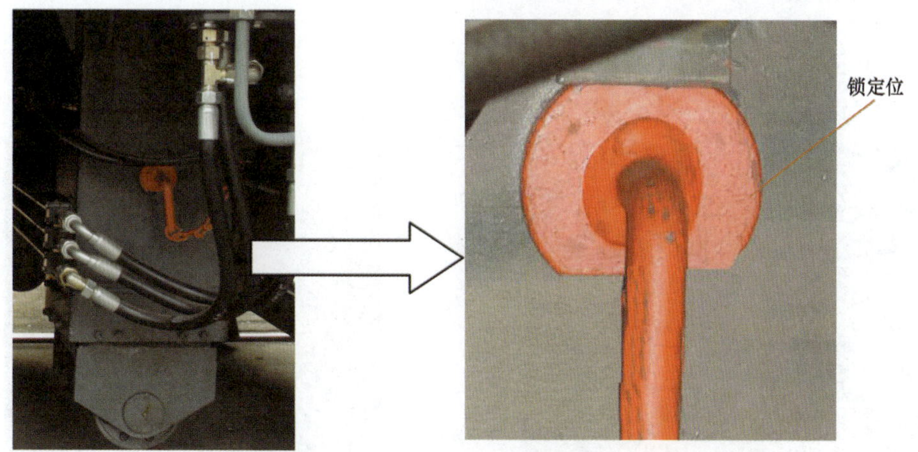

图 6-1　液压支腿锁定机构

图 6-2　止轮器锁定机构

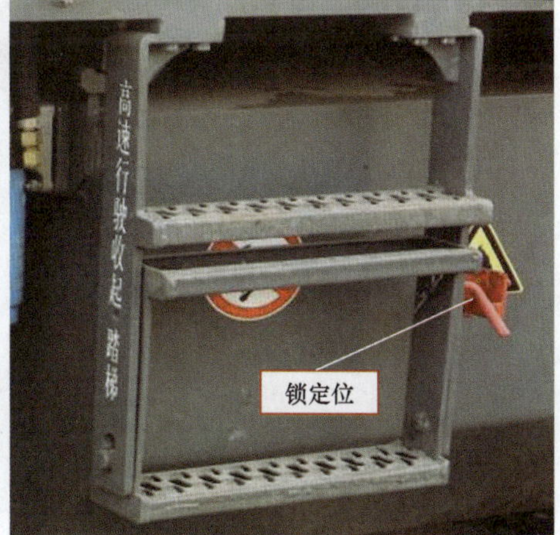

(a) 解锁位　　(b) 锁定位

图 6-3　踏梯锁定机构

(二)检查保养方法

1. 冷却液加注与检查

发动机每天启动前,必须进行一次水位检查,水位检查在车内进行,如图 6-6 所示。水位检查时,应首先抬开活动地板,然后打开散热器盖观察液位,液位应在距膨胀水箱透气孔下方 20 mm 或距膨胀水箱口 30～50 mm,不足时需立即补充。

图 6-4　抓轨器锁定机构

图 6-5　吊钩锁定机构

图 6-6　冷却液加注口

接触网作业车运行途中,应经常观察微机控制器显示器上发动机水温的显示状况,若发现水温高于 95 ℃时,应随时注意观察水温变化情况。在条件允许的情况下应立即停车,下车检查发动机、散热系统以及水管路是否有泄漏现象;在确认无外漏的情况下,待水温恢复正常后方可继续运行。

2. 燃油检查

燃油箱的总容积为 1 000 L,车辆整备检查时,燃油量应不少于 2/3,当燃油少于 250 L 时,发动机将无法启动,燃油箱及其油位镜的示意图如图 6-7 所示。

3. 润滑油的检查

(1)发动机机油检查

JW-4G 型接触网作业车所用潍柴 WP12.480 型电喷水冷柴油发动机,规定的适用机油牌

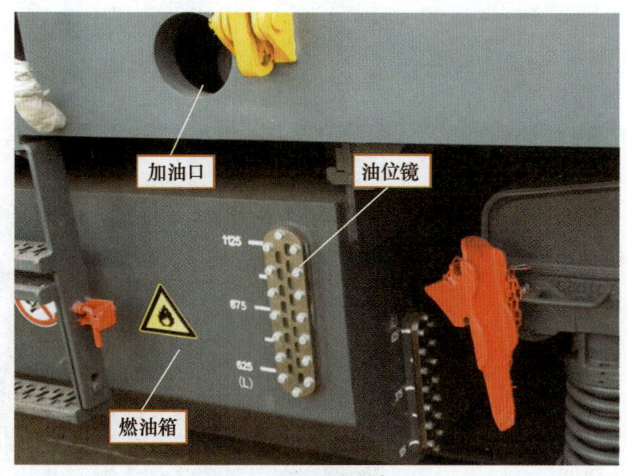

图 6-7　燃油箱及油位镜

号为 CF-4、CH-4 或潍柴专用机油，润滑油容量为 36 L。

发动机每天启机前，必须进行一次油位检查，机油尺位置如图 6-8 所示。正常情况下发动机机油油平面应在机油尺最高油位上刻度线偏下 2 mm 左右，若偏低则应补充机油。

在检查油量的同时还应观察机油的质量，机油尺上若挂有水珠，则说明发动机油底壳内有水，严重时机油呈乳白色，油底壳油平面上升。此时，应立即停机查找出进水的原因并予以排除。

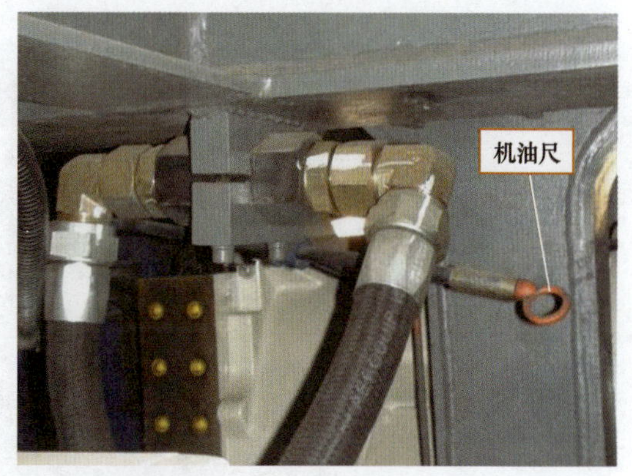

图 6-8　发动机机油尺

(2)液力传动油检查

液力传动箱油位检查应在发动机启动并低速运转约 3 min，当油管道及热交换器注有动力传动油后关闭发动机，待发动机停机 2 min 内，从液力传动箱油位镜处检查油位。液力传动箱油位标准介于其上下刻线之间，当油位低于下刻线时，应从加油口加注相同牌号的液力传动油，直至油面到达油位镜上刻线为止。液力传动箱油位镜及油位、油液加注口示意图分别如图 6-9、图 6-10 所示。

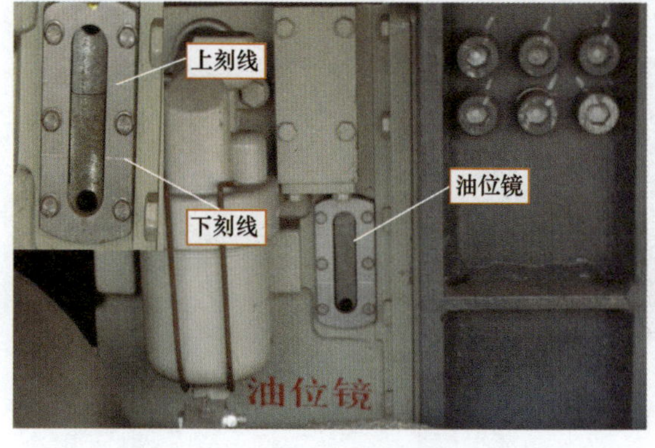

图 6-9　液力传动箱油位镜及油位

图 6-10　液力传动箱油液加注口

(3)空气压缩机机油检查

空气压缩机机油油位应不少于液位镜的1/2,如图6-11所示。

(4)车轴齿轮箱润滑油检查

检查车轴齿轮箱润滑油时,当卸下其上油位孔螺栓,应有少量润滑油流出;若上油位孔满说明油量过多。当上油位孔螺栓打开后无润滑油流出时,则应孔流油,立即卸掉下油位孔螺栓进行检查;若下油位孔无油流出,说明油量不足,应及时补充润滑油。车轴齿轮箱润滑油检查如图6-12所示。

图6-11 空气压缩机机油检查

(5)分动齿轮箱润滑油检查

分动齿轮箱油位应不少于液位镜的1/2,如图6-13所示。

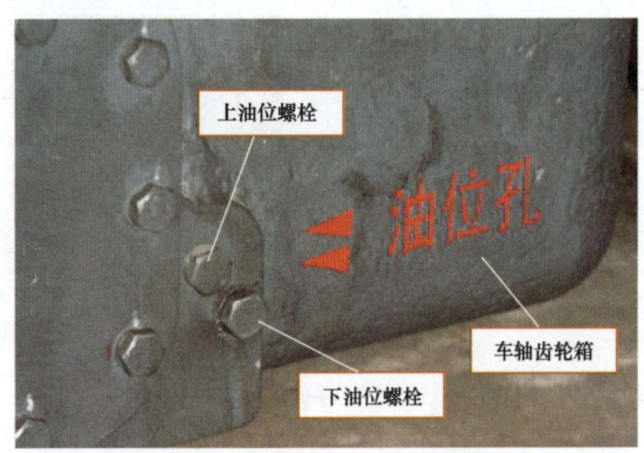

图6-12 车轴齿轮箱润滑油检查

(6)随车起重机减速机润滑油检查

减速机润滑油油位应不低于油位镜的1/2,如图6-14所示。

图6-13 分动齿轮箱润滑油检查

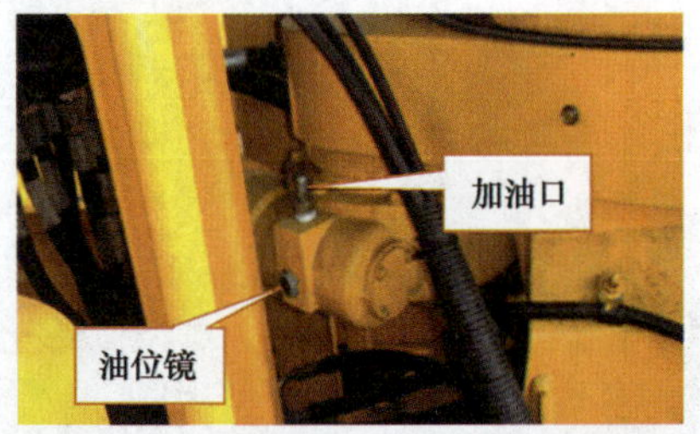

图6-14 随车起重机减速机润滑油检查

(7)液压油检查

液压油箱与燃油箱是共体分室结构,油位尺安装在同一侧(图6-15)。液压油油位应位于上、下油位线范围内,作业系统工作后,液压油油位应不低于最低油位线,不足时须补充同规格同型号的液压油。严禁不同型号液压油混用。

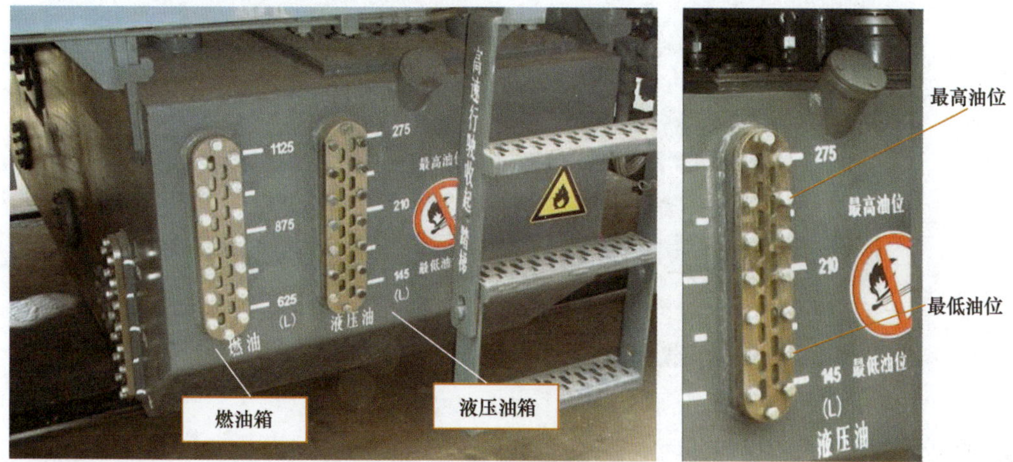

图 6-15　液压油箱及油位标识

(8)各处油嘴在按压后应有油流(渗)出,无油流(渗)出时应加注。

4. 空气压缩机皮带挠度检查

检查空气压缩机皮带挠度时,应用拇指或中指以 20～50 N 按压皮带中部,皮带下挠范围在 20～30 mm,或用皮带张力计检测,如图 6-16 所示。

5. 手制动机状态检查

顺时针方向转动手轮,可使链条产生并保持制动拉力;手制动缓解时,按照图 6-17 所示手轮方向指示,按逆时针方向转动手轮约 40°,手制动机即可缓解。

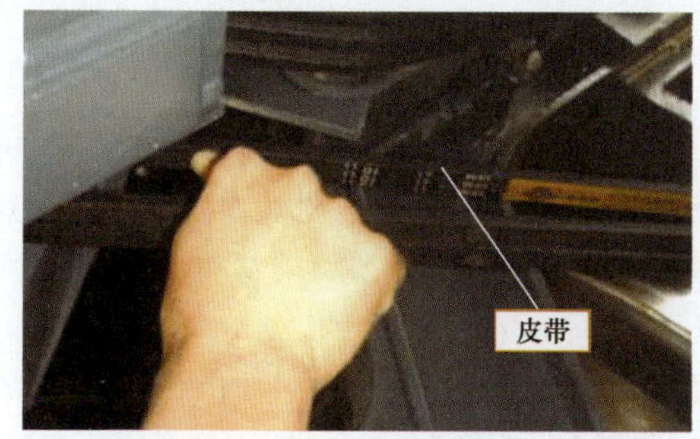

图 6-16　皮带挠度检查

图 6-17　手制动机状态检查

6. 闸瓦磨损检查及闸瓦间隙调整

JW-4G 型接触网作业车基础制动采用高磷合成闸瓦,其厚度小于 17 mm 或有裂纹时应更换,更换时同一轮对上的闸瓦需要同时更换。

调整闸瓦间隙时,松开调整杆两端锁紧螺母,转动调整杆(调整杆每转动一圈,制动缸活塞行程变化约 10 mm)。调整完毕后,自动制动阀实施一次常用制动最大减压量,观察各制动缸活塞行程是否一致(误差在 5 mm 范围内)和符合标准(标准行程 70～120 mm),调整完毕锁紧两端的锁紧螺母,保证闸瓦间隙在 5～10 mm 范围内,如图 6-18 所示。

二、定期保养

定期保养是指接触网作业车每行驶 2 500～3 000 km 或每季度进行的一次保养工作。定期保养是以全面检查、调整、紧固、润滑,并排除不正常状态为内容的检查工作。

图 6-18 闸瓦间隙调整机构

定期保养内容除日常保养的内容外，还包括以下内容：

1. 清洁或更换发动机空气滤清器、机油滤清器、燃油滤清器，空气压缩机滤清器；排除各风缸、油水分离器中的积水和油污。

清洁时，从空气滤清器中拆下空气滤芯，轻拍端面使灰尘落下，也可用压缩空气反吹(由内向外吹)，不得吹破滤纸，不得用水和油清洗滤纸，不得用力拍打或敲打滤芯。绝不允许在没有空气滤清器或没有安装空气滤清器滤芯时使用发动机、空气压缩机，否则灰尘和杂质进入柴油机、空气压缩机会导致设备早期磨损。

2. 检查发动机、液力传动箱、分动齿轮箱、车轴齿轮箱、空气压缩机、起重机减速机的润滑油(检查方法同日常保养)，必要时添加或更换。

添加或更换润滑油应注意以下事项：

(1)发动机机油

① 发动机在更换机油、机油滤清器后首次启动发动机时应做到：启动发动机运转几分钟后熄火，大约 15 min 待机油流回油底壳后，再检查一次机油油平面，观察机油油面是否符合要求。机油油平面高于最高油位标记和低于最低油位标记刻线时，都不要启动发动机，否则将对发动机造成一定的危害。

② 发动机必须使用同一个牌号的机油，不同牌号或同牌号而不同产地的柴油机机油不能同时混合使用，否则可能因添加剂不同而引起化学反应，使油品变质失效而损坏发动机。

③ 要严格执行定期更换机油、换季必换油和换油同换机油滤清器的规定。

(2)液力传动油

① 液力传动油的牌号为 SGL18，油量约 110 L。

② 根据传动油的更换周期，在更换传动油的同时同步更换滤芯。另外根据滤芯的实际使用状态，检查滤芯阻力指示器指针是否偏移至黄色区域，若移至黄色区域，则说明滤芯已经堵塞，此时也应该更换滤芯。

(3)分动齿轮箱润滑油

① 润滑油的型号为 SAE85W-90API GL-5 齿轮油，约 11 L。

② 更换润滑油时，润滑油需在热态下，将分动齿轮箱底部放油螺堵松开，清除磁性螺堵上的杂质，彻底将润滑油放尽，然后用柴油或煤油进行冲洗，放掉冲洗油后，重新加注同型号的新

润滑油。

③ 换油时，禁止用水清洗分动齿轮箱。

(4)车轴齿轮箱润滑油

① 润滑油牌号为 SAE 85W/90 API GL-5 车辆齿轮油，0306 型车轴齿轮箱总容量约 20 L，0307 型车轴齿轮箱总容量约 18 L。

② 润滑油更换需在车轴齿轮箱尚有余温时候进行。润滑油通过箱体底部的泄油口放尽，为了加快放油的速度，可以通过打开观察盖的方式加速放油过程。每次更换润滑油均需要清理泄油口丝堵、磁性塞上收纳的铁质碎屑。放尽后用柴油或煤油冲洗壳体及齿轮，清洗油底壳放掉清洗油后加入新油，加油时应过滤以保持润滑油的清洁。

③ 0306 型车轴齿轮箱必须在上透气孔(“加油口”标识)处加油，以保证高位腔油满后自流至低位腔。

(5)空气压缩机机油

① 空气压缩机采用空气压缩机油 L-DAB150，油量约 3 L。

② 如发现有乳化现象，应更换新油。

3. 检查各种皮带的磨损情况，必要时调整或更换，皮带更换必须同组一并更换，不允许新旧混用。

4. 检查发动机、液传箱、分动齿轮箱、车轴齿轮箱的悬挂支承及安装紧固螺栓。

5. 检查传动轴的万向节、十字轴及花键磨损情况。

6. 检查主车架、转向架构架有无裂纹和变形。

7. 检查油压减振器的安装紧固及工作情况。

8. 检查蓄电池的电液相对密度。用比重计测量电解液相对密度，此值应为 1.28～1.30(环境温度为 20 ℃时)，一般不应低于 1.27，同时液面应高于极板 10～15 mm，不足时应加注蒸馏水。

9. 检查车钩的三态作用及车钩与车架连接的铆钉。车钩座应铆接牢固，润滑良好，钩舌销、钩尾销开口销齐全。车钩应开关灵活，车钩三态符合标准。车钩三态即指：开锁位、闭锁位、全开位；闭锁位基本尺寸为 110～130 mm，全开位基本尺寸为 220～250 mm，如图 6-19、图 6-20 所示。

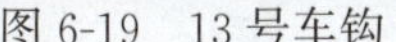
图 6-19　13 号车钩

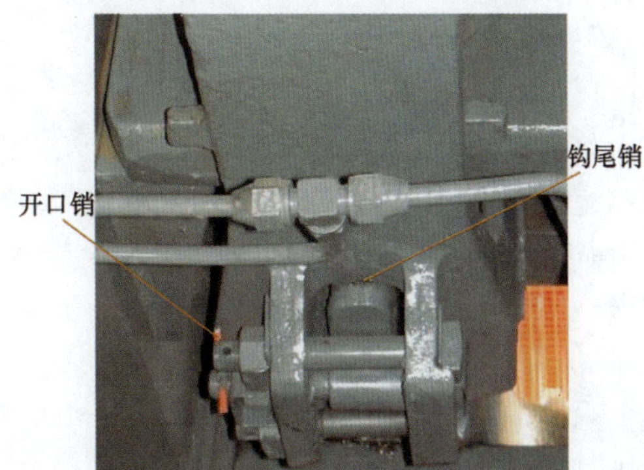

图 6-20　13 号车钩底部

10. 检查车钩高度、排障器高度，扫障器胶皮磨损严重时应及时更换。新造车钩中心线距轨面高度应为 880 mm±10 mm，运用高度为 815～890 mm；排障器底面距轨面高度为 90～130 mm，排障器橡胶板下缘距轨面为 20～25 mm。

11. 检查水散热器的散热效能，必要时清洗冷却系统。

清洗冷却系统的方法如下：

(1)清洗溶液成分：苛性纳(火碱)750 g、煤油 150 g、水 10 L。

(2)清洗方法：将溶液过滤后加入冷却系统中，停留 10～12 h 后，启动发动机，以怠速运转 15～20 min，直到溶液开始有沸腾现象为止，然后放出溶液，再用清水冲洗 3 次。

12. 检查车轴齿轮箱悬挂装置和传动轴角度，必要时予以调整。

13. 检查车棚是否有锈蚀，油漆是否有脱落，必要时补漆。

14. 液压系统、液力传动箱附件等滤清器清洗，必要时更换液压油。

液压油更换注意事项：

(1)每次更换油液时应将原液压油全部放尽，并对油箱及整个系统、油箱吸、回油滤清器进行清洗。

(2)加油时，须用 120 目铜丝布滤网过滤后加入液压油箱。油液加完后液压系统应循环冲洗过滤，达到液压油清洁度不低于 NAS16389 级后才可以使用，否则会损坏液压系统中元件。

(3)未达到换油时间而液压油变质的，应予更换。

(4)当遇到吸、回油过滤器堵塞报警器发出堵塞报警信号时，应及时更换吸回油过滤器滤芯，检查油液洁度。

15. 检查和调整各机构的行程开关至合适位置。

16. 检查制动系统各阀件、仪表、风压表工作是否正常。

(1)每隔六个月对仪表、风压表、制动阀、中继阀、作用阀、分配阀进行校验和保养。

(2)拆下自动排水过滤器滤网进行清洗。

(3)检查空气干燥器湿度显示窗口是否变红(正常为蓝色)，变红则更换湿度颗粒计。

17. 及时消除所发现的其他故障及不正常现象。

三、换季保养项目及技术要求

换季保养是针对设备部件因气候温度的变化而有不同需要进行的保养。主要是按规定更换不同黏度的润滑油(夏季换用高黏度的润滑油，冬季换用低黏度的润滑油)、不同凝点的燃油、液压油，调整蓄电池的电解液密度。

(1)燃油

夏季应选用 0 号轻柴油，冬季则应根据地区环境温度分别选用－10 号、－20 号或－35 号轻柴油。一般规定，选用柴油的牌号要低于环境温度 10 ℃。否则，柴油机功率将受到影响，严重时柴油滤清器将被柴油析出的蜡状物质所堵塞，表现为发动机空载时还能启动，只要带上载荷发动机就熄灭。

(2)发动机机油

只有按规定选用适当牌号、黏度的机油，才能保证良好的润滑，减少机油消耗。冬季、北方选用黏度较小的机油；夏季、南方选择黏度较大的机油。

(3)冷却液

一般来讲，发动机冷却液夏季使用水，冬季使用防冻液。在有条件的情况下夏季使用蒸馏水，因为蒸馏水的水质软，有利于发动机和散热系统不易产生水垢。严禁使用井水，因为井水的水质硬，水中矿物质多使发动机和散热系统容易形成水垢，影响散热。在条件允许的情况下，一年四季都使用防冻液为最佳。

(4)液压油

液压传动系统采用抗磨液压油，当环境温度高于－5 ℃时使用L-HM46号抗磨液压油，环境温度低于－5 ℃时使用L-HS46号低凝液压油。

(5)空气压缩机润滑油

夏季使用19号L-DAB150机油，冬季使用13号L-DAB150机油。

四、走合期保养项目及技术要求

新制或大修车辆的走合里程为1 000 km。高速铁路接触网作业车在走合期内的运行中，应降低牵引重量30%，如在长大坡道上行驶，应再适当减载。

走合期满后，应对以下项目进行保养：

(1)清洗机油滤清器，清除空气滤清器内的污物；

(2)更换液传箱、分动齿轮箱、车轴齿轮箱润滑油；

(3)检查蓄电池电液密度和数量；

(4)检查各部螺栓、销钉、开口销有无松动或脱落。

五、长期存放保养

高速铁路接触网作业车长期不使用时，应进行封存，并采取如下措施：

(1)放掉冷却水；

(2)清洗各滤清器；

(3)包扎好空气滤清器；

(4)所有油杯处加注润滑油；

(5)拆掉蓄电池；

(6)每月启动发动机一次，并前后运行，进行检查保养。

思考题

1. JW-4G型接触网作业车日常保养的主要内容有哪些？
2. 更换车轴齿轮箱润滑油时，应注意哪些事项？
3. JW-4G型接触网作业车进行换季保养时，应做好哪些工作？
4. 高速铁路接触网作业车走合期满后，须进行哪些方面的保养？
5. JW-4G型接触网作业车长期存放保养应采取哪些措施？

第二节　高速铁路接触网作业车应急故障处理

一、微机控制显示器故障显示区的故障代码及含义

当JW-4G型接触网作业车出现某些故障时，其微机控制显示器故障显示区可显示3类故障代码及含义，共137种。主要故障代码及含义如表6-1所示。

表 6-1 微机控制器显示屏故障代码及含义

故障代码	代码含义	故障代码	代码含义
0x0008005B	油门信号异常	0x0200014B	液力传动箱油温过热
0x000D005B	油门需要校准	0x000F0664	进气温度高报警
0x0004006E	发动机冷却剂温度传感器接地故障	0x00000664	进气温度高停机
0x000800BE	发动机速度信号反常	0x0200006E	液力传动箱油温传感器故障
0x000802D3	第二发动机速度信号反常	0x02000085	速度传感器采样值故障
0x000F00BE	发动机超速警告	0x02000088	输出速度采样传感器故障
0x000000BE	发动机超速停机	0x000400AE	燃油温度传感器接地故障
0x0003005E	燃油压力传感器短接+24 V或开路故障	0x00040064	发动机机油油压传感器接地故障
0x0004005E	燃油压力传感器接地故障	0x0009827E	J1939数据链路通信
0x00030069	进气口温度传感器短接+24 V或开路故障	0x000F006E	发动机冷却液温度高报警
0x00040069	进气口温度传感器接地故障	0x0010006E	发动机冷却液温度高降速
0x000D027D	发动机需要校准时间	0x0000006E	发动机冷却液温度高停机
0x00110064	发动机机油压力低报警	0x0011006F	发动机冷却液不足报警
0x00180064	发动机机油压力低降速	0x0012006F	发动机冷却液不足降速
0x00010064	发动机机油压力低停机	0x0001006F	发动机冷却液不足停机
0x000000A8	全车电压高	0x000F005E	燃油压力高报警
0x000100A8	全车电压低	0x02000148	液力传动箱油温报警
0x000200A8	全车电压不稳定	0x01000001	滤清器1堵塞
0x00020276	检查可编程的参数设置	0x01000002	滤清器2堵塞
0x01000004	总风缸压力低	0x01000003	滤清器3堵塞

二、常见故障的诊断与排除

(一)电气系统常见故障(表6-2)

表 6-2 电气系统常见故障

序号	故障现象	原因	处理方法
1	微机控制显示器显示485通信以及充放电流显示正常,但是发电电流显示为0	(1)电流互感器接插件接触不良。 (2)电流互感器损坏。 (3)导线的方向反	(1)重新将电流互感器接插件重插。 (2)电流互感器采样端检测发电。如果检测互感器无问题,就可以判定为通过发电电流互感器线圈有损坏,更换发电电流互感器线圈。 (3)反向接导线
2	微机控制显示器显示在发电的情况下,充放电流显示为负值	显示负值是由于通过充放电流互感器线圈的导线方向反,需调转	反向连接通过互感器线圈的导线

续上表

序号	故障现象	原　因	处理方法
3	充放电流显示最大值 98 A	(1)传感器信号线和地线处于开路状态。 (2)电流互感器接插件信号线和地线接反。 (3)电流互感器接插件松动,接触不良,导致信号未给到控制器	(1)检查传感器信号线是否正确,并检查地线连接情况。 (2)将电流互感器接插件信号线与地线对调。 (3)重新对电流互感器接插件连接,保证可靠接触
4	微机控制显示器上充放电流值无变化	(1)电流互感器无+15 和−15 供电。 (2)电流互感器接插件接触不良	(1)检查换挡控制器过来的+15 V 和−15 V 电(即 174、175 线号)是否供给电流互感器。断电情况下,采用万用表量两端是否通,如不通顺延线路检查并接通线路。 (2)对电流互感器接插件重插
5	微机控制显示器显示燃油油位无显示	(1)油位传感器地(油箱盖上)与整车地接触不良。 (2)油位传感器信号线未接到控制器内部,导致信号未给到控制器进行处理	(1)重新连接紧固油位传感器的接地线。 (2)从油箱处顺延检查油位传感器信号线,直到司机室内至换挡控制器上的接线线路正常。用万用表测量其线路是否断路
6	自动调平装置系统调平不能达到要求的工况	(1)程序乱码。 (2)传感器损坏	(1)重新输入程序。 (2)更换传感器

(二)动力传动系统常见故障

1. 柴油机

WP12.480 型电喷水冷柴油机常见故障及原因见表 6-3。

表 6-3　柴油发动机常见故障及原因

原因 现象	空滤器堵塞	燃油不足	燃油系统进入空气	燃油滤器或管路堵塞	无燃油	冷却系统风道堵塞	超载	油箱通气孔阻塞	润滑油过多	冷　机
无法启动		●	●		●					
启动后自动停机	●		●	●				●		
输出功率下降	●			●						
蓝烟									●	
黑烟							●			
转速不稳		●								
润滑油耗量过大									●	
发动机过热					●	●				
意外停机		●	●					●		●
无法提高转速		●	●					●		

2. 液力传动箱故障诊断

液力传动箱为德国 VOITH 公司生产的 T211re.4 型卧式液力传动箱,自带液力传动箱诊断模块及诊断接口,位于车辆前端操作台控制柜内(图 6-21)。

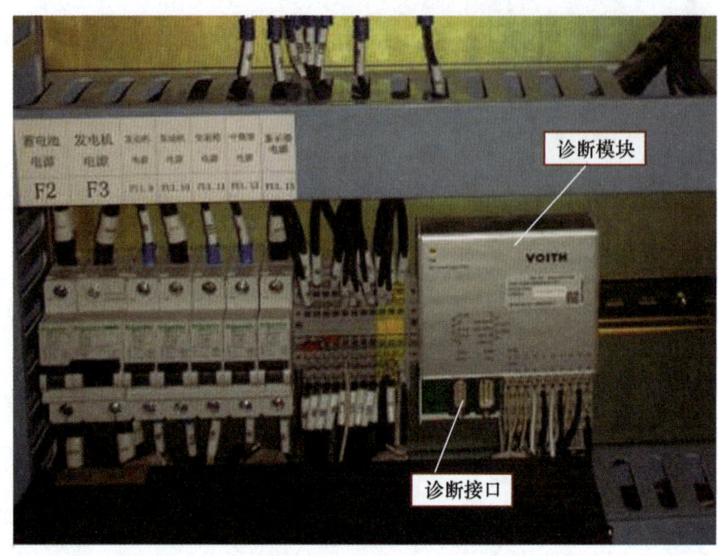

图 6-21 液力传动箱诊断模块

液力传动箱故障诊断的操作方法如下：

(1)安装诊断电缆：将诊断电缆连接到诊断接口和安装了 VTBSwin 诊断软件的计算机的串行接口之间。

(2)通过车辆控制系统打开 VTDC 电源。

(3)控制软件被初始化，并且经过短时间后进行运行，可读出故障代码，进行故障排查。

3. 分动齿轮箱常见故障(表 6-4)

表 6-4 分动齿轮箱常见故障

序号	故障现象	原　因	处理方法
1	轴端漏油	轴端密封件工作不良	更换密封件
2	分动齿轮箱驱动发电机摘挂困难	(1)摘挂气缸损坏。 (2)滑移齿轮损坏。 (3)拨叉损坏。 (4)行程开关损坏或安装位置移动	(1)维修或更换损坏气缸。 (2)更换损坏滑移齿轮。 (3)更换损坏拨叉。 (4)更换损坏行程开关，调整行程开关位置

4. 车轴齿轮箱常见故障(表 6-5)

表 6-5 车轴齿轮箱常见故障

序号	故障现象	原　因	处理方法
1	透气孔冒油	(1)润滑油过多。 (2)透气孔堵塞	(1)放油至标准油位。 (2)清理透气孔
2	齿轮箱工作温度高	(1)润滑油不足。 (2)润滑油品质不符合。 (3)润滑泵损坏	(1)添加或更换润滑油至齿轮箱上下油位螺钉之间。 (2)更换损坏润滑油泵

(三)液压系统常见故障(表 6-6)

表 6-6 液压系统常见故障

序号	故障现象	原　　因	处理方法
1	电磁阀无动作	(1)电磁阀线圈损坏或接线松动。 (2)阀芯卡滞	(1)更换线圈，紧固线束。 (2)清洗阀芯污物
2	吊重时重物自动下落	(1)制动器打滑。 (2)平衡阀内弹簧变形。 (3)平衡阀锥阀处有污物	(1)检查调整。 (2)修理更换弹簧。 (3)清洗阀芯污物
3	油箱内有气泡	(1)油液黏度大。 (2)油泵吸入空气。 (3)油箱内油液少。 (4)泄油和回油直接喷到油面上	(1)更换黏度小的液压油。 (2)检查油泵管路、接头密封情况，重新紧固。 (3)补油。 (4)将泄油管或回油管进入到液面以下
4	支腿自动回缩	(1)双向液压锁内漏。 (2)双向液压锁锥阀处有污物。 (3)油缸内泄	(1)修理或更换液压锁。 (2)清洁阀芯污物。 (3)更换油缸密封件或油缸
5	空载时，工作速度太慢	(1)吸油管被挤扁。 (2)有空气从吸油管吸入	(1)换吸油管。 (2)拧紧吸油管接头
6	自动调平装置不能完成额定力矩调平	(1)液压泵功率不足。 (2)溢流阀设置错误。 (3)液压泵密封损坏	(1)更换液压泵。 (2)重新调整溢流阀压力。 (3)更换液压泵密封
7	自动调平装置不能正确转动	(1)油缸活塞密封件损坏。 (2)平衡阀节流口污物堵塞或复位弹簧疲劳破坏	(1)更换油缸密封件。 (2)清洗平衡阀并排除污物更换弹簧

(四)制动系统常见故障(表 6-7)

表 6-7 制动系统常见故障

序号	故障现象	原　　因	处理方法
1	自阀施行常用制动而列车管不减压	(1)自阀调整阀故障。 (2)中继阀故障	(1)将自阀手柄推到紧急制动位。 (2)按下旁路制动按钮，使旁路制动产生制动作用。 待车辆停稳后再作处理或换端操纵
2	单阀实施制动而作业车不制动	(1)单阀调整阀故障。 (2)变向阀故障。 (3)作用阀故障	(1)立即施行自阀紧急制动。 (2)按下旁路制动按钮，使旁路制动产生制动作用。 待车辆停稳后再作处理或换端操纵
3	作业车制动后不能缓解	(1)第一变向阀故障。 (2)第二变向阀故障	可将第二变向阀与作用阀连接的管接头螺母稍松，让其泄漏排除作用阀模板下方压力空气达到缓解的目的。但不能松开或泄漏太大，以免影响下次制动，待有条件再作处理
4	自阀不能操作制动和缓解作用，单阀作用正常	分配阀故障	(1)分配阀故障一般一时无法修复，应将分配阀总风缸塞门(22 号)及列车管塞门关闭。 (2)自阀施行列车管减压时，若不能制动立即将单阀移至制动位。并正确掌握车辆的制动时机，减少列车冲动

续上表

序号	故障现象	原　　因	处理方法
5	自阀不能控制本务作业车的制动缓解作用，但车列中其他车辆的制动缓解作用正常	作用阀故障	(1)作用阀故障一般一时无法修复，应将分配阀总风缸塞门(22号)及分配阀列车管塞门关闭。卸下作用阀下盖，抽出作用活塞及空心阀杆，重新装好作用阀下盖，堵塞作用阀排气口，并保证不得有泄漏现象。 (2)制动时，先将单阀推至制动位，接着施行自阀制动位，使列车管的减压与制动缸的升压按比例协调进行。 (3)缓解时，将自阀和单阀同时移到运转位，最大限度地减少车辆冲动
6	中继阀排气阀口排气不止	一端中继阀排气口排气不止，将会造成列车管充气不足，原因如下： (1)取柄位端自阀重联阀柱塞弹簧过软，O形圈过紧，不能往降程方向移动13.5 mm，未切断均衡风缸管与中均管的通路。 (2)中继阀排气阀关闭不严密	将故障自阀和中继阀共用总风缸塞门关闭，自阀手柄置于取柄位。用另一端自阀、单阀维持运行，回库检修
7	自阀凸轮盒下方排气口漏气不止	自阀凸轮盒下方排气口漏气造成列车管充气不足的原因多为放风阀弹簧折损或过软，放风阀与座不严密	(1)将自阀手柄在常用制动区至紧急制动位之间往复移动，直至放风阀关闭严密后再移至所需的位置。 (2)上述处理无效时，可堵塞自阀座上的列车管(该项处理后自阀紧急制动位无效，取柄位时故障端中继阀无法自锁)。 (3)上述第(2)项处理后又需要从故障端换到另一端操纵时，应将故障端自阀置于取柄位，关闭中继阀列车管塞门。然后再进行换端操纵
8	自阀手柄在过量减压位时，制动缸压力高于规定值	常用限压阀发卡，起不到限压作用	清除常用限压阀内的污物，消除发卡因素
9	自阀手柄在常用制动位，轨道车起紧急制动作用	(1)一端有此现象为均衡风缸管堵塞，使均衡风缸容积大大缩小。 (2)两端有此现象为分配阀的紧急放风第一排风堵与第二排风堵装错或堵塞	(1)清除管路堵塞。 (2)调换风堵位置。 (3)清洗堵塞物
10	自阀手柄从运转位移至制动区，制动缸无压力；单阀手柄从运转位移至制动区，制动缸也无压力	(1)作用阀的总风缸塞门处于关闭位或风路不通。 (2)转向架的制动缸塞门关闭。 (3)作用阀不良	(1)将作用阀上总风缸塞门开通。 (2)将车下的制动缸塞门开通。 (3)更换作用阀
11	自阀手柄从运转位移至制动区，制动缸无压力；单阀手柄从运转位移至制动区，制动缸有压力	(1)分配阀的总风缸塞门处于关闭位或风路不通。 (2)分配阀主阀总风限制堵有异物堵塞。 (3)分配阀主阀作用风缸管堵塞。 (4)分配阀主阀作用不良。 (5)作用风缸管变向阀柱塞卡滞在作用风缸侧	拆开变向阀前分配阀的作用风缸管接头，确认作用风缸管是否有风，若无风，则为原因(1)(2)(3)(4)；若有风，则为原因(5)。处理如下： (1)检查修整分配阀总风管路，确认有总风通往分配阀。 (2)清除主阀限制堵内异物。 (3)更换主阀。 (4)检查作用风缸管，清除异物或更换。 (5)轻轻敲击变向阀，若不能恢复，应清除变向阀的油脂和污物。 (6)更换变向阀
12	自阀手柄在制动区，制动缸压力追总风	作用阀模板上的缩口风堵被污物堵塞，制动缸压力不能参与模板平衡，造成供气阀口始终开启	清除作用阀模板上侧的缩口风堵的污物

续上表

序号	故障现象	原　因	处理方法
13	自阀手柄在运转位，均衡风缸升压缓慢	(1)自阀调整阀供气阀口被污物堵塞。 (2)均衡风缸或其管路堵塞。 (3)总风缸、均衡风缸管的通路过小	(1)清洗供气阀口、排除污物。 (2)清查管路，找出漏泄处所消除。 (3)清除异物，保证管路畅通
14	向总风缸充风时，作用阀排风口大量排风	作用阀供气阀卡在制动位而空心阀杆离开供气阀，因而总风经供气阀口、空心阀杆和排气弯头排往大气	查清供气阀口卡住原因，予以消除或更换作用阀
15	自阀手柄在制动区，制动缸压力上升缓慢	(1)总风限制堵（ϕ1.5 mm）堵塞。 (2)作用风缸的通路漏泄。 (3)常用限压阀套上的孔被堵塞	(1)清除总风限制堵内的污物。 (2)修补作用风缸及其管路的漏泄。 (3)清除常用限压阀套小孔内的污物

（五）车轴轴承箱常见故障（表 6-8）

表 6-8　车轴轴承箱常见故障

序号	故障现象	原　因	处理方法
1	车轴轴承箱工作温度高	(1)润滑脂不足。 (2)轴承损坏	(1)添加润滑脂。 (2)车辆慢行回基地，拆检轴承箱，更换轴箱轴承或轮对总成
2	轴箱体与轮对之间移动量异常或有撞击声	车轴端盖松脱	拆除轴箱前盖，紧固车轴端盖

（六）轮对系统常见故障（表 6-9）

表 6-9　轮对系统常见故障

序号	故障现象	原　因	处理方法
1	轮对蛇行	(1)车轮轮缘踏面磨耗。 (2)轴箱侧挡间隙大	(1)旋修车轮。 (2)更换磨耗板，调整侧挡间隙
2	车轮运行振动异响	(1)车轮踏面擦伤。 (2)车轮不圆	车辆慢行回基地，旋修车轮

三、换挡控制器故障时的行车操作

当 JW-4G 型接触网作业车换挡控制器系统（自动换挡系统）出现故障时，其微机控制显示器无法显示或车辆操作手柄不起作用时，可使用故障控制系统（手动换挡系统）进行操作。

1. 操作步骤

(1)按规定检查车辆状态并做好出车前的准备工作。

(2)闭合后端司机位左下方的电源总开关。

(3)将操作台控制面板上“变速箱工作”开关置于非工作位（中位），操纵手柄置于中位。

(4)打开“本端操作”开关，将“手动电源”钥匙开关右旋至“闭合”位，然后启动发动机，确认操纵台上转速表有转速显示。

(5)确认制动机及风表状态，并进行制动试验。

(6)将“变速箱工作”开关右旋至“开启”位。

(7)根据车辆行进方向确定好操纵手柄推送方向后,缓慢推送操纵手柄,车辆开始运行,操纵台上的车速里程表有速度显示。

2. 操作注意事项

手动换挡是由油门控制器控制发动机转速、液力传动箱换挡过程,同时由操纵台上单独设置的转速表和车速里程表显示其参数。手动换挡不能显示更多的车辆相关参数,所以手动换挡不能长时间使用,只能作为在自动换挡出现故障时临时使用。如果在作业过程中自动换挡出现故障应停止作业,使用手动换挡尽快回库或附近车站停车检查修复。

四、其他故障应急操作方案

JW-4G 型接触网作业车施工或行车作业过程中,常出现故障发生后短时间内找不到原因或找到原因但无法处理,但施工或行车又不能中断,此时应采用临时应急处理方案进行处理。采用临时应急处理方案处理后,均须进行修理,将相关部件恢复至正常工作状态,不得长时间用故障应急方案行车或作业。下面介绍几种临时应急处理方案:

(1)机构动作时,电磁阀突然失电

可通过 3 号或 4 号内六角扳手推动相应故障或动作电磁阀端部手动按钮相应位置(图 6-22)。图中为三位四通电磁换向阀两端带手动按钮,二位四通电磁换向阀只有一端。

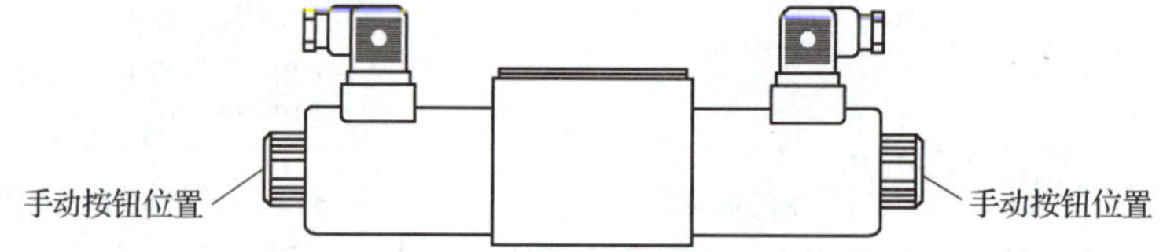

图 6-22　电磁阀手动按钮

(2)空气干燥器排风不止

关闭空气干燥器的隔离塞门,屏蔽干燥器,并打开旁通塞门。

(3)风缸自动排水阀排气不止,总风充不起风

用堵头堵住排水口或拆下自动排水阀,用短管接头连接好管路。

(4)发动机水泵的节温器坏不开启

取消节温器,用盖板封住节温器口。

(5)运行过程发动机水温一直低于 70 ℃

手动打开液压系统中水散热器马达的旁通阀,使水散热器风扇停止工作。

(6)燃油管路进气后,发动机无法启动

① 松掉燃油初滤器处的手油泵排气螺钉,如图 6-23 所示。

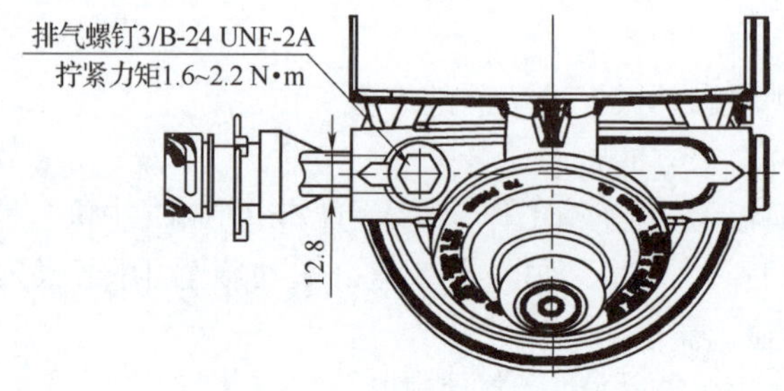

图 6-23　手油泵排气螺钉

② 反复挤压初滤器上的手油泵，排出内部气体。

(7)平台调平过程电磁换向阀不动作

使用调平电磁换向阀的手动手柄操作，具体操作方法见第五章第三节平台调平装置操作内容。

(8)分动齿轮箱轴断或齿轮损坏

拆除发动机至分动齿轮箱间的传动轴。

(9)发动机燃油路有空气，自动熄火

外接油桶，直接从油桶中取油。

(10)车轴齿轮箱内轴承或齿轮损坏，导致车轴无法转动

① 拆掉传动轴，单桥驱动运行进站。

② 拆掉齿轮箱体及相关零部件，牵引进站。

思考题

1. WP12.480 型电喷水冷柴油机启动后自动停机的原因主要有哪些？

2. JW-4G 型接触网作业车液压系统常见故障有哪些？如何处理？

3. 分动齿轮箱常见故障有哪些？如何处理？

4. 当 JW-4G 型接触网作业车换挡控制器故障时，使用手动换挡系统操作的具体步骤有哪些？

5. 简述 JW-4G 型接触网作业车空气干燥器排风不止时的应急操作方法。

复 习 题

1. JW-4G 型接触网作业车日常保养中，需对哪些关键总成的锁定机构进行检查确认？

2. 发动机冷却液应如何进行正确的检查？检查加注时，有哪些注意事项？

3. 高速铁路接触网作业车在走合期内，应注意什么事项？

4. WP12.480 型电喷水冷柴油机启动后无法提高转速的原因主要有哪些？

5. 车轴齿轮箱常见故障有哪些？如何处理？

6. JW-4G 型接触网作业车吊重时重物自动下落，主要的原因有哪些？如何处理？

7. JW-4G 型接触网作业车作业中，其自动调平装置不能正确转动的原因有哪些？如何处理？

8. JZ-7G 型制动机自动制动阀手柄在制动区，车辆起紧急制动作用的原因有哪些？如何处理？

9. JZ-7G 型制动机自动制动阀手柄在手柄取出位时，中继阀排气口排气的原因是什么？如何处理？

10. JW-4G 型接触网作业车使用手动换挡操作时，应注意哪些事项？

11. JW-4G 型接触网作业车车轴齿轮箱内轴承或齿轮损坏，导致车轴无法转动时，应采取什么应急操作方法？

第七章　高速铁路接触网作业车非正常情况下的行车办法及起复救援

高速铁路接触网作业车的运行，多数情况是非正常行车，司机应重点掌握，按部、局规章规定行车，以确保行车安全。针对不同的线路情况和在区间发生的不同情况（含区间被迫停车、行车安全装备故障），司机应按规定正确处理，防止次生事故的发生；若运行中发生车辆脱线，司机应根据线路及车辆脱线情况，及时向有关人员汇报，制订详细的起复方案，尽可能以最快速度开通线路，恢复正常行车。

第一节　高速铁路接触网作业车非正常情况下的行车

一、非正常情况下的行车办法

目前，国内高速铁路主要有既有提速线路、客运专线和城际铁路三种运营模式，其中客运专线又因运行速度等级不同，其基础设施、列控系统等也完全不同，所以，高速铁路的非正常情况下的行车办法在三种运行模式或实际运营线路上也不尽相同。高速铁路接触网作业车上线运行多数情况处于非正常情况下，其具体行车办法可按铁道部和各铁路局的具体规定执行，有关内容可参照第一章第一节。

二、区间被迫停车的处理

由于《铁路客运专线技术管理办法（试行）》（200～250 km/h 部分）和《铁路客运专线技术管理办法（试行）》（300～350 km/h 部分）等高速铁路的行车规章，均未涉及到接触网作业车在客运专线区间被迫停车的处理，可参照《技规》规定执行。

（一）区间被迫停车后不能继续运行

（1）司机应立即使用机车综合无线通信设备（CIR）通知列车调度员，报告停车原因和停车位置，根据需要迅速请求救援。需要防护时，列车前、后方由司机负责。

（2）如遇自动制动机故障，司机应立即采取安全措施，并向列车调度员报告，请求救援。

（3）对已请求救援的列车，不得再行移动，并按规定对列车进行防护。

（二）区间被迫停车可能妨碍邻线

（1）司机应立即短接邻线轨道电路，并使用机车综合无线通信设备（CIR）通知列车调度员，并分别在列车的头部和尾部附近邻线上点燃火炬。

（2）司机应亲自或指派人员沿邻线一侧对列车进行检查，发现妨碍邻线时，应立即派人按规定防护。如发现邻线有列车开来时，应鸣示紧急停车信号。

（三）区间被迫停车后放置响墩防护

（1）已请求救援时，从救援列车开来方面（不明时，从列车前后两方面），距离列车不小于

300 m 处防护；

(2)电话中断后发出的列车(持有红色许可证通知书 1 的列车除外)，应于停车后，立即从列车后方按线路最大速度等级规定的列车紧急制动距离位置处防护；

(3)对于邻线上妨碍行车地点，应从两方面按线路最大速度等级规定的列车紧急制动距离位置处防护，如确知列车开来方向时，仅对来车方面防护。

防护人员设置的响墩待停车原因消除后可不撤响墩。

(四)汛期暴风雨行车应急处理

(1)暴风雨等特殊情况受列车调度员指派，对线路设备进行巡视或抢险、救援时，接触网作业车司机必须按各局汛期行车办法要求的速度运行。

(2)列车通过防洪危险地段时，司机要加强瞭望，并随时采取必要的安全措施。

(3)当洪水漫到路肩时，列车应按有关规定限速运行；遇有落石、倒树等障碍物危及行车安全时，司机应立即停车，排除障碍并确认安全无误后，方可继续运行。

(4)列车遇到线路塌方、道床冲空等危及行车安全的突发情况时，司机应立即采取应急性安全措施，并立刻通知列车调度员。

(五)接触网作业车单机停在调谐区内的处理

在未封锁区间且接触网作业车单机运行时，一旦在区间停入调谐区，后方的轨道电路处于未短接状态，为防止发生追尾事故，司机应遵守下列规定：

(1)接触网作业车能移动时，严禁停在自动闭塞区段调谐区内。

(2)不能移动时，应首先在单机后部调谐区外用短接铜线短接轨道电路，然后向列车调度员报告停车位置、停车原因及轨道短接线防护情况。

(3)开车时，须向列车调度员报告，并说明短接铜线已撤除。

三、行车安全装备故障的行车办法

(一)机车综合无线调度通信设备(CIR)故障

(1)当机车综合无线调度通信设备(CIR)故障，司机不能使用 CIR 进行通话时，应立即使用 GSM-R 手持终端报告列车调度员。

如 GSM-R 手持终端也不能进行通话，司机应在前方站停车，及时报告车站值班员或列车调度员。

(2)当 CIR 不能正常接收接车进路预告信息时，司机应立即报告列车调度员。

(二)轨道车运行控制设备(GYK)故障

(1)轨道车运行控制设备(GYK)故障时，接触网作业车不得上线运行。

(2)运行途中，遇 GYK 发生故障时，司机应立即使用机车综合无线调度通信设备(CIR)报告列车调度员或车站值班员，在封锁区间时按实际情况掌握速度运行；未封锁区间时，列车以不超过 20 km/h 的速度运行至前方站。

思考题

1. 高速铁路接触网作业车区间被迫停车可能妨碍邻线时，司机应如何处理？
2. 高速铁路接触网作业车区间被迫停车后，应如何设置响墩防护？

3. 高速铁路接触网作业车汛期暴风雨行车时,应注意哪些事项?

4. 高速铁路接触网作业车运行中,行车安全装备故障时,司机应如何处理?

5. 高速铁路接触网作业车运行中,遇 CIR 故障时,司机应如何处理?

第二节　高速铁路接触网作业车起复救援

一、常用起复方法

与既有线相比,高速铁路线路结构发生了很大变化:(1)正线全部采用 60 kg/m 重型钢轨;(2)有砟线路的轨枕密度大幅增加;(3)整体道床表面距轨面高度有所增加;(4)目前工务部门对整体道床路肩能否承受起升重量还未进行规定。在高速线路上接触网作业车一旦发生脱线事故,起复难度相对普速线路来说要大得多。为此,接触网作业车司机应加强车辆出库检查,在行驶过程中,要严格执行行车相关规章制度,加强瞭望、认真确认信号,防止脱线等事故的发生。接触网作业车管理单位要按规定进行检修和年检,保证车辆走行部各部尺寸在规定范围之内,防止因车辆自身原因导致脱线事故。

车辆脱线情况千差万别,发生脱线事故后,首先应认真勘查地形及车辆脱线情况,及时向有关人员汇报,制订详细的起复方案,在保证人员安全及不扩大事故的基础上实施起复。

当车辆脱线后无法进行自行起复时,司机应立即报告列车调度员(站控时为车站值班员)和单位相关管理人员,详细报告事故发生地点、脱线概况、人员伤亡、线路损坏、有无侵入邻线限界及是否需要请求救援等情况。

目前,高速铁路接触网作业车脱线后,常用的起复方法主要有顶复法、吊复法、拉复法三大类。

(一)顶　复　法

顶复法是通过采用液压复轨器油缸顶车辆的车钩或转向架横梁,将车辆升起一定高度,然后横向平移车辆使车轮落至轨面的方法。目前,高速铁路接触网作业车配置的液压复轨器均采用顶复方式,主要包括人字形顶车钩起复方式、转向架横梁起复方式和单缸斜角度顶车轴起复方式等。

当高速铁路接触网作业车在高速线路上发生脱线但未倾覆时,司机应首先考虑利用随车携带的液压复轨器进行自行起复,以减少中断运行的时间,降低事故等级。司机应根据现场脱线实际情况及随车携带液压起复器的种类制订起复方案,以在最短时间内开通线路、恢复行车。

起复前,司机应对未脱线的轮对采取止轮措施,防止起复过程中车辆发生位移,产生次生事故;同时,在起复过程中应严格执行起复作业相关安全规定,随时注意车辆状态,防止车辆倾覆和人身伤害事故,当发现车辆有侧倾的倾向时,应立即停止起复工作。

(二)吊　复　法

吊复法是指利用起重机将脱线车辆整车吊起并回落至轨面的方式。吊复法主要用于脱线幅度较大、脱线车辆有倾覆趋势、线路基础条件不适应顶复(拉复)操作或其他紧急情况等,其常用设备有:

(1)机务系统的救援吊车;

(2)自轮运转特种设备轨道起重机，目前工务(供电)系统的轨道起重车最大起吊质量为25 t，一般在高速铁路设计线路承重不能满足机务救援列车的开行时使用；

(3)汽车吊，一般在脱线区域无法开行救援列车而又临近公路时使用。

(三)拉 复 法

拉复法是指利用人字形复轨器(俗称“道爬子”)作引导，使脱线的高速铁路接触网作业车轮对由机车(或其他牵引动力)牵引复位的方法。

高速铁路接触网作业车在既有提速线路和有砟客运专线发生脱轨时，当现场条件比较宽阔，又有可靠的机车或其他牵引动力时，可采用拉复法进行起复。拉复法特别适用于在岔区挤岔后，因退行导致的车辆进“四股”脱线。

无砟整体道床禁止使用拉复法。

二、起复操作

(一)液压复轨器顶复操作

液压复轨器是目前最常用的顶复操作设备，其作用是使脱线车辆的轮对重新“爬”上钢轨，以恢复车辆的正常运行。由于高速铁路线路结构特点以及运输的需要，要求高速铁路接触网作业车配置的液压复轨器使用应更方便、更安全。下面以配置和应用较多的JYW系列和DFZ系列复轨器为例，介绍液压复轨器的作用原理及操作使用。其他液压复轨器的操作按使用说明书要求执行。

1. JYW-ⅠC型复轨器

(1)基本组成与起复原理

JYW-ⅠC型复轨器由手动液压油泵、液压油缸、底座、连接链条、弓形顶托、鞍形顶托及楔块等组成，如图7-1所示。液压泵通过有快装接头的高压油管与液压油缸相连，液压复轨器与起复锁具结合起来使用方可完成整个起复工作。

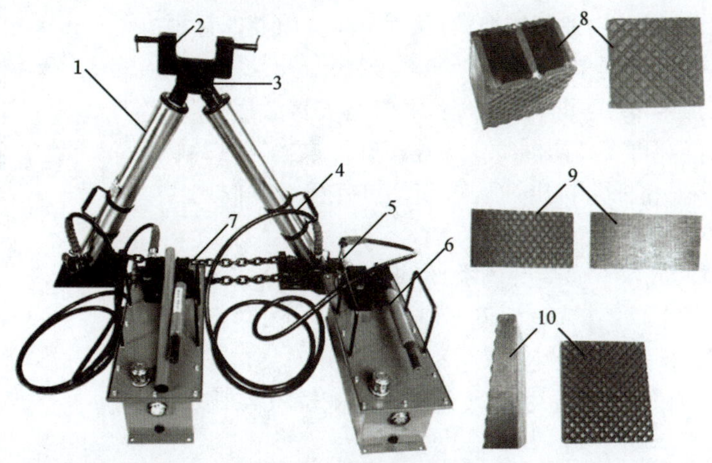

图7-1 液压复轨器组成示意图

1—液压油缸；2—弓形顶托；3—鞍形顶托；4—高压油管；5—底座；6—液压泵；7—连接链条；8—13号钩侧楔块；9—13号钩上楔块；10—2号钩侧楔块

JYW-ⅠC型复轨器利用两组油缸及底座、连接链条组成的“三角形”，利用斜边边长的变化来实现脱线车辆轮对复轨。起复时，当油泵加压后，高压油使油缸活塞伸出，通过改变“三角形”的斜边边长，将轮对托起至两轮缘高于轨面，然后进行平移，实现车轮复轨。

(2)复轨器使用前的准备

① 根据需要准备充足的垫木，防止损伤整体道床。垫木可为 200 mm×200 mm×400 mm、50 mm×200 mm×400 mm 两种，每种配置至少 6 块为宜；

② 检查液压油泵内液压油状态，如缺少时应补满；

③ 用高压气枪给液压油缸气室补足气压，利于油缸的回复；

④ 检查各零部件、快装接头不得有污尘杂物；各快装接头连接稳固。

(3)起复作业

① 悬挂索具：用索具锁住车轴，吊挂在车架上(有的是锁转向架摇枕)，索具链条松紧度要适宜，不要过紧(图 7-2、图 7-3)。

图 7-2 索具车轴端吊挂示意图

图 7-3 索具车架端吊挂示意图

JW-4G 型接触网作业车的车轴轴承箱上部设计有起吊挂板(图 7-4)，当车辆需要起复时，起吊挂板可将轮对与转向架连挂在一起，实现轮对、轴箱的无捆绑起复。为保证起复效率，在挂钩上增加起复用垫块，以减少弹簧的伸长，从而减少复轨器的行程。

② 连接复轨器：将油泵置于安全位置，先松开油泵卸荷阀，抬起压杆给油泵加压，反复几下(排除油泵内空气)，然后按顺时针方向拧紧卸荷阀。再将高压油管一头连接在油泵上，并拧紧滚花螺帽；油管另一头在油泵打出油后再和油缸连接，同样拧紧滚花螺帽。

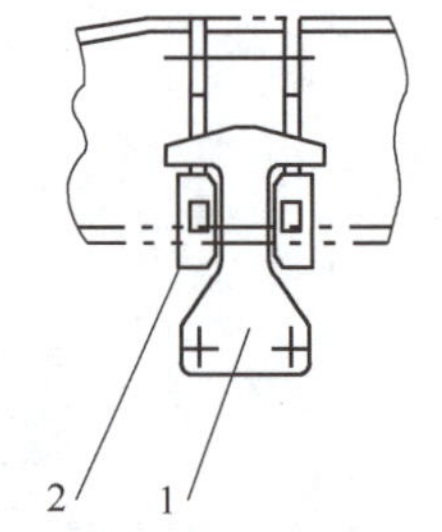

图 7-4 轴箱起吊装置示意图

1—起吊挂板；2—垫块

③ 在液压缸两底座下面垫上垫木、垫板，将液压缸三角形顶点放置在需要起复车辆的前面，两液压缸顶部用鞍形顶托连接，组成三角形单元；将弓形顶托置于鞍形顶托上部并安装在车钩下部(当车钩为 13 号车钩时在弓形顶托内垫上垫块)，如图 7-5 所示。

“三角形单元”与被起复车辆必须在同一垂直平行面内，不能前后倾斜，左右油缸顶预置高度尽量达到不等边三角形，以便达到更大的位移量，慢慢摇动两个液压油泵手柄，调整弓形顶托直至刚好受力为止，以上各点检查无误后即可进行起复工作。

④ 摇动液压油泵，将车辆顶起使轮对轮缘超过轨面即可。注意不要起得过高，在顶起的过程中要随时注意车辆状态、锁具锁止情况，顶起时如发现底板失去水平、油缸前后倾斜、锁具

图 7-5　复轨器弓形顶托与车钩安装位置示意图

1—13 号车钩;2—2 号车钩

脱落、车辆窜动,需重新回落油缸垫平底板、锁好锁具、做好防溜,防止意外发生。

⑤ 水平位移

如往右横移,则左侧油泵继续加压,伸长左侧油缸,右侧油泵通过泄荷阀间断重复的开与关,逐渐泄压,使"三角形单元"顶点向右平移至车轮对准钢轨,如往左横移则反之。

⑥ 下降

分别间断地开关卸荷阀,使车轮逐渐下降到钢轨上。全部起复工作完成后,将复轨器泄油后拆卸,擦净装箱。

(4)使用注意事项

① 复轨器带自动回复装置的,使用前应通过气嘴将缸内注满气(800～1 000 kPa)。

② 复轨器组成的"三角形单元",起复时要统一指挥,步调一致,与复轨方向平行。

③ 液压油缸及各接头孔安装过程中要保持清洁、无杂物。

④ 复轨器与底座夹角不能大于 90°。

⑤ 严禁空载加压或超出额定压力打压(额定压力值为 63 MPa)。

⑥ 下降时,不得一次全部打开卸荷阀。

(5)复轨器的保养

① 使用完毕后应逐一清点数量并清洁、归位回箱。

② 使用完毕所有油缸应回缩到位,油缸活塞杆等各部应无污物、杂质和磕碰伤,油口封堵好。

③ 使用完毕检查底座链条有无损伤、变形,更换不良件。

④ 每个月检查油缸充气量,每两个月对复轨器各部件动作一次,保证液压件动作灵活。

⑤ 定期检查橡胶油管有无老化龟裂,更换不良件。

2. DFZ-6 型便携式液压复轨器

(1)基本组成与工作原理

DFZ-6 型便携式液压复轨器由三级液压油缸、复轨器底座、油泵、油箱、油管、顶杆、顶托、防滑板等组成,如图 7-6 所示。

液压复轨器作业时,多级油缸的轴心线与底座板夹角处于 85°～87°状态,其顶升力是向斜上方向的合力。在作业过程中被分解为克服车辆重力的垂直分力和横向移动的水平分力,当

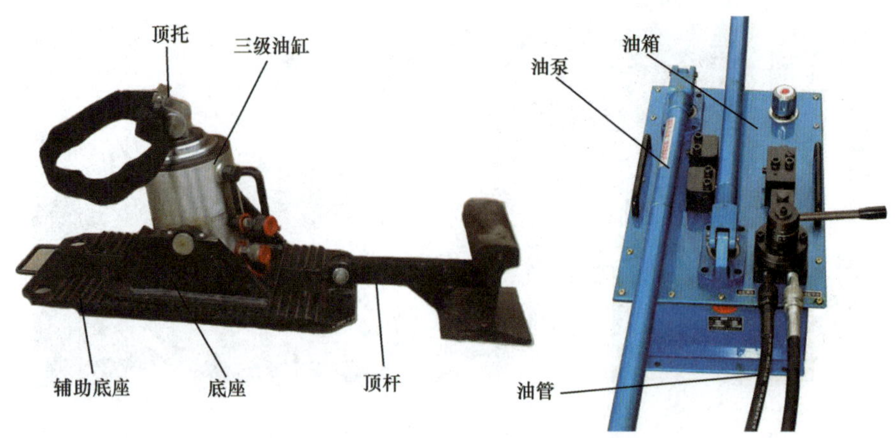

图 7-6　DFZ-6 便携式液压复轨器组成示意图

横向摩擦阻力大于垂直重力时，车轮开始上升；当车轮脱离地面垂直重力大于横移水平分力时，车轮开始沿地面横移；随着油缸的不断伸长，当车轮接触到钢轨时，横移阻力大于垂直重力，此时横移停止（如果脱轨距离较远，此时便可打开回油阀，液压缸会自动回位，并拖动底座向前移动，液压缸将处于工作初始状态。关上回油阀，向液压缸内继续注油，液压缸又开始新一轮工作），车轮开始沿钢轨上升；当车轮踏面上升高于钢轨轨面时，此时横移阻力又减小，车轮踏面沿钢轨面横移，当横移到与车轮轮缘相接触时，忽然间阻力骤然增大，油缸自动卸载，车轮自动下落复位，起复作业完成，如图 7-7 所示。

图 7-7　DFZ-6 便携式液压复轨器作业示意图

（2）液压复轨器的安装

① 工作前先将多级油缸顶部的空气注入阀打开，用气筒打入适当压力的空气。

② 将复轨器底座平稳放置在车辆车轴的中部，把工作缸置于底座内。辅助底座安装时尽量要让后端高于前端，保证起复作业时底座后端受力最大。

③ 用插销将顶杆穿插在底座上，顶杆头顶住钢轨，顶杆安装要保证与钢轨保持垂直。若距离不足时，可先不安装顶杆，而用其他坚实物紧贴底座和钢轨使其产生后作用力。

④ 连接好油管，启动油泵向油缸内注入压力油，使油缸柱塞伸出，顶托贴住车轴，并把顶托、定位板与车轴绑在一起，定位板另一端顶在车轮上，此时液压复轨器安装完毕。

（3）液压复轨器的起复和撤除

① 对未下道的轮对采取双向斜对称安放止轮器。

② 若是带转向架的轮对脱线，需要用索具固定的要将两轴固定牢靠。

③ 向油缸注入液压油，起复人员撤离到安全地方。

④ 当横向摩擦阻力大于垂直重力时，车轮开始上升，当车轮脱离地面垂直重力大于横移水平分力时，车轮开始沿地面横移。

⑤ 当车辆的轮对移动到钢轨上方时，停止注油，车轮在车辆重力作用下自动下落复位，车轮平稳降落在钢轨上。

⑥ 打开回油阀，在油缸内压缩空气的作用下自动回位。

⑦ 撤除复轨器、止轮器和索具，起复完毕。

(4)起复作业注意事项

① 不起复一端转向架的一根轮对双向打好止轮器，止轮器应紧贴住轮缘。

② 轮对掉道较浅(轴与道床间空间较大)时，要保证油缸与地面夹角≤80°。

③ 轮对掉道较深(轴与道床间空间较小)时，在能安装下复轨器情况下，油缸与地面夹角控制在40°～80°。

(二)起重机吊复操作

高速铁路接触网作业车在高铁上脱线后，采用液压复轨器进行顶复操作有困难时，必须立即向列车调度员请求救援，为减少对线路的损伤程度，尽量采用轨道起重机进行吊复。电气化区段进行吊复时应先请求接触网停电，然后视情况是否拆除接触网。

1. 吊复操作

(1)轨道起重机运行到需要被起复车辆适当地点，打好支腿(前端为实腿，后腿为花腿)，并打好止轮器(注：整体道床的客运专线能否打支腿需征求工务部门意见)。

(2)锁好脱轨端转向架，打好未脱轨端车轮的止轮器。

(3)轨道起重机对好位后，将吊绳从车钩处穿好，并用木楔将车钩左右塞紧，防止起吊时晃动。

(4)根据需要拆除非吊端排障器。

(5)指挥轨道起重机起升，带紧钢丝绳、索具后，检查是否有卡绳部位并调整护绳铁。

(6)继续提升车钩，离开地面50～100 mm后进行吊重制动试验，并检查索具是否有异常现象，无异状时，提升车钩使车轮高出轨面后停止。

(7)指挥轨道起重机向线路方向旋转对位、落下、复轨。如遇小曲线不能一次对位时，应从远端车轮开始逐一对位，落下取索具直至全部复位。

(8)复位后落钩，取吊具、止轮器，转车后收腿复位，退出现场并检查线路。

(9)如遇双线作业时，应根据轨道起重机所处位置，采用变幅和转车的不同方法复位。其余过程与同一条线作业类同。

2. 整车起吊(图7-8)

为适应在运输过程中的整车起吊要求，在需整车起吊时，应按以下步骤及注意事项进行：

(1)起吊前的准备工作

① 将两个转向架同时用索具锁止或按图7-4所示加垫块。

② 按要求准备吊装用具，连接吊装梁D及吊装用钢丝绳。

(2)起吊作业

① 吊装位在主车架的牵引座(即A处)。将起吊销穿入牵引座吊装孔内，并穿好防脱螺栓；

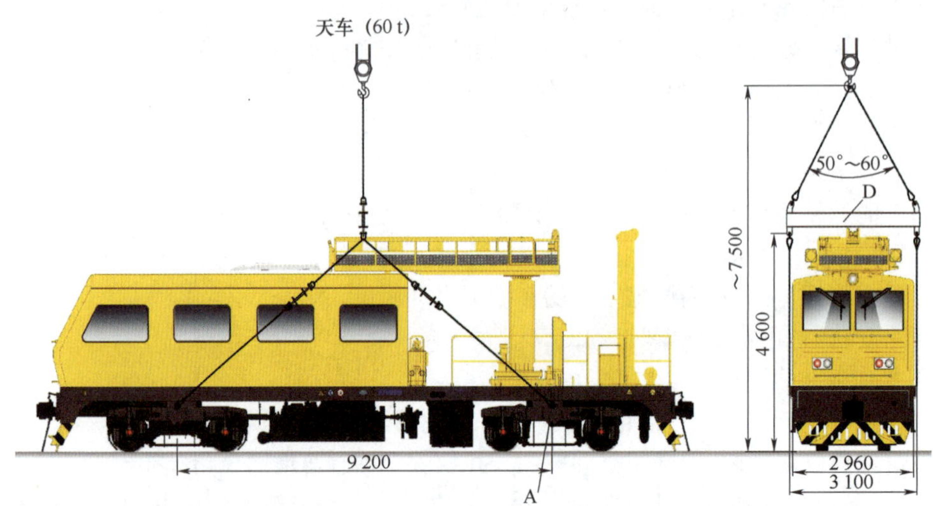

图 7-8　整车吊装示意图

② 将吊装索具上部挂入起重设备的吊钩，再将吊装索具的钢丝绳套住起吊销；

③ 确认各部连接可靠后方能起吊；

④ 起吊必须遵守起重机作业的有关安全规定。

(3)起吊注意事项

① 吊装过程应注意钢丝绳尽量避免伤及车体，吊装索具与车体相接触处应垫护绳板或胶皮等软物。

② 吊装前必须将车上未固定的物品拆下或固定，防止从上面掉落。

③ 吊装时必须试吊，检查轴箱弹簧锁定、吊装点及钢丝绳安装是否可靠。

④ 吊装完成后、车辆使用前，必须取下垫块，重点检查轴箱弹簧、旁承、轴箱侧挡是否落位，轴箱侧挡磨耗板有无折损。

(三)牵引拉复操作

拉复法适用于有砟道床，无砟整体道床禁止使用。拉复法可能给线路带来一定的损伤，在不得已情况下，尽量不要使用。使用人字形复轨器进行拉复的方法如下：

(1)人字形复轨器分为左右两个形状，在尾部看，它的引导棱是外股长，内股短，形成左“人”右“入”形状，在起复使用时，必须使长引导棱处于钢轨的外侧，短引导棱处于钢轨内侧，一个车轮下安装一个。

(2)位置的选择和安装方法：必须把复轨器安放在起复方向的前方，按上述要求，挖开石砟，左右对称摆齐，安放位置与脱轨轮对 1.5 m 为宜，尽量避开钢轨连接配件的影响，在复轨器前端与钢轨顶面接触处，可垫少许棉纱、木片等物，穿好串销，并用石砟将复轨器下部垫实。

(3)为使复轨车轮顺利爬上复轨器，可在引导棱上涂一些润滑油，并在脱轨车轮到复轨器之间用石砟等物垫好，以减少起复阻力，使脱轨车轮顺利复轨。

(4)如脱轨车轮轮缘距钢轨内(外)侧距离大于 240 mm 时，须用“拉”、“逼”的办法，使车轮靠近钢轨，再行起复。

采用拉复法进行起复的示意图如图 7-9 所示。

在岔区等特殊地点使用拉复法时，应按以下步骤进行：

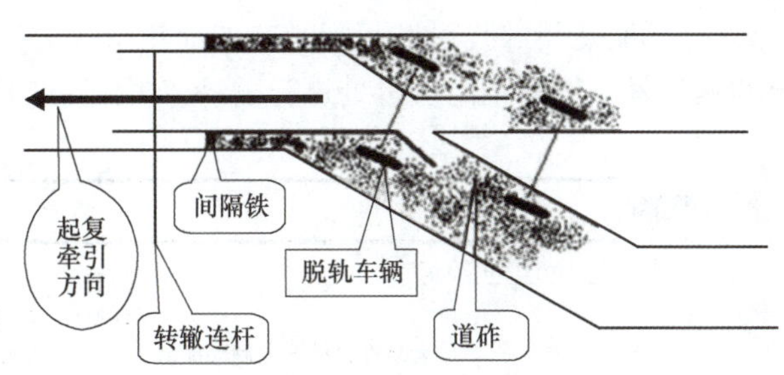

图 7-9 拉复法起复示意图

(1)折卸道岔与转辙器之间的连接杆,使岔尖成自由摆动状态。

(2)沿车轮的径路在尖轨与基本轨间填充道砟,道砟的高度可略高于钢轨面,其他地方要高于枕木垫平即可。

(3)用钢丝绳 ϕ32×15 或纤维带 15 t×15 m 的拉车绳将事故车与救援车连挂,因线路上基本使用的是 60 kg 轨,尖轨比较长,不能使救援机车与事故车直接连接,否则会造成救援车脱轨。

(4)拉的时候注意一定要缓慢牵引,让周围人远离现场,并最好一次拉复。

三、起复救援组织及注意事项

(一)起复救援组织

1. 事故报告

高速铁路接触网作业车在高铁发生脱线后,司机应立即使用 CIR(或 GSM-R 手持终端)向列车调度员报告,详细说明发生脱线的原因、地点、脱线程度、线路损失及人员伤亡等情况,并说明是否需要救援等。请求救援后按以下规定进行防护。

2. 防护设置

高速铁路接触网作业车脱线后可能侵入邻线时,司机除向列车调度员报告外,必须首先短接邻线轨道短路(短接轨道电路时应避开调谐区),并分别在列车的头部和尾部附近点燃火炬,如发现邻线有列车开来时,应立即鸣示紧急停车信号。

(1)已申请救援的接触网作业车,从列车开来方向(不明时,从作业车前后两端),距停留车不少于 300 m 处进行防护,如图 7-10 所示。

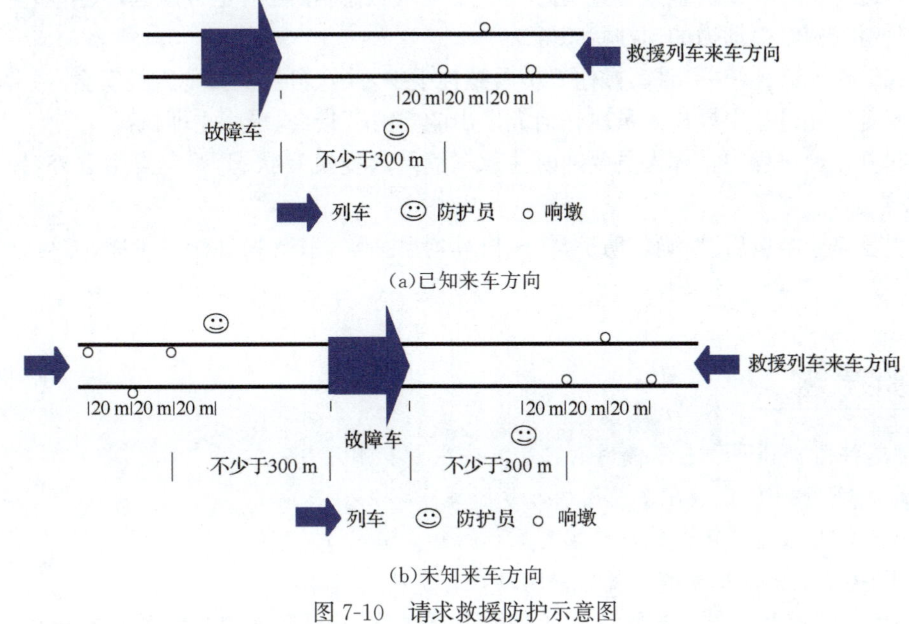

图 7-10 请求救援防护示意图

(2)可能妨碍邻线时,应从两端(如确知来车方向,仅对来车方向)按线路最大速度等级规定的列车紧急停车距离位置处进行防护,如图 7-11 所示。

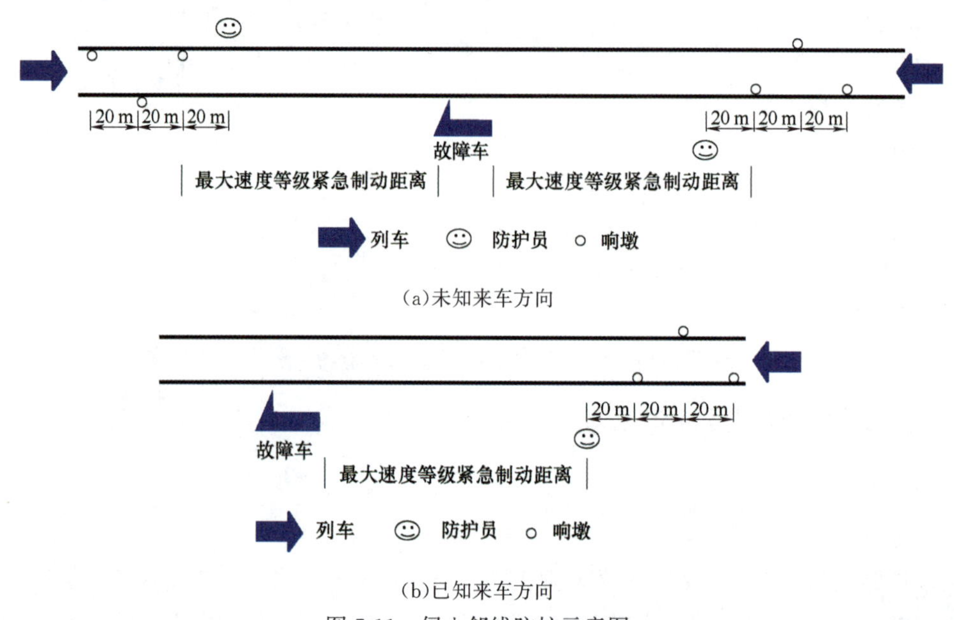

图 7-11　侵入邻线防护示意图

(二)起复过程安全注意事项

起复作业前,应首先确认车辆防溜措施设置是否符合规定,在双线调度集中区段应报告列车调度员,发布将邻线列车速度降至 160 km/h 以下调度命令后方可作业。起复安全注意事项如下:

(1)起复前应根据现场实际充分制订起复方案。

(2)起复作业前要充分检查起复机具各部状态。液压复轨器重点检查安装、支腿基础及垫木状态;轨道(汽车)起重机重点检查支腿基础及垫木状态,接触网是否停电;人字形复轨器重点检查安装状态,牵引动力的连挂状态等。

(3)起复作业必须统一指挥,操作人员要精神集中,注意自身及其他人员安全。

(4)起复作业过程中操作人员对任何人发出的"禁止"指令,均应立即执行。

(5)起复作业过程中指挥人员要随时注意车辆及起复机具状态,避免发生意外,导致次生事故的发生。

(6)起复作业结束后,要确认防护、作业机具均已撤除,散落物件清理干净,方可办理开通手续。

思考题

1. 高速铁路接触网作业车常用的起复方法主要有哪几种?
2. 简述 JYW-ⅠC 型液压复轨器的起复原理。
3. 简述 DFZ-6 型液压复轨器的起复原理。
4. DFZ-6型液压复轨器的起复和撤除过程有哪些?
5. 高速铁路接触网作业车脱线后可能侵入邻线时,司机除向列车调度员报告外,还应注意哪些事项?

复　习　题

1. 高速铁路接触网作业车区间被迫停车后不能继续运行时,司机应如何处理?
2. 高速铁路接触网作业车单机停在自动闭塞区段调谐区内时,司机应如何处理?
3. 高速铁路接触网作业车运行中,遇 GYK 故障时,司机应如何处理?
4. 当高速铁路接触网作业车在高速线路上发生脱线但未倾覆时,司机应如何处理?
5. 吊复法主要用于哪些场合? 常用的吊复设备有哪些?
6. 简述使用 JYW-ⅠC 型复轨器对脱轨的高速铁路接触网作业车进行起复的作业过程。
7. 液压复轨器进行起复作业时,其使用注意事项有哪些?
8. 液压复轨器应进行的保养内容有哪些?
9. 高速铁路接触网作业车脱线后,采用液压复轨器进行起复有困难时,司机应如何处理?
10. 采用吊复法进行高速铁路接触网作业车整车起吊时,应注意哪些事项?
11. 高速铁路接触网作业车脱线后,在什么情况下方可考虑采用拉复法进行起复?
12. 高速铁路接触网作业车在高速线路上进行起复作业时,应注意哪些安全事项?

附录一　高速铁路接触网作业车司机岗位技能实训设备配置标准建议表

<table>
<tr><th rowspan="2">序号</th><th rowspan="2">实训项目</th><th rowspan="2">设备及材料名称</th><th colspan="2">基本配置标准</th><th rowspan="2">备　注</th></tr>
<tr><th>单位（规格）</th><th>数量</th></tr>
<tr><td rowspan="5">1</td><td rowspan="5">车辆检查与试验实训</td><td>高速铁路接触网作业车</td><td>台</td><td>1</td><td>轨道车运行控制设备（GYK）、机车综合无线通信装置（CIR）、GSM-R 手持终端等行车安全装备配备齐全</td></tr>
<tr><td>便携式发码器</td><td>台</td><td>2</td><td></td></tr>
<tr><td>液压复轨器</td><td>套</td><td>2</td><td>JYW-ⅠC 型和 DFZ-6 各 1 台</td></tr>
<tr><td>无线对讲机</td><td>台</td><td>10</td><td></td></tr>
<tr><td>笔记本电脑</td><td>台</td><td>5</td><td></td></tr>
<tr><td rowspan="5">2</td><td rowspan="5">驾驶实训</td><td>高速铁路接触网作业车驾驶仿真模拟系统</td><td>套</td><td>1</td><td>包含网络教学计算机 22 台（教学机 1 台，考试机 1 台，学习机 20 台）、网络服务器 1 套、投影设备 1 套</td></tr>
<tr><td>考试线路</td><td>km</td><td>10</td><td>无砟轨道 1 km；20‰坡道不少于 2 km；半径小于 800 m 的曲线一处；曲线外轨超高最大 175 mm；50 m 检车地沟一条（具备照明、排水设施）；18 号及以上道岔一处；区间设置标准信号机及信号标志</td></tr>
<tr><td>车站</td><td>个</td><td>2</td><td>其中站线可小于 500 m，考试线路两端站及区间按 CTCS-2 列控系统和 CTC 调度集中系统配置模拟设备</td></tr>
<tr><td>GSM-R、CTC 模拟系统</td><td>套</td><td>1</td><td>调度、车站模拟系统一套，用于高速铁路接触网作业车实作考试时的模拟运行指挥</td></tr>
<tr><td>CTCS-2 列车运行控制系统</td><td>套</td><td>1</td><td>具备轨道电路＋查询应答器＋GSM-R 功能</td></tr>
</table>

说明：高速铁路接触网作业车司机与轨道车司机岗位设备配置除车辆本身有所区别外，其他设备与基础设施可共用。

附录二　高速铁路接触网作业车跟车实习内容及要求

项目	实　习　内　容	要　　求
驾驶	(一)出车前检查 1. 按本教材第五章第一节的内容和要求进行全面检查 2. 安全防护用品、工具备品检查 3. 行车有关证件检查 4. 启动发动机,检查仪表、雨刮器、照明、风笛 5. 开启 GYK 并输入相关运行参数,按规定进行机车信号发码器试验 6. 按规定进行制动机“五步闸”试验 7. 按规定对作业平台和随车起重机进行检查 8. 开启 CIR,并进行试验 9. 连挂平车时,还应对平车及货物装载情况检查 10. 撤除防溜设施	能熟练完成出车前检查作业。练习操作不少于 20 次
	(二)库内调车作业 总体要求:严格按调车指挥人显示的调车手信号含义及要求动车,遇信号显示不明或不正确时,需立即停车。 1. 启动、前进和退行,并按规定鸣笛 2.“十、五、三车”距离速度掌握,一度停车、连挂及试拉,并按规定鸣笛回示	掌握调车作业的各项内容。练习操作不少于 20 次
	(三)驾驶操作 按本教材第五章第二节的内容和要求进行驾驶操作练习。 1. 正确输入 GYK 相关运行参数 2. 出发前认真确认行车凭证及发车指示正确,并进行呼唤应答 3. 起步、加速、对标、控制运行速度等 4. 严格按信号显示要求运行,依据线路状况及牵引重量,严格控制列车运行速度,适时、正确使用制动机,平稳操纵 5. 非正常情况下行车时,认真执行车机联控 6. 进行呼唤应答时,做到声音洪亮、用语标准、手势正确	进出区间练习不少于 30 次(练习时,允许在可保证安全的线路段上进行模拟进出区间运行)
	(四)入库后整备 1. 按规定位置停放,关闭发动机,设置防溜 2. 按本教材第五章第一节的内容和要求对作业车进行全面检查,排放储风缸、油水分离器的积水	能熟练完成收车后检查作业。练习操作不少于 20 次

续上表

项目	实习内容	要求
驾驶	3. 检查调整闸瓦间隙、制动缸活塞行程，更换到限闸瓦 4. 检查、调整空压机、风扇、发电机皮带的松紧度 5. 转储GYK运行记录数据 6. 填写技术、管理台账	能熟练完成收车后检查作业。练习操作不少于20
维护保养	（一）日常保养 按本教材第六章第一节的日常保养内容和要求进行日常保养练习	掌握日常保养的各项内容。练习操作不少于20次
	（二）定期保养 按本教材第六章第一节的定期保养内容和要求进行定期保养练习	掌握定期保养各项操作过程。各项练习操作均不少于2次
故障排除与特殊情况处理	（一）故障判断与排除 按本教材第六章第二节所列常见故障进行故障判断与排除练习。 1. 发动机常见故障 2. 传动、走行、制动系统常见故障 3. 电气、液压控制系统及其他常见故障	能判断车辆各总成常见故障并掌握故障的排除方法。每类故障的判断与排除不少于3种，每种练习不少于3次
	（二）特殊情况处理 1. 模拟区间被迫停车 (1)按规定通知列车调度员（非常站控时为车站值班员）及后续列车 (2)能正确使用响墩、火炬、信号旗（灯）及短接铜线等安全防护用品进行防护 (3)根据需要请求救援 2. 起复演练 起复脱轨车辆并掌握起复安全注意事项	各项练习操作均不少于3次

参考文献

[1]中华人民共和国铁道部．铁路技术管理规程[M]．北京：中国铁道出版社，2006.

[2]《铁路 200～250 km/h 既有线技术管理办法》(铁科技〔2008〕222 号)

[3]《铁路客运专线技术管理办法(试行)》(200～250 km/h 部分)(铁科技〔2009〕116 号)

[4]《铁路客运专线技术管理办法(试行)》(300～350 km/h 部分)(铁科技〔2009〕212 号)

[5]《铁路营业线施工安全管理办法》(铁办〔2008〕190 号)

[6]《铁路营业线施工安全管理补充办法》(铁运〔2011〕63 号)

[7]《关于加强高速铁路接触网作业车作业安全的通知》(运装供电〔2010〕2569 号)

[8]《关于加强接触网作业车安全装备运用管理的通知》(运装供电〔2010〕788 号)

[9]中华人民共和国铁道部．接触网作业车管理规则[M]．北京：中国铁道出版社，2009.

[10]李志锋．接触网作业车专业知识培训教材[M]．成都：西南交通大学出版社，2012.

[11]侯启同．调度集中和列车调度指挥系统[M]．北京：中国铁道出版社，2010.

[12]铁道部运输局．高速铁路工务知识读本[M]．北京：中国铁道出版社，2011.

[13]李向国．高速铁路[M]．北京：中国铁道出版社，2011.

[14]卢祖文．客运专线铁路轨道[M]．北京：中国铁道出版社，2005.

[15]钱仲侯．高速铁路概论[M]．北京：中国铁道出版社，2006.

[16]范俊杰．现代铁路轨道[M]．北京：中国铁道出版社，2004.

[17]李映红．高速铁路信号系统[M]．成都：西南交通大学出版社，2009.

[18]魏祥龙，张智慧．高速铁路无砟轨道主要病害(缺陷)分析与无损检测[J]．铁道标准设计，2011(3).

[19]董昱．区间信号与列车运行控制系统[M]．北京：中国铁道出版社，2008.

[20]《关于印发高速铁路防灾安全监控系统管理办法(暂行)的通知》(铁运〔2010〕28 号)

[21]《轨道车运行控制设备技术规范 V1.0》(运基信号〔2009〕635 号)

[22]汤毛志．起重技术．北京：中国电力出版社，1999.

[23]黄璟一．起重工．北京：化学工业出版社，2001.

[24]方金海．接触网作业车轨道车辆全面检查程序．北京：中国铁道出版社，2007.

[25]方金海．JW-4 型接触网作业车全面检查程序．北京：中国铁道出版社，2011.

[26]《高速铁路突发事件应急预案(试行)》(铁运〔2012〕33 号)

[27]《关于加强自动闭塞区段单机运行安全措施的通知》(铁运电〔2011〕38 号)

[28]铁道部大型养路机械和轨道车驾驶员培训考试管理委员会办公室．接触网作业车实作技能训练指导．成都：西南交通大学出版社，2011.